阅读成就思想……

Read to Achieve

再读经典系列

非言语沟通经典入门

影响人际交往的重要力量

Nonverbal Behavior in Interpersonal Relations

弗吉尼亚·佩克·里士满（Virginia Peck Richmond）
[美] 詹姆斯·C.麦克罗斯基（James C. McCroskey） ◎ 著
马克·L.希克森三世（Mark L. Hickson III）

鲁心茵　储浩翔 ◎ 译

第7版
Seventh Edition

中国人民大学出版社
· 北京 ·

图书在版编目（CIP）数据

非言语沟通经典入门：影响人际交往的重要力量：第7版 /(美)弗吉尼亚·佩克·里士满 (Virginia Peck Richmond), (美)詹姆斯·C.麦克罗斯基(James C. McCroskey), (美)马克·L.希克森三世(Mark L. Hickson III) 著；鲁心茵，储浩翔译.
北京:中国人民大学出版社, 2024.8. ISBN 978-7-300-32952-9

Ⅰ.C912.11

中国国家版本馆CIP数据核字第2024275WT7号

非言语沟通经典入门：影响人际交往的重要力量（第7版）

［美］ 弗吉尼亚·佩克·里士满（Virginia Peck Richmond） 詹姆斯·C.麦克罗斯基（James C. McCroskey） 马克·L.希克森三世（Mark L. Hickson III） 著
鲁心茵 储浩翔 译
FEIYANYU GOUTONG JINGDIAN RUMEN：YINGXIANG RENJI JIAOWANG DE ZHONGYAO LILIANG（DI 7 BAN）

出版发行	中国人民大学出版社		
社　址	北京中关村大街31号	邮政编码	100080
电　话	010-62511242（总编室）	010-62511770（质管部）	
	010-82501766（邮购部）	010-62514148（门市部）	
	010-62515195（发行公司）	010-62515275（盗版举报）	
网　址	http://www.crup.com.cn		
经　销	新华书店		
印　刷	天津中印联印务有限公司		
开　本	720 mm×1000 mm 1/16	版　次	2024年8月第1版
印　张	25 插页1	印　次	2024年8月第1次印刷
字　数	320 000	定　价	109.90元

版权所有　　侵权必究　　印装差错　　负责调换

前 言

很多学科都会研究非言语沟通的相关问题，采用的研究方式却不尽相同。今天我们所指的非言语沟通，主要存在于社会科学与人文科学这两个领域中，而这本书的独特之处就在于它并未受到学科之限，而是从这两个领域掇菁撷华，使内容相得益彰。

很多有关非言语沟通的书籍往往综合概括有余，详尽剖析不足，作者虽然知名，内容却并不实用。此类情况在各类非言语沟通的培训课程中也十分常见，在很多所谓的实践教学课程中也在所难免。这些曲解和误读不但无益于非言语沟通研究本身，对诸如心理学、社会学、社会工作、家庭关系、法律、执法、政治学、教育学等也都带来很大影响。本书则要为非言语沟通做一个正名。

当下的非言语沟通教学普遍陷入一种两难境地。一方面，所有形式的非言语行为要共同作用才能达成沟通的效果；另一方面，要了解这些非言语行为，又必须逐一对其进行研究。因此，要么紧扣非言语沟通要素开展教学，要么围绕其沟通作用教学，大多数教材的编写和教师授课都会在二者中择其一而为之。前一种做法有助于深入了解某种单一的非言语沟通行为，但对各种行为之间如何相互作用揭示甚少；后一种做法便于人们更加全面完整地理解非言语沟通的复杂性，但对这一复杂系统的各个组成部分的讲授却十分有限。在这本书中，我们就试图解决这一问题。全书既有专门章节介绍各种形式的非言语行为，又有相应章节讲授这些非言语行为要素在沟通情境中的作用。希望这种"作用—要素—情境"相结合的教学方式可以使你对人际交流中的非言语沟通形成更全面、完整的认识。

再版推介

此书再版推出，共包含14个章节。经作者反复审校，每一章内容都有所更新，让读者读来更为顺畅。在保留上一版精粹的基础上，再版图书补充更新了大量照片配图，用以辅助说明文字内容。无论是在课堂教学还是现实世界中，全球化早已成为趋势。本书同样不局限于北美文化，而是自始至终从全球视角出发，着眼于更广阔的视野，将可满足更广泛读者的阅读和学习需要。事实上，在课堂教学中，学生的多样性也对这一点提出了迫切的要求。

声明

我们真诚地感谢本书的编辑和所有为此书无私付出、给予专业指点的人们，感谢阿林–培根公司（Allyn & Bacon）不懈的支持和鼓励。

本书此前曾六次再版，得到许多教师和学生们的有益反馈，我们也颇为感谢。尤其要感谢认真阅读了前版图书，并为之贡献智慧的老师们，他们是：罗得岛大学（University of Rhode Island）的瑞秋·L. 迪西乔（Rachel L. DiCioccio）、林赛威尔逊学院（Lindsey Wilson College）的苏珊·K. 明顿（Susan K. Minton）、达拉斯浸会大学（Dallas Baptist University）的梅丽莎·纽曼（Melissa Newman）、坎迪·佩图斯（Candy Pettus）、克莱姆森大学（Clemson University）的卡罗琳·S. 帕森斯（Caroline S. Parsons）、内布拉斯加大学奥马哈分校（University of Nebraska at Omaha）的马歇尔·普利斯贝尔（Marshall Prisbell）、橘郡海岸学院（Orange Coast College）的莫妮卡·C. 罗斯查尔德–博罗斯（Monica C. Rothschild-Boros）、阿肯色大学小石城分校（University of Arkansas, Little Rock）的阿维纳什·汤布雷（Avinash Thombre）。他们的许多有益见解在本版图书中都被采纳。希望我们的努力能够激励你认真学习，使你变得更加优秀。

目 录

第1章 沟通与非言语行为
关于非言语沟通的误解 // 3

非言语与言语信息 // 6

目的性与非言语沟通 // 9

文化和非言语沟通 // 11

非言语信息的作用 // 12

非言语信息的分类 // 16

第2章 外在形象
吸引力 // 23

个人身体概念 // 36

身材和体型 // 38

外观与着装 // 49

饰品饰物 // 60

第3章 手势和动作
手势和动作的相关理论 // 68

手势和动作的类型 // 72

关于欺骗的提示 // 82

姿态 // 84

姿势动作与讲话者的个人风格 // 88

沟通风格的基本维度 // 92

肢体动作和手势的作用 // 93

第4章 面部动作

面部表情的重要性 // 98

与生俱来还是后天习得 // 99

面部管理和情感表达 // 105

主要情感表达与沟通 // 111

面部表情变化 // 117

第5章 眼神行为

眼神行为的特性和功能 // 122

眼神行为的种类 // 126

共轭侧眼运动 // 128

眼神行为与个体差异 // 132

第6章 声音行为

声音行为的类别 // 139

声音行为与话轮交互管理 // 145

声音行为的作用 // 152

第7章 空间和领域

领地性现象 // 165

个人空间 // 179

拥挤与密度 // 184

目录

第 8 章 环境与场所

环境的感知特征 // 189

建筑与环境 // 194

空间布局 // 198

其他环境因素 // 205

气味的重要性 // 211

第 9 章 接触与交流

触觉与全生命周期 // 224

触摸的类型 // 228

触摸规范与交流 // 232

触摸的交流功能 // 239

触摸剥夺的影响 // 240

第 10 章 时间

时间取向类型 // 245

利用时间的影响 // 258

第 11 章 两性之间的非言语交流

概念定义：生理性别和社会性别 // 264

男性和女性非言语行为的发展 // 265

相异和相似的特征：困境 // 267

女性和男性对喜欢和求爱的表达 // 283

亲近性的优势 // 288

亲近性的劣势　// 289

双性同体　// 289

第12章　主管与下属

显著特征　// 295

非言语信息的作用　// 297

主管与下属关系的结论　// 313

工作场合的易亲近特性　// 315

第13章　师生之间的非言语关系

教师的角色　// 318

非言语交流的作用　// 328

亲近性　// 330

时间　// 351

教师亲近性的结论　// 352

第14章　跨文化关系

跨文化沟通的定义　// 360

非言语行为　// 367

追求的目标　// 387

第 1 章

沟通与非言语行为

Nonverbal Behavior
in Inerpersonal Relations

非言语沟通经典入门：影响人际交往的重要力量

人际关系是现代社会里人类生存的核心事实。即使人们可以自给自足地生活，但是这也早已成为历史。每个人的生存都依赖于他人，为了生存，我们必须与他人交流、沟通。纵观我们在人生中遇到的各种关系，可以说人类社会最重要的就是沟通。

人际沟通就是人类通过言语信息或非言语信息，促使他人形成意思认知的过程。此前，我们已经写过几本书，都详细介绍了这一过程，因此，本书对此将不再赘述，而是将重点放在人际沟通中的非言语行为信息。也就是说，在本书中我们将聚焦于非言语沟通——人类通过非言语信息促使他人形成意思认知的过程。

关于非言语沟通的误解

在相当长的时间里，关于人类沟通交流的研究都忽略了非言语沟通这个组成部分。随着非言语沟通越来越受到人们的关注，一些误解也逐渐形成，还造成了一些影响。接下来，我们就来了解一下这些误解。

所谓非言语沟通只是无稽之谈。 所有的沟通都离不开语言，因此，人际沟通必然要依赖语言或文字。很多人都秉持这种看法，一直以来只看重语言的作用，认为语言和沟通几乎就是一对同义词。然而，非言语行为对于沟通具有潜在的影响，这一点在日常口头交流中也不容忽视。即使是在电话交谈中，如果不借助非言语行为，恐怕也无法顺利地传递信息。世界上没有两个人的声音是完全相同的，因此，即使讲话内容相同，不同的人表达的信息也不会完全相同，不同的声音语调会传递不同的意思。在实际互动中，还会有更多非言语信息发挥作用。因此，非言语沟通绝非无稽之谈。在所有的口头交流情境里，非言语行为的作用都不容小觑，一挥臂、一颔首、一抬眼，无须言语表达，举手投足都是一种沟通。

非言语行为是人际互动交流的主要方式。 这又是对第一种误解做出的过度反应。早期有关非言语沟通的研究会在实验环境和现实环境中同时进行，其结果表明，意思传递的不确定性主要来自非言语信息，而不是通过语言文字表达出来的信息。这项研究的结论指出，约有 65%～93% 的意思传达是经由非言语要素实现的。它推翻了此前对于非言语沟通的误解，但也被许多后来的学者曲解，还有很多作者在其著作中引用这一结论。事实上，这一结论只是该项研究中的某一个例的结论。人们显然忽视了一点，即这项早期研究实验是专为推翻前一项错误认知而设计的，其所研究的人际互动并不是人类最为常见的互动关系，实验得出有关非言语沟通影响力的结论也会有失偏颇。虽然非言语要素在很多沟通情境里都起到举足轻重的作用，但是在另一些情况下，其影响力也的确逊色不少。所以，在人类互动交流过程中，言语形式和非言语形式都是重要的沟通要素，人们的意思表达往往是两者共同作用的结果，单靠任何一方都无法达成理想的效果。

你可以像读懂一本书一样读懂一个人。这是在一本畅销书中对非言语沟通做出的错误判断，也是很多人在不曾认真学习了解的情况下可能存在的误解。与人类语言的建构有所不同，人类行为所代表的含义会因人而异，而且存在很大的特异性，甚至会令人感到怪异。虽然人类行为也具有一定程度的可识别性，但这并不足以让我们对所有沟通情境里的非言语行为都能准确判断其含义。通常情况下，言语信息都有其确定的释义，但非言语信息往往不能被简单地翻译。婴儿微笑，可能是出于开心高兴，但也可能只是因为他或她刚刚放了个响屁；成人微笑，同样可能是出于开心高兴，但也可能是他或她正意图掩饰内心的愤怒或仇恨。人们对非言语信息的解读各有见解，对错自知。

如果与你说话之人没有对视你的眼睛，那么他或她一定没有讲真话。这种看法是由前面一种误解衍生出来的，也是我们从儿童时代就形成的一种关于非言语行为的误解。事实上，许多非言语行为都可以被人为控制，其中之一就是让目光看向何处。如果与人说话时没有注视对方，那么对方就会认为你在扯谎。当认识到这一点，无论讲话内容真假虚实，我们在与人交谈时都会有意地将目光聚焦在对方身上。某些研究也表明，说谎者更倾向于注视对方的眼睛，而不是让目光四处游移巡睃。最老到的骗子忽悠你掏腰包时，一定是目不转睛地看着你的眼睛！

虽然非言语行为因人而异，但是大多数非言语行为都是自然使然。说起来并非所有人都认同此观点，但是做起来几乎所有人都会按此行事。我们总是假定自己的非言语行为是"正常"的，而将与自己存在差异的行为视为"不正常"。在与不同文化背景的人相互交流时，这样的认知尤其会导致问题。人们生活于不同的文化背景，习得的非言语行为也各有不同，所有人都以自己的为标准，视自己的行为为"正常"。但实际上，非言语行为不仅是男女有别、长幼有别，还会因民族、种族的不同而有所差别。所谓"正常"，都只是相对于个人所处的文化环境而言的，不可一概而论。

手势和手语

学生们经常会提出这样一个问题：听障人士使用的手语是否也包含在非言语沟通的研究范畴之内？亚当·肯登（Adam Kendon）为我们提供了有关手语和手势的历史资料。这个问题在教授语言学的老师们中间已经讨论了相当长一段时间。维科（Vico）以其所谓的无声符号为依据，认为语言始于手势。1817 年，托马斯·加拉德特（Thomas Gallaudet）在美国康涅狄格州开办了第一所聋哑学校。此后，在整个 19 世纪上半叶，以法语和英语为教学基础的类似学校纷纷建立起来。1872 年，查尔斯·达尔文（Charles Darwin）的著作《人类和动物的表情》（*Expression of the Emotions in Man and Animals*）引起了人们的关注。加拉德特的"手势教学法"遭到批判，被指为原始主义。此后，我们如何使用语言不再是唯一受到关注的话题，反倒是语言从何而来逐渐成为人们思考的重点。弗迪南·德·索绪尔（Ferdinand de Saussure）认为这是两个独立的问题。另一些人则认为，手语最初是由书面语言发展而来的，因此手语不应被视为非言语沟通（手势）。肯登则表达了他的"替代手语"观点，在寺庙里、棒球场上，以及噪声环绕的工厂中，都会使用类似的方式进行沟通交流。本书所讨论的非言语沟通也包括手势。事实上，我们也注意到，非言语沟通的信息发出往往也不局限于手部动作，人们会同时借助面部和身体的其他部位做出动作示意。

在不同的情境里，相同的非言语行为传递着相同的意思。这项误解实际是假定了非言语行为可以独立承载某种寓意。也就是说，诸如握手、耸鼻子这样的动作，即使在不同的沟通情境里也有着相同的含义。这显然是错误的，人们想表达的意思存在于各自的头脑里，而不是在非言语行为中。他人要想通过非言语行为传递特定意思，其意思表达一定会受到其发出这一行为的具体情境的影响。我们绝不能仅凭非言语信息就做出推断，一定要对包括言语和非言语信息在内的整个沟通情境作全盘考虑。在基于非言语行为解读人类的交流互动时，沟通情境必不可少。

非言语与言语信息

在有记载的近5000年人类沟通史中，关于沟通交流的研究和教学大多集中于言语交流层面。直到18世纪，传播学学者们才开始认真对待非言语行为在沟通交流中的作用。到20世纪中叶，从人类学到传播学，从建筑学到心理学，非言语行为和非言语沟通在各个领域逐渐成为学术研究的焦点。各家学者首先面临的一个难题就是如何在言语沟通与非言语沟通之间画一条清晰显著、意义明确的界线。这个问题的确棘手，虽然我们无法说清楚二者之间的绝对差异，但是总能够列出几点，即使差强人意，也可以帮助大家了解体会言语沟通与非言语沟通的不同之处。

语言载体依托差异

很显然，言语信息离不开语言，但是非言语信息就未必一定要依托语言而存在。有些人由此认为，所谓非言语沟通就是"没有语言参与的沟通过程"。这个结论未免有些武断，因为有很多非言语行为都是人们在言语沟通过程中表现出来的。另外，以此来区分言语沟通和非言语沟通也有一定的道理。言语信息的传递以语言为依托，而语言是一个独立的意义编码系统，只要人们使用的是同一种语言，就可以相互理解对方想要表达的意思。多数非言语行为则不属于这一通行的解码系统。图案标记（我们将在第3章中进一步讨论）又是一个例外。同样，某些语言完全依托非言语行为而存在，那么这些语言也是一个独立的意义编码系统。美国手语（一种听障人士使用的手势语言）、非洲部分地区使用的鼓语、美洲印第安部落的烟雾语言、加那利群岛的口哨语、信号标（旗语），以及电报通信使用的莫尔斯电码，都属于此类。一些讲述不同国家和文化（如希腊语、意大利语、美式英语和日语）的书籍会对特定的非言语行为及其含义有所介绍。这些书籍对旅行者很有帮助，会告诉我们自己的动作行为在陌生的地方、陌生的文化里代表哪些具体的含义。虽然不可排除一些例外情况，但是大多数言语信息都依托某种语言进行表达和传递，而许多非言语信息则不需要以语言为载体。了解这一点对我们理解二者的区别还是有一定帮助的。

连续性差异

言语信息是不连续的。换言之，我们讲完一段话之后会停顿休息一段时间，然后再讲话，再停顿，这个过程会循环往复。但是非言语信息是连续不断的，可以说，非言语信息的传递永远不会停止，即使是在睡着的时候，我们的身体也会持续不断地发送非言语信息。我们的身体动与不动，发送的信息是一样多的，甚至有可能不动比动传递出的信息更多。（你是否经历过对方一言不发的场面？）这让我们得出一个结论：只要你与他人相处，就不可能没有沟通。这句话听起来有点拗口，但值得我们深思。

相比是否依托语言载体的区分标准，以是否具有连续性来区分言语信息和非言语信息，不适用的情况相对较少，但这条标准也并不完美。非言语信息作为一个抽象的整体概念是连续不断的，但单一某个非言语信息又的确是会停顿终止的。某个手势动作有开始也有结束，眼神交流有开始也有结束，声音语调、触摸抚摸、一颦一笑同样是有开始也有结束。然而，我们最好是将非言语行为视作同时发出的一揽子信息，而不是将手势、声音、触摸都视为离散信息。这样说来，是否具有连续性，就可以成为言语信息与非言语信息之间的一个重要区别。

信息处理差异

人类大脑如何处理它接收到的信息，对此相关的研究近年来有很多。美国的早期研究证明，多数人使用左脑处理言语信号，使用右脑处理非言语信号，这表明言语沟通和非言语沟通实际上是两个各自独立、相互区别的系统。但是，后续的研究对这一结论提出了挑战和质疑，因为信息处理并非千人一面，左利手人就与常人有所不同。因此，研究人员没能从信息处理方面的差异得到他们期望的结论，但随着神经生理学研究的不断发展，相信在信息处理方面我们一定会有所发现，只是目前尚不能一锤定音。

总之，我们现在还不能对言语信息和非言语信息给出明确的区分和界定。有一位美国高等法院的法官认为自己无法对淫秽作品给出明确的定义，但他说："我看到自然就会知道。"同样地，当我们遇到非言语信息，也能够自然地做出判断。如果你现在还不能做到这一点，希望本书后续章节对非言语行为的介绍可以帮你快速掌握这个技能。

效果差异

言语信息主要服务于内容或认知功能，非言语信息则主要是在情感、关系或情绪等方面发挥作用。虽然我们讲话的内容要通过言语信息才能传递出去，但是人际沟通的成功同样离不开非言语信息，两种信息都很重要。如果我们希望他人欣赏和认可自己，单靠言语沟通恐怕无法达成这一效果。但是，如果我们不重视自己讲话的语言内容，那么别人可能也无法理解我们想要传达的意思。信息接收者想要获得完整的信息并理解其中的意思，沟通中的非言语和言语要素缺一不可。

显性与隐性差异

言语信息通常都有明确的意图或含义，非言语信息则传递隐含或带有某些不确定性的意思。当下，关于不同文化中非言语动作或表情含义的介绍越来越多，非言语信息的隐性特征因此也有所减弱。即便如此，非言语信息并不能成为真正的显性信息（即一条信息有一个确定的意思），相反，言语信息则是结构清晰且意思明确。

目的性与非言语沟通

我们一直在使用非言语行为和非言语沟通这两个名词，却还没有对二者做一区分。非言语行为可以是人类的任何一种行为。人类的行为一旦经人解读成为某种信息，并被赋予特定的意义，那么它就形成了非言语信息。在个人独处或与他人共处的情况下，我们都可以做出非言语行为。但是，只有在与一个或多个其他人共处，并且他人将我们的行为动作解读为某种信息并赋予一定意思的情况下，我们的非言语行为才构成非言语沟通。简单来说，我们在独自一人的时候或抓或挠，这只是一种非言语行为。但当我们在他人面前做出同样的举动，并被对方解读为一种紧张的表现，无论是否有意为之，我们都是在进行非言语沟通。

人类的沟通交流，无论是否基于语言，都是由信源发出信息，由信宿接收信息并对其进行解读。信源发出信息的行为可能有目的，也可能没有目的。同样，信宿接收这些言语或非言语行为时，可能视之为信息，也可能不视之为信息。非言语行为和非言语沟通的区别详见图 1-1。

在图 1-1 的 1 号格中,信源做出非言语行为,目的是向信宿传递某种信息,信宿也将其行为解读为某种信息。这种情况下即视为非言语沟通,但这并不意味着信宿接收并解读得到的就是信源发出该信息时想要表达的意思。在这一过程中,无论信息传递的意思是否准确,信源的行为旨在传递信息,信宿也将其作为信息接收并解读,其过程的确发生了沟通。举个例子,信源方面露微笑并以此向对方表达问候,而信宿方接收到这个微笑,也将其视为一种信息。

		信源	
		有所行为,并以此发出信息	有所行为,但无意发送信息
信宿	将行为视作信息,并进行解读	1 非言语沟通	3 非言语沟通
	未将行为视作信息,也未做解读	2 非言语行为	4 非言语行为

图 1-1 非言语行为与非言语沟通

在图 1-1 的 2 号格中,信源有目的地发送一个信息,但信宿并没有将其视为信息加以解读。在这一过程中,就没有产生非言语沟通,信宿可能只是单纯地错过了这一信息。仍以微笑为例,信宿方可能正看向别处,没看到信源方的微笑,或者未能将信源方的这一举动识别为有效信息。后面这种情况也十分常见,例如,在别人家里做客时,同伴在桌子下面轻踢一脚,以此示意是时候离开了,但被踢之人以为自己只是偶然被碰到,并因此忽略了这一信息。

图 1-1 的 3 号格是指偶然式沟通,一种偶然间发生的信息传递活动,这可能是最常见的非言语沟通形式,也正是这样的信息传递往往会引发人与人之间的沟通问题。仍以微笑为例,沟通一方不带有任何含义的微笑被另一方理解为含有某种特

定的意义，微笑之人尚不自知。人们对微笑简单观察的结果有很多种可能，认为对方在打趣自己，或对方觉得某些东西很有趣，或对方卸下了某些心理包袱，或对方还有进一步交流和了解的愿望。通常，人们做事不会考虑自己的行为在他人看来有怎样的隐含意思，比如，开会迟到几分钟，你自己觉得没什么，但其他人可能由此收到一个信息：其实你内心并不尊重他们，或者你对这次会议不感兴趣。

图 1-1 的 4 号格是指不带有主观目的，最终也没有形成信息传递的行为。信源有意识地通过非言语行为传递信息，却被接收方忽略。不幸的是，由于对非言语沟通缺乏研究，人们往往高估了这一类沟通行为所占的比例。他们对于偶然发生的信息传递以及信息接收方对此做出的反应认识不足或严重忽视，以至于将很多原本应属于 3 号格的信息传递行为归于 4 号格的类别。这显然是错误的，是对非言语行为潜在沟通力的无知，也是本书想要纠正和改进之处。

文化和非言语沟通

正如我们在本书中指出的，文化对于非言语行为的沟通潜力有很大影响。我们通过接触自己的文化学会以某种方式行事，同样，文化也教导和影响我们对他人非言语行为含义的解读。每种文化都有自己独特的非言语沟通方式。因此，在一种文化中能够发出强烈信息的非言语行为，可能在另一种文化中携带和传递的潜在信息就十分有限，甚至根本没有含义。同样，非言语信息的含义也会因文化不同而存在巨大差异，甚至同一种行为在不同文化里可能代表截然相反的含义。

这本书主要是站在美国文化的角度写成的，并不是处于民族中心主义，而是因为如果要理解非言语行为与非言语沟通之间的关系，就必须以一定的文化背景为基础，因为非言语行为在沟通中的作用和影响鲜少适用于泛文化的情况。人们一旦理解和掌握了某种文化的非言语沟通，也就可以学习和了解其他文化中的非言语沟通。如果对自己所属文化和对方所属文化的非言语沟通缺乏了解，那么就很可能在沟通中出现意外情况。

非言语信息的作用

非言语沟通不会凭空发生。在大多数情况下，非言语沟通会伴随言语沟通一起发生。虽然单一某种非言语行为也可以独立传递信息，但更为典型的情况还是由多组非言语行为共同构成并完成非言语信息的传递。同样，信息的接收方可以对非言语信息逐个独立解读，但通常情况下人们还是会将这些信息作为一个整体系统加以理解。我们对信息含义的获取，有时要依靠言语信息，有时要依靠非言语信息，还有一些时候是要透过言语信息和非言语信息的共同作用才能获取其中的含义。至于言语信息和非言语信息这二者谁能发挥更大的作用，则取决于具体情况。正如前文中讲到的，要对所有情况下言语信息和非言语信息的相对重要性做出一个准确的概括，这基本上是不可能的。

非言语信息有六大功能与言语信息沟通密不可分，即补充、反驳、强调、重复、控制和替代。对这六项功能进行研究十分必要，它将有助于解释为什么言语信息和非言语信息总是紧密关联的。

补充

有些非言语信息和与之相伴的言语信息是一致的。非言语信息起补充作用时，可以追加、强化、说明、阐述或解释言语信息所要传递的含义。例如，一对恋爱中的情侣，男生说："我爱你。"简单几个字足以让对方明了其中的含义。然而，如果这种爱的表达配合着一种愉快的语调，再伴上一个温暖绵长的拥抱，那么这个信息的传递就更加强烈了。想象一下另一种情况，如果有人对你说："我要让你过得更悲惨！"这已然令人不快，但是，如果对方说这话的时候还是高高在上俯视着你，同时还高声喊叫、大打出手，那肯定更会让你悲伤和沮丧。

反驳

有些非言语信息并不是对言语信息的补充，而是对其进行反驳，传递意义冲突或相反的信息。例如，某位主管刚刚训斥了一位员工，然后对员工提出要求："你得保证，以后再不会犯同样的错误。"员工嘴上说："我不会再犯这个错误了。"声音里却透着嘲讽和不屑，虽然低着头，但却是斜睨着主管或他的办公桌。面对这样的场景，你还会相信这位员工不会再犯错了吗？多数人应该不会。当沟通双方处于冲突对立的情况时，人们往往会更相信非言语信息，而对言语信息的信任度则比较低。只有儿童例外。一般来说，小孩子长到12岁左右已经能够掌握大多数成年人的非言语规范，在言语信息与非言语信息相互矛盾时，会以非言语信息为准，但是更年幼的孩子不了解这一点。如果有小朋友把沾满泥污的小脚丫踩到干净的地毯上，却听到父母说："嘿！比利，你可真聪明！"那么比利可能就会按照父母话里的意思，把刚才的行为再重复做一次，因为他相信这样做能让自己显得很聪明。

后一种情况其实是带有讽刺意味的沟通，人们经常会用讽刺的方式来说明问题。本质上，讽刺就是表达与言语信息意思相反的非言语信息，只有非言语信息与言语信息明显矛盾对立时，讽刺的意味才能够被人充分理解。但即使是成年人，也可能会忽略这种矛盾对立，那么他就无法领悟到其中的讽刺意味。在与年幼的孩子们交流时，这种被忽略的情况就更为常见。

F 非言语沟通经典入门：影响人际交往的重要力量
Feiyanyu goutong jingdian rumen:yingxiang renji jiaowang de zhongyao liliang

| 非言语行为信息含量丰富

强调

　　非言语信息可以加重、增强、强调或突出言语信息。讲话中间稍做停顿，可以使接下来要讲的内容更显重要；提高声量讲话，可以使言语信息更引人重视；同样，在讲话过程中触摸对方也对所讲内容有强调的作用。与此相对，我们也可以以一种冷漠、不带一丝热情的方式对言语信息进行强调，其效果则是否定其所传递的意义。以这种方式传递信息，人们会认为言语信息并不重要，也很容易忘记。你可以回想一下，如果曾经有老师或领导抱给你一堆材料，态度却十分冷淡，那么估计你早已不记得这些材料上写了些什么内容。

重复

　　用于重复、重申或复述的非言语信息，可以独立于言语信息而单独存在。此类信息通常都是一种标记，我们将在第 3 章中进行详细讨论。这里先举个例子，想象一下，你在快餐店买两个玉米饼。你会跟店员说想要两个玉米饼，同时可能也会举起两根手指。这时候，非言语信息就是对言语信息的重复。

控制

言语互动也要通过规则和方向进行协调。这种规范和管理主要通过非言语信息来完成，包括把目光看向某人或从对方身上移开，在说话间隙抬起一根手指示意对方你还没有说完，提高或降低声音语调，等等。例如，当轮到别人讲话的时候，我们会以较低的声调结束自己的陈述，直视对方，并停止做手势。这种非言语行为就控制了言语信息。

替代

以非言语信息取代言语信息进行沟通，非言语信息发挥的就是替代作用，挥手和招手就是最为常见的例子。怒视对方传递出的信息可以等同于破口大骂。表达愤怒和生气，我们经常用到的并不是言语沟通方式。不依靠语言，单靠非言语信息也可以表达相同的意思，而且还不会留给对方反驳的机会！

以上这六种非言语行为的功能并不总是独立存在的，补充、重复和强调完全可能同时发挥作用。非言语信息可以实现一系列功能。有时候，这些功能是通过单一的非言语行为来实现，但更多情况下，还是由一组各不相同的非言语行为来实现特定的功能。有时候，非言语行为可以一次同时完成多种功能，言语沟通也可能参与其中。简而言之，虽然言语信息可以独立完成信息的传递，某些非言语信息也可以做到这一点，但更为常见的情况还是非言语行为和言语行为二者相互作用，共同传递信息，使他人获得某种意义。

在多数情况下，言语信息主要是传递内容，而非言语信息主要是表达情感或关系。通常，在我们向他人发送信息的过程中，认知内容主要通过言语信息传递，情感或关系意义主要通过非言语信息传递。这些关系、情绪和情感意义通常被称为非言语接近度。当某人以非言语形式对他人表示接近时，对方往往也会在身体或心理上对该人产生一种亲近之感。尽管言语信息对这种亲近之感的形成也有一定的促进作用，但通常情况下，非言语信息才是这一过程中举足轻重的影响因素。在后面的章节中，我们还会进一步讨论这一话题。

非言语信息的分类

单一的非言语行为只有在具体的沟通情境中，或是与其他非言语行为或言语信息共同存在才能成为有意义的沟通信息。作为一个完整的过程，沟通包括特定情境中的一系列信息。这个过程不是线性展开，而是一个动态、持续，并且相互关联的过程。如果你按动电灯开关，灯泡就会亮起；如果你踩下刹车踏板，汽车就会减速；如果你敲击键盘按键，电脑就会启动相应的功能。这些都是线性展开的过程。

沟通则不是这样的线性过程。同样的言语行为或非言语行为传递出的信息并不总是完全相同。信息的接收者总是会将信息放在特定的情境中进行处理和解读，因此，信息接收者不同，沟通情境不同，以同样的方式处理相同的信息的情况也几乎是不可能的。

阅读本书一定要牢记这一点。我们将非言语行为分为几个类别，全书会逐个进行讲解。每一类非言语行为传递的非言语信息也不是孤立存在，而是与言语信息、沟通情境、信息接收人等诸项因素相互依存的。尽管我们讨论的是每个单一类别非言语行为产生的影响，但必须记住，带来这些影响的可不仅是这一个类别的信息。希望本书的篇章结构可以帮助你了解各个部分如何协同作用，达成最终的沟通效果。

本书主要内容可以分为以下几个部分：外在形象、手势和动作、面部和眼部动作、声音行为、空间、触摸、环境，还有时间。在这里，我们先做简要介绍，后续章节中还将逐个详细讲述。

外在形象

与人接触交流时，我们向对方发送的第一个信息就是由外在形象传递出去的。如果外在形象让对方不悦，很可能对方就不会与你进行进一步沟通。外在形象有很多组成部分，诸如体型、体态、面部特征、头发、肤色、身高、体重，以及服饰等，都能够传递潜在的信息，都能够对我们与他人的沟通产生重要的影响。

手势和动作

以手势和肢体动作进行沟通被称为身势语（kinesics）。这种研究侧重于手部和手臂的动作、姿态、躯干和身体的动作（比如弯腰或走步）。这些行为生成的信息通常被称为肢体语言，但这个说法其实并不恰当。虽然身体在发送信息，但这种信息并不构成语言系统（听障人士的手语是一个例外），因此这不能成为一般意义上的语言。认为所有肢体动作和手势就可以构成一种语言，这会误导人们以为通过学习这种语言的含义就能读懂人类，显然事实并非如此。

面部和眼部动作

以眼部动作为沟通语言被称为目光语（oculesics）。有些面部动作（比如挑眉）是伴随眼部动作发生的，二者几乎无法区分开来，因此，我们更愿意将二者所传递的信息一起进行研究分析。这些信息对表达情感、调节人与人之间的互动关系有显著作用。

声音行为

对沟通中说话的声音进行研究被称为语音学（vocalics）或副言语（paralanguage）。语音的特点及其使用，包括我们说话的口音和我们使用的方言，都影响着我们对言语信息的接收。一些研究人员认为，在人际交往中声音信息形成和表达的意义甚至多于言语信息本身能够带来的意义。当然，并非所有情况都如此，但也的确有很多时候就是这样的。

空间

研究沟通空间的学问被称为人际距离学（proxemics）。它包含两个重要方面：地域（标记或宣称的空间）和个人空间（互动空间）应用，两者都与我们在使用空间时发送的各类信息有密切关系。我们有理由相信，我们与空间的基本接触至少有部分是源自人类的本能。然而，人们在空间使用上各有不同，也由此发送出各自不同的非言语信息。

触摸

关于沟通中触摸的研究被称为触觉学（haptics）。触摸也被称为沟通中最有力的非言语信息，虽然这可能不适用于所有国家和地区，但至少在美国这种普遍禁忌触摸的文化背景中，沟通中的触碰会发出明确的信号，也是一种极少会被忽略的信息。虽然美国文化对触摸极为排斥，但其他国家和地区对此并没那么排斥。

环境

很多学科的研究人员专门研究了环境对人类行为，特别是沟通行为的影响。

环境本身并不是人类的行为，将这一内容纳入这本探讨非言语行为的教科书，或许有些奇怪。但是，环境对沟通有很大的影响，我们也可以通过自身的行为反过来影响环境，所以我们最终还是决定把环境相关的内容也收录到本书之中。在与沟通相关的环境中，我们会研究诸如建筑结构、内部空间布置、音乐、灯光、色彩、温度和气味等问题。关于沟通中的味道和气味方面的研究被称为嗅觉学（olfactics），这方面的研究成果十分有限。人们对于美的判断各花入各眼，对嗅觉也是如此。由于人们对味道和气味的反应各有不同，我们也经常利用味道和气味发出重要的非言语信息。这类非言语信息的重要性不容忽视，美国人仅在除臭剂和香水上的花费每年就高达数百万美元，由味道或气味形成的非言语信息有多重要，由此可见一斑。

时间

关于沟通中时间要素的研究称为时间学（chronemics）。对时间的态度可以传递出我们对思想和人的强烈感受，例如，在美国，如果你开会或上课迟到，通常都会被冠以负面的认知和评价，因为在这种文化里，大多数人都有很强的时间观念，人们意识不到自己对时间的反应可能也会被传递给别人。有人说，时间会说话，依我看，岂止是会说话，用"时间会喊叫"或许更为准确。

第 2 章

外在形象

Nonverbal Behavior
in Inerpersonal Relations

非言语沟通经典入门：影响人际交往的重要力量
Feiyanyu goutong jingdian rumen:yingxiang renji jiaowang de zhongyao liliang

泰国曼谷蓝康恒大学的学生

我们很多人对别人的看法都是来自对方的长相、着装、是否具有吸引力，以及他或她用哪些装饰品来点缀自己。由外在形象传递出的非言语信息与我们收到的任何非言语信息同等重要，甚至其重要性还更胜一筹：

- 这些由外在形象传递出的信息往往最先被对方接收；
- 这些外在形象信息会首先影响我们与他人沟通的意愿；
- 这些外在形象信息对双方关系将如何发展会产生很大的影响；
- 这些外在形象信息往往会成为对他人做出初步判断的依据；
- 这些对他人的初步判断未必真的符合真实的情况。

简而言之，如果对方与我们有共同之处或能够吸引我们，那么我们也会更愿意接近对方，与他或她进一步沟通并开始一段关系；反之，如果对方看起来与我们有很大不同，那么我们通常不太愿意与之接近。外在形象影响着我们对吸引力的定义以及对他人的看法，所以，在这一章里，我们将首先讨论这一话题。

吸引力

我们说某个人很有吸引力，这到底是什么意思？人们真的拥有所谓的吸引力吗？它是某些人的个体特征吗？歌星碧昂丝（Beyoncé）很有吸引力吗？丹泽尔·华盛顿（Denzel Washington）有吸引力吗？在我们的文化中，我们认为吸引力来自人的身体特征。吸引力应是我们在他人那里，或是他人从我们身上感知到的，它不会凭空存在。是否具有吸引力都是旁观者的感受。

吸引力的类型

威尔逊（Wilson）和尼亚斯（Nias）指出，"大多数人对外在美的看重远超过他们嘴上说的程度"。当被问及在交朋友或找对象时最看重对方的什么品质时，大多数人的回答会是智慧、幽默、关心、真诚和温暖。然而，有关吸引力的研究和证据提供的结论却是，在选择朋友、约会对象、恋人，甚至同事的时候，可能外在形象的吸引力才是唯一最重要的因素。在人际关系的早期，性格魅力不会显出多少重要性，人们真正看重的还是外在美和身体的吸引力。

一般来说，我们愿意与某人交往或建立联系的意愿达到一定程度，就代表对方对我们具有吸引力了。吸引力是一个来自物理学的专业名词。有些物体相互之间存在磁性吸引，但磁力不会把人也吸引到一起。不过，这个类比却很恰当，有时候我们甚至会用磁性人格来形容人的性格。实际上，人们是在心理上彼此吸引。早在多年以前，麦克罗斯基和麦凯恩（McCain）就从这一角度对吸引力进行了分类，定义出了三种不同的类型，而这一分类至今依然成立。

第一种类型是身体吸引力（physical attractiveness），这也是本章中我们主要关注的类型。所谓身体吸引力，是指因他人外形特点对我们形成吸引的力量。有些人会从长相来判断对方是否有吸引力，有些人是从身材来判断，还有些人是长相和身材兼顾，从头到脚仔细审视之后才做出判断。我们很难解释身体吸引力究竟有多大的能量，但很显然，在我们与他人，特别是与陌生人确定互动关系时，这种吸引力举足轻重。我们通常更喜欢与看起来优雅、漂亮或英俊的陌生人交谈，而不太愿意与那些相对缺乏身体吸引力的人打交道。

第二种类型是社交吸引力（social attractiveness）。社交吸引力是指促使我们愿意与某人一起娱乐、玩耍、深入交往、建立社交的力量。

第三种类型是任务吸引力（task attractiveness）。任务吸引力是指我们愿意与某人一起合作共事，并将之视为工作伙伴、同盟队友的程度。

虽然身体吸引力、社交吸引力和任务吸引力是各不相同的概念，但是这并不意味着三者各自独立，相互之间毫无联系。通常，我们认为某人具有身体吸引力，然后才会看到或感受到他或她身上带有的社交吸引力和任务吸引力，特别是对初次相遇之人，更是如此。另一方面，我们往往也会认为，缺乏身体吸引力的人在社交或工作中也是不讨喜的。虽然这些都只是最初的印象，但是当我们结交新面孔时，它会影响和决定我们与对方日后的互动和沟通。即使对他人身体吸引力的看法始终如初，但我们对其社交吸引力和任务吸引力的认识可能会随着时间而发生改变。然而，对刚刚结识的人和新近建立的关系，身体吸引力足以决定对方的社交吸引力和任务吸引力的水平。此外，我们起初或许觉得有些人不太具有身体吸引力，但是在与之交往、合作后，他们可能会显得更漂亮、更有魅力了。总结起来就是：

- 在交往之初，一个人的身体吸引力能决定我们是否要接近他。
- 在交往之初，一个人的身体吸引力能影响我们是否会与他进行沟通。
- 在交往之初，一个人的身体吸引力能影响我们以何种方式与之进行沟通。

第 2 章　外在形象

- 一般情况下，一个人具有身体吸引力远比缺乏身体吸引力更受欢迎。
- 随着社交吸引力和任务吸引力的重要性逐渐显现出来，一个人身体吸引力的影响可能会有所减弱或消失。
- 当社交吸引力或任务吸引力逐渐成为人际关系的一部分时，一个人的身体吸引力可能会有所增加，也可能会减少。

因此，我们会受最本能的意识指引，选择接近或不接近某个人。当我们站在大街上想要问路的时候，我们是去向长相中等的普通人寻求帮助，还是会去找一个浑身是汗、臭不可闻，而且面颊黑红的人来帮忙？十中有九，我们会选择更有吸引力的那一位。

重新定义希贾布

> 按照德罗格斯玛（Droogsma）的研究，一些美国女性反对穆斯林妇女在美国也戴这种伊斯兰的面纱和头巾。名为希贾布（hijab）的伊斯兰头巾是识别穆斯林文化背景女性的一种方式。在美国女性看来，戴上希贾布就是戴上了软弱和服从夫权的面纱。然而，在佩戴者自身看来，戴上希贾布意味着忠诚于自己的文化，而不是展现她们的"女性身份"。从某种意义上讲，佩戴希贾布使她们更能得到自我的体现，因为她们并没有淹没于美国时尚或是被美国时尚改造过，她们其实更自由。在一定程度上，理解一种文化就是要理解他们的着装。

吸引力在改变

怎样才算是有吸引力？这个问题的答案在很大程度上取决于文化背景、时间，还有流行趋势。在北美文化中，近几年的女性审美趋势偏爱健美、动感、苗条、近乎骨感的身材，而前几代人对丰腴、丰满的身材青睐有加；男性审美趋势偏爱健美、高大、男性感爆棚，但在以前，壮硕肥胖的男性反而会受到追捧。

美国人在整容手术上的花费比其他任何国家或地区都多。他们对自己的外表用尽心思，把大部分时间都花在了如何给别人留下深刻印象之上。这让乔娅·帕特森（Joya Paterson）这样的人业务不断。帕特森专门举办研讨会，介绍如何正确选择和购买合适的文胸。按照她的说法，85%的女性穿戴的文胸都是错误或不适合自己的。她的研讨会则是告诉女性要了解自己的体型和罩杯大小，试戴并研究文胸。美国女性希望她们的文胸不仅贴身舒适，而且能够恰到好处地为自己的形象加分。尽管服装行业的大佬们一直担心美国人迟早会削减花在衣服和配饰上的大笔支出，但是这一幕始终没有发生。

不管是男人还是女人都会不时地变换发型，对身体吸引力的审美演变同样影响着人们对发型的审美和选择。肤色白皙一度被视为美和社会地位的重要标志，只有有钱人才能过得起不用工作、每天都待在房间里享受的生活。再看当下，拥有小麦色肌肤才说明你既有钱又有闲，能够经常到温暖地区旅行度假。最近，这种趋势又有所改变。在注重健康的人群中，白皙皮肤再度受到偏爱，因为对日晒导致皮肤癌的担忧影响了人们对于身体吸引力的认知。

在20世纪20年代，美国女性想方设法让胸部显得平坦，让臀部变小。但是现在，带垫子的文胸和隆胸手术已经非常普遍。在20世纪90年代，美国男性会通过毛发移植手术（包括胸毛移植），让自己看起来更阳刚、更男性化。无论男女都希望通过抽脂或其他方式来减掉脂肪。自行车也不再是女孩们想要的圣诞礼物，她们反而会向父母提出给鼻子做个整形手术。

身体吸引力还取决于文化背景。在某些地方的文化里，男人们喜欢长着12英寸长脖子、鼻子和嘴唇打着孔并挂着木质首饰的女人。许多阿富汗和巴基斯坦的妇女用头巾遮住自己的漂亮面孔，只露出眼睛和眉毛。在一些非洲地区，人们用布条绑缚使头部变得扁平，还有人把木塞插入嘴唇使唇部变得很长，或是在身体各处用刀划出疤痕，这些都是让自己变得更漂亮、更具吸引力的办法。有很多地方的文化都把身体穿孔和文身当作有吸引力的标志。

在美国，这种外形一直被认为是"低级"和丑陋的，但是近些年这种情况也发生了变化。例如，在20世纪50年代，如果女孩们光顾文身店，除非她们年龄超过21岁、已婚，或是有丈夫陪同，否则大多数时候都会遭到文身店老板的拒绝。但到了今天，文身的种类和精细程度已经令人咂舌。监狱里的囚犯以文身反抗统一的囚犯制服；女性用文身表达个性化的喜好；还有人把身体当作画布进行大面积文身……今天，文身已经颇为年轻人所接受。人们给身体塑形、抽脂、拉皮、整形……在不同的时期有不同的做法，都是为了让自己变得更有吸引力，为了外在形象、群体认同、社会地位、彰显能力和显示人气等目的。我们不理解他们的文化，就会鄙视这些做法，嘲笑他们的愚昧无知。鄙视嘲笑别人当然很容易，但是必须小心，同样的事情也可能发生在我们自己身上。这种对身体的摧残在美国也很常见。隆胸、缩乳、整容、植发、吸脂等各种形式的整形手术；高跟鞋、身体增强剂、文胸衬垫和紧身衣；给面部和四肢脱毛、在嘴唇、眉毛、鼻子和舌头上打孔……美国人这些自我惩罚和折磨、忍受毫无必要的痛苦，都是为了让自己变得更有吸引力、更受欢迎。美国女性对腋下不除毛的大惊小怪，会引起很多其他地方的人们的嘲笑。美国人沉迷于减肥，每天除了节食就是节食，也就是今天我们所称的"健康生活方式"。如果改变饮食和生活方式没有效果，还有吸脂手术！在过去10年里，无论男女，吸脂都是最受欢迎的整形手术。这些自残行为曾经只是女人专属，但现在，男人们

非言语沟通经典入门：影响人际交往的重要力量
Feiyanyu goutong jingdian rumen:yingxiang renji jiaowang de zhongyao liliang

身体打孔在美国越来越普遍

也开始乐此不疲了。我们不该嘲笑他人为了更具吸引力而对自己身体做出的种种行为，也许我们可以互相嘲笑，或是首先自我嘲笑一番。

那么，为什么吸引力会如此重要呢？为什么我们会为了让自己更富于吸引力而无所不用其极？答案就在于，我们的外在形象作为一种非言语信息能够与他人进行沟通，他人则会以此为来源，获取关于我们的重要信息。人们能够从中探究我们的性格特点，预测我们的社交行为，判断我们是否事业有成、能力出众，以及推断出我们在职业生涯和个人生活中的许多情况。当你看到一个人外形很亮眼时，你会不会自动联想到他或她可能是怎样的性格和脾气？在一次以非言语交流为主题的课上，年轻人都匿名回答了这个问题，其中一份答案是这样说的：

我从封面判断一本书，从长相判断一个人。当我觉得某人的样子并不吸引我时，往往就会对他（或她）失去兴趣，甚至不想看到他（或她）。简单来说，有些人似乎不太关心别人怎么看待自己，缺乏吸引力的人往往都比较邋遢随意。我有时甚至想问，他们觉得自己对得起这个世界吗？我知道他们不能改变自己的外形，但至少他们可以待在家里，不要出来。

同班的一名女生在回答问题时提出了这样的看法：

> 人的外在形象能说明很多问题。我发现如果一个人（尤其是男人）看起来很有吸引力，我会对他更感兴趣。这样的人似乎对自己更有信心，总是很自信。他们不会显得很紧张，不像其他人那样要时刻留意自己的外形。他们为人处世的经验应该非常丰富，所以会更懂得在聚会上怎样社交。

虽然这些是比较极致的观点，但也的确代表了很多人的想法。

形象固恋

形象固恋（image fixation）是一个人对自身形象或身体一贯的态度。形象固恋是对个人身体外形特征（如外貌、体型、身高、体重等方面）的担忧或思虑，往往是一种痛苦的体验。这种综合征正日趋重要，可能已经胜过生活中许多其他问题。形象固恋严重的人经常会把自己的外表与他人进行比较，你几乎可以听到他（她）们的心声："要是我能更漂亮，那么……""要是我个子更高些，那么……"请填写如表2-1所示的形象固恋评测问卷，看看你对自己外形的关注程度有多高。

形象固恋和外形痴迷的概念是类似的，两者都与过度关注自身外形有关。我们自己所感知的身体吸引力与自我尊重有关，我们对自己的看法受到来自外表的强烈影响。用他人（如媒体或其他重要的人）毫无根据的标准来评判自己，可能会使我们缺乏安全感、缺乏自信，甚至导致身体健康问题。

表2-1　　　　　　　　　　形象固恋评测问卷

问卷说明：本测试包括20条关于自身形象认知的描述，请根据您的自身情况做出选择。5分：非常同意；4分：同意；3分：不确定；2分：不同意；1分：非常不同意。请根据您的第一感觉快速作答，不要反复斟酌思考。

_____ 1. 我认为如果我的身体形象更好，我的生活就会得到改善。
_____ 2. 我对别人关于我体重的评论不敏感。*
_____ 3. 我喜欢整容。
_____ 4. 我每周至少有一天时间节食或断食。
_____ 5. 我对与富有吸引力的同龄人/同性别者相处感到舒适。*
_____ 6. 我时常与同龄人进行身体和脸部的比较。
_____ 7. 我对别人关于我外表的评论不敏感。*
_____ 8. 我每周内总有几次会觉得自己很胖。
_____ 9. 我对自己的总体形象感到非常不满。
_____ 10. 我认为多数时候我穿着得体，形象良好。*
_____ 11. 我经常换衣服，以便让自己看起来形象良好。
_____ 12. 我买新衣服通常是考虑穿着舒适而不是外形漂亮。*
_____ 13. 我对自己的整体形象满意。*
_____ 14. 我对别人关于我身高的评论不敏感。*
_____ 15. 如果我认为没有合适的服装或造型，我就不会出席社交场合。
_____ 16. 我穿大号衣服来掩盖外形上的不足。
_____ 17. 我喜欢镜子里自己的样子。*
_____ 18. 我不会和哪个朋友交换自己的身体。*
_____ 19. 别人关于"良好"外形的看法和意见让我也想改变自己的形象。
_____ 20. 我发现自己更看重"我是谁"，而不是"我长得什么样"。*

计算得分：
第1步：把不带星号问题（1、3、4、6、8、9、11、15、16、19）的答案得分相加。
第2步：把带星号问题（2、5、7、10、12、13、14、17、18、20）的答案得分相加。
第3步：60 +（第1步得分）-（第2步得分）。
您的最终分数范围从20到100不等。
评测结果说明：得分越高代表对外形不满意程度越高或形象固恋程度越高。

事实如此，在北美洲和其他地区的文化中，身体吸引力是非常受重视的。希望自己看起来英俊漂亮，这并没有错，但是如果我们痴迷于外表，甚至发展到形象固恋的程度，我们就会把关注点放在自己的外貌上，而忘记去思考我们应该为别人做些什么。

患有形象固恋综合征的女性人数往往多于男性，但男性们也正迎头赶上。过分关注自己形象的人通常都会经历诸如沮丧、抑郁、尴尬、羞耻、无助、缺乏安全感以及情绪波动等各种负面情绪和感受。当自己的身体或外形受人贬低时，这些人会很容易感到受伤害，即使大家普遍认为他们很有吸引力，这些人也往往还是会觉得自己吸引力不足。

与形象固恋水平正常的人相比，形象固恋综合征患者通常会具有一些常见的行为特征，如慢性节食、溜溜球节食、过度运动、过度购物、过度留意外形，他们会不断进行自我改进，做整形手术，每天称体重一次或多次，回避那些看重长相或身材的社交活动，依靠时尚着装来达到自我舒缓。虽然也有人支持"如果形象好，感觉自会好"这种想法，但是形象固恋综合征患者是把重点放在了前者。

看外形判断人

我们中的大多数人习惯根据人的外貌来做出判断。相关研究表明，我们会根据一个人的身体吸引力来决定和他/她之间的关系。如果我们认为某个人很有吸引力，往往就认为他/她在社交中也会很受欢迎。同样，我们也会认为有吸引力的人在事业上也更成功，更具性别魅力，对生活现状更满意，反应更灵敏，为人更有趣，工作更能干，更善于说服他人……我们甚至会认为有吸引力的人事业上也更有名气，有更多的朋友，婚姻也更幸福。在学校里，吸引力强的学生会让老师们觉得更乐观积极，受到过更好的教育，人际关系更好，并且他们的父母也对孩子的教育更用心负责；在工作中，有吸引力的人更容易被雇主录用、获得积极的评价、得到晋升的机会，他们更容易被周围人接受，也不太可能被解雇；甚至在医院里，外形有吸引力的患者更有可能获得医生、护士的关照，医护工作者也会更愿意与之进行沟通。总而言之，在我们的文化认知里，吸引力较强的人通常在各方面都比那些吸引力较弱的人有更好的表现。

吸引力是不是一柄双刃剑

我们中许多人都相信，有吸引力的女人经常约会不断，而有吸引力的男人想要找个女生陪他去看电影、参加聚会也毫无难度。多数情况下现实的确如此，但有些时候也会与此相去甚远。相关研究表明，极具吸引力的男性和女性往往还会感到孤独，并被异性拒绝。正是因为他们太有魅力了，正如有些人所说的，他们太出色，让人觉得不真实，我们可能会把他们看成"脱离集体"。显然，我们从他人身体吸引力对其做出判断，结果可能对，也可能错。超级吸引力成为人生缺憾的例子也屡见不鲜。美国小姐候选人就曾经因为没人邀请自己而错过了高中舞会；著名运动员虽然外形阳光俊朗，上高中时跟女生约会总是惨遭拒绝。

由身体吸引力对人做出判断大多与人的性格特征有关。在一项相关研究中，被试要在多个性格特征变量上对富有吸引力和缺乏吸引力的人进行评分。富有吸引力的人大多被认为更热情、更真实和忠诚、情绪稳定、善于社交、和蔼可亲，这些性格特点大多是积极正向的，也是人们希望拥有的。人们期望吸引力总是给人带来好的结果，然而，即使是富有吸引力的人，生活也不总是一帆风顺。他们也必须要克服来自他人的各种负面认知和判断，例如，有吸引力的人在别人眼里的样子也可能是能力不足、社交不善或保守不前的。无论自身的吸引力强弱，我们总会发现有时候自己被某种刻板印象贴了标签，会严重影响我们与他人之间的关系。

与吸引力相关联的另一个重要问题是互动行为本身。我们在前面的讨论中已经了解了吸引力是如何影响人们的认知和判断的，现在，我们来了解一下吸引力对不同场景和情境之中交流沟通行为的影响。

吸引力的影响

教育场景。研究者发现，在教与学的环境中，师生的互动关系与身体吸引力之间存在着一种有趣的联系，吸引力更强的学生往往能比其他同学获得更好的成绩。通过对课堂观察表明，教师与缺乏吸引力的学生互动较少，但是对更具吸引力的学生却能够更主动地交流，并给予更多的回应。不仅在教师这方面可以看到这种情况，学生方面也是如此，学生们也较少与吸引力欠缺的同学进行交流。从低年级开始，那些缺乏身体吸引力的学生们就已经开始体验和感受我们偏爱美貌和英俊形象的价值观了。另有一些报告显示，即使是不当或错误的课堂行为也会因孩子的吸引力而得到不同的判定。通常，一个缺乏吸引力的孩子犯错，老师们会认为是一种长期的行为习惯问题，而更有吸引力的孩子犯错则很有可能被认为是偶然或暂时的问题。我们应该承认，教师们的这类判断通常不会是恶意为之，但教师和其他人一样，在对外貌的成见和对美好外形的期望面前，也是难以幸免。即便如此，这并不能抵消教师们的此种行为反应对其学生的成长和发展的影响。此外，里士满（Richmond，2002）还提及，教师自身也会因穿着不同而获得不同的形象认知。穿着更为正式的老师，往往会被认为工作有能力、做事条理清晰、准备充分、知识渊博；而穿着轻松随意、非正式（但并不邋遢）的老师则会被认为态度友好、性格外向、思想包容、为人公平而具有灵活性。

说服场景。我们在前面已经提到过，如果人的身体吸引力强，通常认为他/她的说服力也会比较强。具有吸引力的人往往能够影响他人按照自己的想法行事，特别是有吸引力的女性，更善于改变男性的态度。一些重要的研究表明，吸引力的影响甚至在美国司法体系中都存在。在面对指控的情况下，有吸引力的人更有可能被认定为无罪，即使被判有罪，他们也更有机会被判定较轻的刑罚。照此理解，许多观众为电视广告演员着迷，这里面的原因就显而易见了。销售培训顾问非常注重外貌的优势，他们知道第一印象能够影响潜在客户是否决定购买产品，例如，许多大型制药公司要求销售代表不仅要有任务导向意识和社交吸引力，还要有比较好的身体吸引力，因为这些公司都很清楚一点，与普通人相比，身体吸引力更有优势的人能够进入医院或医生办公室推销产品的机会也更大。

我们曾经访谈过一家寿险公司地区办事处的经理和她在加州某大城市的雇员，这次访谈的结果也能够说明吸引力在说服场景下的作用。在一次午餐面试时，这位经理向公司负责人推荐了一位年轻男士，并介绍说他是自己手下最优秀的销售代表。此人金发碧眼、肤色健康、身材高大、修长，而最迷人的还是他的笑容，可以说，他与年轻时的罗伯特·雷德福德（Robert Redford）颇有几分相似。这位年轻人担任寿险销售代表的时间很短，却在一些很难销售的产品上取得了快速成功。面试官对此非常好奇，而这位销售代表给出的答案一点也不让人感到意外：

> 我只向女性客户进行销售。在推销个人寿险产品时，我会选择由单身女性做主的家庭，如果要向男客户介绍产品信息，我会选择他妻子也在场的时候才进行讲解。在销售团体寿险产品时，我就会找那些由女性主管负责相关决策的公司进行推销。这样，我的工作就容易很多。

并不是这位年轻的销售代表妄自尊大、自以为是，而是他的确意识到了身体吸引力是确保他获得成功的最佳资产。

只有女性才容易受到这种影响吗？在得出这样的结论之前，请放心，男性同样会受到这种影响，否则我们该如何解释那些推销男性产品的广告里要突出展示女性模特形象？有太多的烟酒广告都是以漂亮迷人的女性为主角的。

面试场景。 在面试时，身体吸引力方面有优势的人也比其他人更占先机。许多研究者都曾列举出一些具体情况，并表示符合这些条件的人在面试过程中将拥有巨大的优势。根据莫洛伊（Molloy）的说法，第一个条件就是美丽。他认为，长相漂亮的人参加面试，无论他/她面试的岗位是键盘操作、电脑维修、产品销售还是各类管理工作，被录用的机会都会比普通人高出三到四倍。单纯依靠外表并不能保证你就能获得某份工作，但是在权衡考虑各种因素时，外在形象和身体吸引力会起到相应的作用。无论是在商场还是在日常社交场合，我们似乎都希望身边围绕的是帅哥美女。一些非言语沟通学者甚至指出，高管人士在选择秘书时一个重要的考虑因素就是面试者的外在形象能够美化和装饰办公室环境的可能性。

约会和婚姻。我们对身体吸引力的判断也影响着对约会和婚姻的决定。当研究人员问及人们是否愿意与一个在各项外形指标上排名较低的人结婚时，得到的答案耐人玩味。这项调查的结果显示，男性将更有可能拒绝与外形欠佳的女性结婚，但女性似乎并不太关心其潜在婚姻伴侣的外形条件。然而，当代社会文化对女性谈论男性身体吸引力的接受程度已经比50年前高出许多了。研究文献中的另一个有趣发现是，据报道，男性希望伴侣比他们想象的更有吸引力，而女人会愿意嫁给吸引力水平与自身相似的男性。

如果每个人对身体吸引力的判断标准都相同，那么人们对身体吸引力的普遍偏好就可能导致不断的冲突，所以我们还要推测自我尊重在此类决定中的重要性和影响力。我们应该认同，在招聘、约会和婚姻的选择与决定中，身体吸引力并不总是头等大事，但总有些时候，它的确很重要。研究表明，在大学生的陌生约会里，当预测约会者是否对他们的约会对象满意时，身体吸引力是一个主要影响因素。随后的一些研究也表明，从约会者自身的吸引力也可预测其约会对象是否愿意再次与其见面。随着双方关系的发展，吸引力的重要性将逐渐退居其他考量因素之后。当然，如果从一开始吸引力就没能占据影响因素之首，那么二者之间的关系可能不会维持太久，甚至等不到其他考量因素的作用显现出来。

匹配假说。匹配假说表明，即使男性和女性可能被比自己更具吸引力的人所吸引，但大多数人还是选择与自己吸引力水平相当的伴侣。你经常能看到一些绝配夫妻，好像他们就属于彼此，那为什么有人还会看起来不匹配呢？要记住一点，吸引力高低优劣都是旁观者眼中的判断，所以，可能希瑟或乔恩认为自己相比其他人具有非凡的吸引力，因此，在谋求发展一段关系时，他们不会被更富吸引力的人吓倒，敢于追求并与之约会；而另一些人虽然自身很有吸引力，却不自知，他们往往选择与吸引力较为普通的人约会。那么，怎样才是完美的搭配组合？没有人能给出答案，但是，人们往往会议论那些看似不合适、不理想的组合。想象一下，如果詹妮弗·安妮斯顿（Jennifer Aniston）嫁给了威利·纳尔逊（Willie Nelson），人们会怎样说？

身体吸引力深刻影响着我们与他人的沟通。非言语信息的作用巨大，我们选择接近谁、回避谁、聘用谁、拒绝谁，或者是否与某人约会，是否与某人结婚，这些都受到非言语信息的影响，同时，它也影响着我们对他人未来取得成功的预期。现在，我们就来具体讨论一下外形特征的各个方面。

个人身体概念

请你回答以下这些问题：

- 你认为他人身体的哪些部分最重要？
- 他人身体的这些重要部分是否也是你对自己身体最满意的地方？
- 这两者之间有什么关系？

你认为判断他人吸引力最为重要的身体部位可能也是你对自己最满意或最不满意的地方，这一点毫不奇怪。

第 2 章 外在形象

|肤色不妨碍积极的沟通

你对自己身体的感觉会影响你整体的自我概念。个人身体概念（personal body concept）是你对自己身体吸引力的综合看法，包括你认为自己的身体吸引力怎样，以及你的身体有哪些特点。我们在讨论非言语沟通时，个人身体概念的重要性主要有两个方面：（1）这一概念是由我们与他人的沟通而发展起来的；（2）它也会影响到我们与他人的沟通。接下来，让我们进一步分析这些因素。

我们对自己身体的想法和感受，不是只在某个神奇的时间段突然浮现于我们的头脑中。个人身体概念，无论是正面还是负面，都是不断发展变化的。其影响因素包括我们与他人的互动，如果互动之人是对我们非常重要的人，其影响更应予以关注。他们提供的许多言语信息和非言语信息会传达出对我们身体的感受和态度。他们的这些判断最终也将被纳入我们对自己的判断之中。

研究表明，同伴和父母的判断对孩子的个人身体概念有重大影响。一项研究显示，对自身吸引力和能力有强烈负面认知的儿童，往往此前从父母那里得到的也是负面信息。我们来看一个案例。10 岁的斯科蒂长相不是很有吸引力，有点胖，鼻子比较大，头发总是显得有点黏糊油腻。斯科蒂的父母与朋友和熟人聊起孩子的长相时，总是很在意别人的看法，显得有些"自我意识过剩"。一次，斯科蒂在无意中听到父母跟邻居感叹："我们很担心斯科蒂总是不受欢迎，因为他的样子……你知道，他跟阳光运动型完全不沾边，我们经常担心在学校里其他孩子会取笑他太胖。最糟糕的是，连孩子的爷爷都说斯科蒂是全小区脸最大的孩子，这实在让我们很生气。"

这种"存在缺陷、不够完美"的自我认知来自我们的日常沟通，也会影响我们未来的互动。斯科蒂对自己身体的感觉和认识也会影响他的沟通行为。在学校与同龄人交往时，他可能因为担心被人嘲笑而选择逃避或退出。他的这种感觉和认知也可能影响他对体育运动、休闲活动、朋友交往、异性约会，甚至职业选择的决定。

对自己身体感到满意，这对于我们的自尊意识和人际关系都很重要。我们不是一定要拥有电影明星般的吸引力，才能对自己的外形和身体特点感到满意。只要记住一条规则：一个人越是对自己的身体感到满意（无论实际外形怎样），就越容易获得幸福感和满足感，这种满足感反过来也会有助于我们与他人的健康互动。

身材和体型

不论你是否已经意识到这一点，人的身材和体型都会传递出非言语信息。下面就是一份关于身体的自评调查，请你按照说明回答问题，完成调查。

许多作者都在书里提到一个人的体型与性格是密切相关的。通常认为，谢尔顿（Sheldon）是最早提出这一说法的人。他认为，人的体型可以分为三类。他还着力研究开发出了一种"体型分析"方法，即对个体进行分析并将之划分为三种类型。虽然谢尔顿的一些实验方法、对于人类体型的最初的概念归纳，以及他的一些数学计算都颇受指责，但是后人也从他的研究成果中汲取到经验并有所改进。今天，在许多关于非言语沟通的图书中，作者们都对他的工作给予了认可。

第一类体型是内胚层体型。此类体型的人身材偏圆形或椭圆形，通常体重较大（但不一定达到肥胖的程度），往往也被描述为梨形身材。第二类体型是中胚层体型。此类体型的特点是三角形身材，宽肩窄臀，肌肉结实，身形坚固，身体各部分的曲线和角度都恰到好处。至少在美国文化认知中，这类体型经常被描述为运动型身材。第三类体型是外胚层体型。此类体型的特点是骨感、身材高挑修长。他们看起来身体比较孱弱，胸部扁平，肌肉不够发达（见图2-1）。

内胚层体型　　　　中胚层体型　　　　外胚层体型

身体类型

内胚层体型
（椭圆形身材；体重大、腹部大）

中胚层体型
（三角形身材；肌肉结实、挺拔）

外胚层体型
（身材高挑修长；胸部扁平；肌肉不发达）

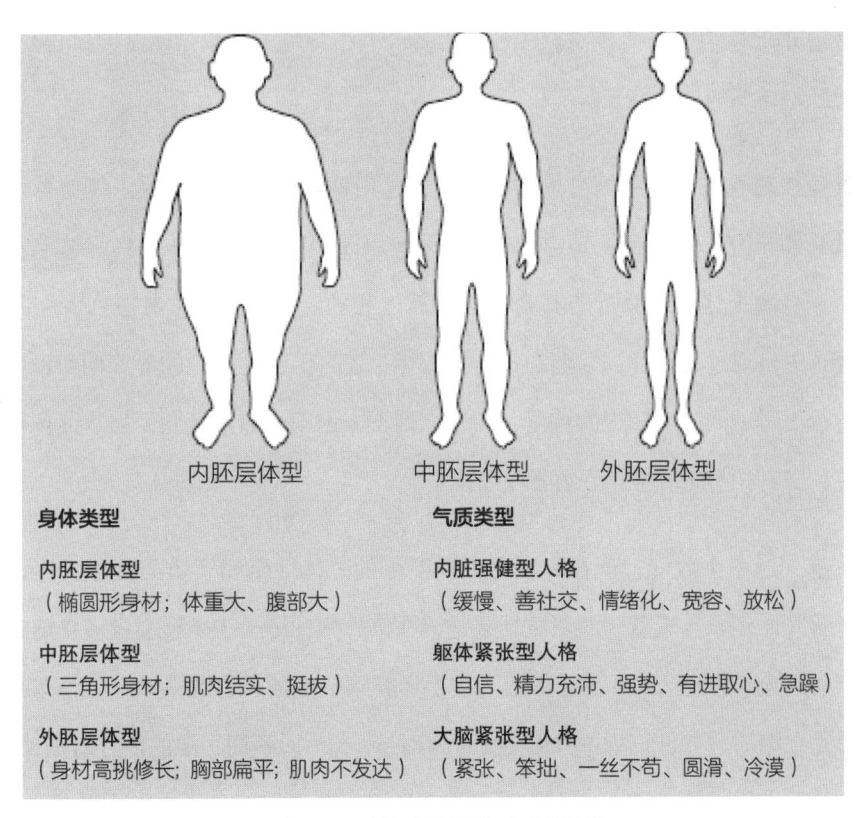

气质类型

内脏强健型人格
（缓慢、善社交、情绪化、宽容、放松）

躯体紧张型人格
（自信、精力充沛、强势、有进取心、急躁）

大脑紧张型人格
（紧张、笨拙、一丝不苟、圆滑、冷漠）

图2-1　谢尔顿体型与气质类型

你认识的人都属于这三类体型中的哪一种？你自己又是哪一类体型？奥普拉·温弗瑞（Oprah Winfrey）、《迈克和茉莉》（Mike & Molly）的主角，还有圣诞老人，他们都属于第一类体型。克莱门特·C.摩尔（Clement C.Moore）的著名诗作《圣尼古拉来访》（A Visit from Saint Nicholas）中就曾准确描摹了内胚层体型的样子："他有一副宽宽的脸和小小的圆肚，当他笑的时候，那小肚震得就像碗装满了果冻。"

克林特·伊斯特伍德（Clint Eastwood）、丹泽尔·华盛顿、哈里森·福特（Harrison Ford）、西尔维斯特·史泰龙（Sylvester Stallone）、梅尔·吉布森（Mel Gibson）、迈克尔·乔丹（Michael Jordan）和坎迪斯·伯根（Candice Bergen）都是中胚层体型很好的范例。卡利斯塔·弗洛克哈特（Calista Flockhart）、帕丽斯·希尔顿（Paris Hilton）、托比·马奎尔（Tobey Maguire）和乌玛·瑟曼（Uma Thurman）都具有中胚层体型的标准特点。

现在来看表2-2中的身体类型调查，这项调查曾多次用于关于体型与性格之间关系的研究。科尔特斯（Cortes）和盖特（Gatti）开发了这个工具，结果发现被试用于自我描述的形容词与其身体类型高度相关。在图2-1中有三列曾在身体类型调查中出现过的形容词，请在每个你选择描述自己身体类型的形容词旁边做好标记，数出每一列所做标记的数量，并在该列下方记录总数。至此，你应该获得三个数字，三者相加之和应该正好等于21。

有了这三个数字，现在你就可以判断你的总体性格和气质类型了。让我们一起来看几个例子。米歇尔的测试结果是，在第一列标记了3个形容词，在第二列标记了14个形容词，在第三列标记了4个形容词，她的得分是3/14/4。迈克的测试结果是在第一、二、三列中分别标记了11、5、5个形容词，他的得分就是11/5/5。

如图2-2所示，根据谢尔顿的理论，内胚层体型对应的气质类型称为内脏强健

表 2-2　　　　　　　　　　　　　　身体类型调查

目标：了解人的身体类型如何对行为和沟通产生影响。
答题说明：从每题下方所列出的词语中选择填空，每空一词，请快速选择。如果列出的词语中没有你的理想答案，填写最接近的词语选项即可。

1. 我在大部分时间里感觉是 ＿＿＿＿＿＿、＿＿＿＿＿＿ 和 ＿＿＿＿＿＿。
   沉静的　放松的　满足的
   焦虑的　自信的　沉默的
   高兴的　紧张的　有活力的
   满意的　急躁的　不自然的

2. 我在工作或学习时，是 ＿＿＿＿＿＿、＿＿＿＿＿＿ 和 ＿＿＿＿＿＿。
   高效率的　懒散的　追求精准的
   热情高涨的　有竞争力的　意志坚定的
   深思熟虑的　从容淡定的　思虑周全的
   温和的　挑剔的　合作的

3. 参加社交时，我总是 ＿＿＿＿＿＿、＿＿＿＿＿＿ 和 ＿＿＿＿＿＿。
   开朗的　体贴的　好争辩的
   亲切的　尴尬的　害羞的
   宽容的　做作的　健谈的
   温和的　温柔的　易怒的

4. 我是 ＿＿＿＿＿＿、＿＿＿＿＿＿ 和 ＿＿＿＿＿＿。
   积极的　宽容的　有同情心的
   温暖的　勇敢的　严肃的
   强势的　多疑的　心软的
   内省的　很酷的　有进取心的

5. 别人认为我是 ＿＿＿＿＿＿、＿＿＿＿＿＿ 和 ＿＿＿＿＿＿。
   慷慨的　乐观的　敏感的
   爱冒险的　充满关爱的　友善的
   孤僻的　轻率的　谨慎的
   强势的　冷漠的　有依赖性的

6. 从每个选项中挑出最能够描述你当下状态的形容词。
   （1）坚定的、放松的、紧张的
   （2）暴躁的、冷静的、温暖的
   （3）孤僻的、善交际的、积极的
   （4）自信的、圆滑的、友善的
   （5）有依赖性的、强势的、冷漠的
   （6）有进取心的、亲切的、焦虑的

型人格，这一类型人格的特点通常自我描述为缓慢、善社交、情绪化、宽容、放松等；中胚层体型对应的气质类型称为躯体紧张型人格，此类型人格通常可描述为自信、精力充沛、强势、有进取心、急躁、热情和乐观等；外胚层体型对应的气质类型成为大脑紧张型人格，通常可描述为紧张、害羞、一丝不苟、清晰、敏感、笨拙、内向等。

1 内脏强健型人格	2 躯体紧张型人格	3 大脑紧张型人格
○	△	‖
有依赖性的	强势的	冷漠的
沉静的	愉快的	紧张的
放松的	自信的	焦虑的
知足的	精力充沛的	沉默寡言的
满意的	有动力的	害羞的
懒散的	高效率的	挑剔的
温和的	热情的	深思熟虑的
从容的	好竞争的	追求精准的
合作的	有决心的	思虑周全的
亲切的	外向的	体贴的
有忍耐力的	好争辩的	害怕的
做作的	健谈的	尴尬的
温暖的	积极的	很酷的
宽容的	专横的	多疑的
有同情心的	勇敢的	内向的
心软的	有进取心的	严肃的
慷慨的	爱冒险的	谨慎的
充满关爱的	轻率鲁莽的	圆滑的
友善的	果断的	敏感的
善交际的	乐观的	孤僻的
温柔的	急躁的	温和的

讨论
1. 你的身体类型对行为的影响。
2. 如何根据他人的身体类型与之沟通。

图 2-2　身体类型的自我描述

第 2 章 外在形象

米歇尔的得分为 3/14/4，她属于躯体紧张型人格类型，很可能具有中胚层体型的特征；迈克的得分为 11/5/5，表明他属于内脏强健型人格类型，身体类型为内胚层体型。

每个人的身体类型与其对人格气质的自我描述相对应。那接下来就有一个问题：其他人是否也能够从属于内胚层体型、中胚层体型和外胚层体型的人们身上感受到某些特定的气质特征？人们采用剪影绘图的方式精心设计了一项研究，研究结果表明，我们的确会根据他人的体型判断他/她的气质性格特点。我们对他人进行描述，结果往往与其自我描述是一致的。在这项研究中，研究人员向 120 名成年人展示了三种身体类型的剪影，并要求被试根据不同的形容词对图像中的人物进行评分。结果表明，内胚层体型的人物剪影被认定为年龄更大，身材更矮小，为人更热心、更健谈，不强势，但是也更懒惰和老套；中胚层体型的人物剪影被认为更年轻，个子更高，更强壮，爱冒险，更加男性化，并且长相更好看，为人也更成熟和独立；外胚层体型的人物剪影则被认为更紧张焦虑，但是也更有进取心，身材瘦削，男性化特征稍弱，更年轻，却更加沉静和固执，而且更容易猜忌，也不善打交道。

从我们的文化和审美来看，中胚层体型相比其他两种身体类型更受欢迎。不过最近的一些趋势显示，外胚层体型也开始得到积极的社会评价，并逐渐得到社会的认可。中胚层体型的许多外部特征都是我们认为有身体吸引力的标志，因此，我们常常认为这类体型的人在社交和任务执行方面也同样更有吸引力。也就是说，我们认为，这类人在初次见面时更有可能被认为是容易交往和能够合作共事的人。虽然在最初打交道时，内胚层体型的人也会被认为具有社交吸引力，但是我们很少认为他们同样具有身体吸引力和任务吸引力。外胚层体型者往往会被视为具有任务吸引力的人，因为我们相信这类人做事更加认真细心，一丝不苟，追求精准又体贴周全。但是，在最初的互动中，我们通常认为外胚层体型的人的社交吸引力较弱，因为对这一类体型的气质特征，我们通常会描述为孤僻且不容易打交道。

这种关于人类体型与气质二者之间对应关系的研究对我们与他人的沟通有着非常重要的意义。虽然这二者之间的关系并非绝缘，但是基于体型的社会印象是的的确确存在的，而且这些印象中至少有相当一部分是准确的。此外，二者之间任何对应关系的存在绝不仅仅是我们与他人互动的一种结果。我们从他人的身材、体态形成了对他/她的刻板印象，由此对内胚层、中胚层和外胚层体型人士的气质特点、行为方式等有所期望，再按照这种期望与之进行互动交流。正如前面已经讲到的那样，人们的自我概念定义、自我描述在一定程度上取决于他人对自己的反映和反馈。如果我们认为一个身材圆滚滚的内胚层体型者行动拖沓、态度顺从，那么我们与之沟通的方式也会与这种认知和期望相符合。我们的这种互动和沟通行为会促进对方的自我概念形成，对方往往会遵从于我们赋予或强加给他们的角色身份，其行为也会自动与此相匹配。他们或许还会把其他人对他们的评价作为一种自我评价。

身高、体重和肤色

身高。高个子总是更受青睐，尤其是男性。我们的文化审美偏爱个子高的男性，即使是女性，对身高的重视程度也只是略低一点而已。军队和执法机构最近才开始放宽对新兵的身高要求。调查显示，在《财富》500强企业中，绝大多数男性高管身高都超过6英尺[①]。女人也喜欢高大、英俊和肤色略深的男人。我们也总会告诉自己的孩子要时刻站直身体。自1900年以来的美国总统选举中，几乎每一次都是两位候选人中的高个子获胜。

身高通常与权力和地位相关联。一个人的身高有优势，往往在气势上也强于

---

① 1英尺=0.3048米。——译者注

他人，在面对面谈话时好像占有压倒性的优势地位，能够支配他人。我们不难想象一个身材高大的主管领导在训斥矮个子下属时所表现出的那种权力和权威。许多矮个子男性反馈，他们拒绝与高个女生约会的一个主要原因就是，他们担心女方会掌控和主宰彼此的关系。在说服他人和影响他人行为方面，高个子可能也普遍更有优势。

在一项关于身高对人际关系影响的研究中，研究者将同一个人介绍给不同的学生群体，每次介绍时都赋予这个人不同的职业身份（如学生、讲师、医生、教授等），结果学生们会根据该人的身份角色而错误判断他的身高。简言之，该人的身份地位越高，学生们推断他的身高数值也越高。

体重。 在任何时间段，总有大约 75%~80% 的美国女性对自己的体重感到不满意，而且希望自己能变得更瘦，其中大多数要么正在节食减肥，要么曾经节食减肥。在这种现代文化里，体重超重的女性是最容易遭到毁谤中伤的人。女性体重大、身材胖，就会被人认为行动迟缓、缺乏吸引力，甚至懒惰。男性身材偏胖往往还说明他是个快乐的人，但是对身材偏胖的女性，这种看法并不适用。此外，对女性而言，理想体重和超重之间差距范围也比男性苛刻许多。所以，大多数美国女性穷极一生都在努力保持苗条身材，那些神经性厌食症和贪食症、食欲亢进在今天的美国如此普遍也就不足为怪了。一般来说，在这种文化中，当一个女人的体重增加时，她的自尊心就会下降，而且她的减肥压力也大。

但是，这并不意味着男人就不会因为体重意识而苦恼。事实上，今天的男性比以往任何时候都更积极地参加各种节食课程和锻炼计划，男性也要保持健美、活泼和年轻。在现代文化里，无论哪种性别，轻盈和修长的身材都更能让人联想到成功的人生、良好的自我概念、健康的身体和更好的人缘；而肥胖和超重则是与缺乏激情、行动迟缓、缺乏吸引力，甚至思维迟钝相关联。

肤色。另一个值得讨论的身体外形维度就是皮肤的颜色。在20世纪，人们十分重视种族和族裔问题。偏见和成见是永恒存在的，而个体总会因其肤色而被人们归类。一直以来，非洲裔美国人在美国社会里背负着负面形象，承受着巨大的压力。到20世纪60年代，这种社会文化认知取得了长足进步。"黑即是美"的呐喊一出，围绕肤色维权的集会也此起彼伏。1963年，民权运动领袖马丁·路德·金（Martin Luther King）在华盛顿特区的演讲为广大民众描绘了一幅震撼的图景。他在演讲中说道："我梦想有一天，我的孩子们将不是以他们的肤色，而是以他们的品格优劣而被人评价。"不幸的是，这个梦想至今还没能彻底实现。我们距离这个梦想还有多远？要知道这个答案，就要首先回答下面这些问题：擅长数学的人通常是什么肤色？擅长篮球的人呢？擅长跳舞的人呢？擅长领导和管理的人呢？擅长做手术的人呢？擅长足球的人呢？擅长电脑的人呢？你认为有多少朋友会给出与你相同的答案？

近年来，对中东裔人士的歧视和偏见日渐加重。由于"9·11"事件的发生，许多美国人开始歧视棕色肤色的人，无论他是来自中东地区，还是印度或巴基斯坦。这种偏见在许多方面与第二次世界大战期间对日裔美国人的偏见类似，那时候很多日裔美国人都因其祖籍国的侵略行为而受到指责。

头发

发型。如果说外形特点中有什么是与时俱进的，莫过于人们的发型。在过去一段时间里，平头和板寸是男性的时尚发型，但男性留长发或编发也曾一度流行。在很长一段时间里，女性喜欢用黏糊糊的发胶摩丝把头发变硬，让它们能立起来，显得头发很多、发型很大，但也曾有一段时间里，大多数女生喜欢留长发，还要梳成马尾辫。今天的年轻学生们，可能将来也会有人对他们说出同样的话："我才不要像他们那个样子。"总有一天，当他们的儿子或孙子辈回看今天的流行风格，也会和他们今天的表现一样。

发型与我们对吸引力和社会能力的认知关系密切，其能够为我们提供与人的社会行为准则相关的线索。一般来说，头发传递的非言语信息来自头发颜色、长度等方面。

头发颜色。你大概不费吹灰之力就能列举出一些与头发颜色相关的固定成见。莎莉是个金发美女，她就一定会很开心吗？马克有一头煤黑色头发，他真的很神秘吗？红头发就是暴脾气吗？答案当然是不一定，但是这并不意味着我们就不会这样想。我们大多数人似乎都认为红头发就意味着坏脾气，棕头发意味着健康，黑头发意味着性感，而金发女郎总是开心快乐没烦恼。几年前进行的一项调查显示，大多数男性都喜欢有个金发女郎当情人，但结婚娶妻还是要选棕色头发的女性。而另一项调查表明，虽然大多数女性更喜欢有头发（颜色不是问题）的男性，但也有相当一部分人喜欢秃头的男人。

头发长度。头发的长度与人们对信任感的判断相关联。在一项评判演讲者可信度的研究中，被试来自两个不同的班级，而演讲者是同一个人，由不同的学生被试对这名演讲者的可信度进行评判。在第一个班级里，演讲者的头发被设计成一个较长的发型；在另一个班级里，他的头发则呈现出较短的造型。结果在能力和活力的可信度方面，短发型获得的评价显著高于长发型。在一些图书里，作者也认为，这项研究表明男性留长发会被认为不够严谨和成熟。想想那些留长发的美国总统吧！当然，关于头发长度的每个判断和认知也会随着时间而有所不同。

职业发展和就业指导人员认为，男性留长发不利于获得录用机会，头发越长，就业机会越少。女性也会因为头发的长度而影响工作机会。与一些流行的观点相反，提升女性在办公室的性别吸引力可能会引起其他女同事的反感，也会加强男同事对其欠缺能力和智慧的看法。一位畅销作家说过的话可能正道出了其中的真谛："女性留长发，在卧室里能创造奇迹，在会议室里则会成为她的致命伤。"所以，很多留长发的女性都会在上班时把头发盘起来，下班回家后才把头发放开。

胡子。人们对男性留胡子的看法也有许多十分有趣的结论。男人面部毛发越多，就越容易被认为是成熟、男性化、帅气、强势、勇敢、勤奋、自信和自由的。研究表明，无论男性还是女性，都认为面部光洁、不留胡子的男性会更显年轻。仅从女性角度来看，留胡子的男性通常会更显成熟、老练、有男性魅力和性别吸引力。但是，在男性看来，与留胡子的男性打交道可能会有一定压力或紧张感，与没胡子的男性在一起则会更感轻松。对男性留胡子的看法或许是因性别而有所差异，女性觉得胡须是外貌特征中好的一面，而男性则可能认为这是令人退避三舍的信号，这背后可能是某种担忧或恐惧在作祟。在这种文化里，留胡子的男性有时也被认为是要隐藏某种东西。

拨弄头发。拨弄头发的动作也能带给人某些强烈的社会印象。想象一下，尤兰达正坐在光线昏暗的休息室里，很快她看到房间里另一张桌子旁的希德。希德注视尤兰达有一会儿了，他似乎在等待一个搭讪的机会。尤兰达也意识到希德正是她喜欢的那一类型，她用两根手指夹起一缕头发，轻柔地卷着发绺的末梢。你觉得这时候会发生什么？

这种拨弄头发的动作被称为"搔首弄姿"。按照一些专家的说法，这种行为通常出现在有异性人员在场的情况。搔首弄姿是对潜在求爱对象的非言语暗示，告诉他们可以接近，甚至是做出更进一步的亲密互动行为。当然，在焦虑或紧张的情况下，人们完全可能出于习惯或适应行为而做出这类动作。在这种情况下，拨弄头发的举动可能会被误解成让对方接近的信息，甚至是一种性互动的邀请。类似的动作还有抚弄胡须、把头发含进嘴里、轻拉手臂汗毛、拨开盖在眼睛上的头发，等等。

外观与着装

服装服饰也能传递出大量关于我们的信息。服装的面料、色彩、纹理和款式等，不仅能起到装饰作用，而且能传递诸如我们想些什么、我们是谁、我们与他人的关系、我们的价值观、态度、喜好、目标和愿望等诸多信息。想想你花在挑选衣服上的钱财、时间和精力。你购买一双鞋、一套西装、一件毛衣可能都有一个特定的理由。服装往往能传递出非常有目的性的信息，如性服务者就很能理解这一点：她们的穿着让潜在客户可以很容易识别她们的身份[可以看看电影《漂亮女人》(*Pretty Woman*)]。

我们特意让执法人员和军事人员穿着易于辨认的制服，这将有利于他们开展工作并在工作中取得成功，因此，执法部门和军队也不遗余力地推行和实施这种着装规则，不按照这种规则着装的人也不太可能获得提拔或被推荐晋升。

普通人虽然没有特定的着装规范，但在着装时也会考虑如何借助服装增加成功的机会。为了一次工作面试，我们会绞尽脑汁，并对一些穿戴的细节反复纠结。例如，年轻的高中英语老师比他的学生们大不了几岁，为了给学生留下权威、有能力的印象，除了穿夹克衫，他还要戴上领带来淡化他的娃娃脸形象。

这些都是人们有意识地将特定意义"编码"到着装中的例子。然而，与这些事例中的情况不同，大多数时候人们的着装传递出的信息并不是精心设计或有意为之的，我们衣着服饰中的信息线索往往是在无意识的情况下传递出去的。同样，我们从他人那里获得信息的时候，也没有意识到是他们的着装促成了这个信息的表达。在1960年的美国总统大选期间，理查德·尼克松（Richard Nixon）和约翰·肯尼迪（John Kennedy）举行了一系列竞选辩论。在其中一场辩论中，尼克松身穿灰色西装，数百万电视观众从那个时代的黑白电视里看到的是他的形象与单调的灰色背景几乎没有反差，而肯尼迪的一身深色西装就与背景颜色形成了很好的对比，所以好几位评论家都把肯尼迪在辩论中的成功归功于他的服装，认为善于着装让他脱颖而出，给观众留下了好印象。美国总统候选人工作团队对着装问题相当重视。2004年，乔治·W.布什（George W. Bush）在第一次辩论中戴了浅蓝色领带，许多报纸报道说他输掉了这场辩论。几周后，当乔治·W.布什再度出现在竞选辩论现场时，改用了第一次辩论中他的对手约翰·克里（John Kerry）佩戴的那种红色（象征权力）领带。

回想一下过去30年里社会对于名牌服装的关注。人们的着装意识成就了这些服装史上一度纵横披靡的时尚品牌：艾索德（Izod）Polo衫、设计师牛仔裤（designer jeans）、古驰乐福鞋（Gucci loafers）、汤美费格（Tommy Hilfiger）服装、克里斯汀·迪奥（Christian Dior）领带、盖璞（Gap）服装……这个名单可以列得很长很长。当然，我们能够明确意识到穿着时尚服装给我们带来的认同感和对个人能力的认可，但是，我们是否也能意识到由此会给他人带去怎样的看法和观念？一位匿名人士曾这样抱怨道："无论我的你的，都是同样的衣服！想法不也一样吗？"我们要传达的东西也是一样的吗？

为什么这样穿衣打扮

按照莫里斯（Morris）的说法，我们之所以有这样或那样的穿衣方式，原因就在于舒适和保护。这几乎不需要更多的解释，从人类来到这个世界并到处游走开始，人类自身固有的保护不足以满足所到地区气候条件的要求，我们就学会了借助衣着保护自己的身体免受外部因素的影响。

遮蔽是服装的第二个功能。莫里斯指出，缠腰布文化是所有服装类别中最为普遍的一种。舒适、保护和遮蔽，这些或许能满足人类的一些基本动机，包括对生存和安全的渴望，以及对庄重体面的心理需要。然而，最近的一些研究和思考让我们也得出保护和遮蔽或许并不是人类穿衣服的主要原因这样的结论。例如，在许多国家或地区的文化里，人们并不会通过遮盖身体达到庄重和体面的效果，在有些地方，即使天气条件再恶劣，人们也不穿衣服。这表明还有其他动机在影响穿衣这件事。

莫里斯指出，服装的第三个功能是文化展示。他认为，人们穿衣着装总是要传递一定的社交信号。穿衣着装承担这一功能，衣服也就成为他人了解我们的一个重要信息来源。服装，本质上是一种社会文化标志，它能向别人透露我们的社会和经济地位、道德观、教育背景、信誉、成熟度和社会背景，等等。研究人员西伯斯（Sybers）和罗奇（Roach）这样总结关于服装的社会文化信息："服装是一种地位的象征。如果穿衣着装与他人的期待不相符，我们往往认为这会影响到自己的职业升迁。我们认为穿衣打扮必须与自己的工作相符才能给别人留下好印象，我们相信别人会把着装品位与我们的社会经济地位、生活目标和满意度联系起来。"

服装的特征和个性。穿衣着装会透露人的特点和个性信息吗？我们对衣着服饰的选择是否会给他人提供这方面的线索，从而泄露我们的某些社会和心理取向？在许多相关书籍里，作者们认为的确如此。现在我们来回顾其中几项关于着装与本人特点二者之间关系的研究。

康普顿（Compton）致力于在个人特点与其对衣着设计、色彩的偏好这二者之间建立某种联系。他的研究表明，偏好色彩饱和度高、明暗对比强的衣着的人往往更加外向、率直、善于社交，而喜爱精细纹理设计的人往往希望给他人留下好的印象。由此，他得出结论，人们选择衣着的颜色、质地和设计风格，往往与其对自己的理想形象定位相一致，我们对服装服饰的选择使我们能够看起来更符合自己的理想形象。图尔比（Thourlby）指出，我们可能仅凭衣着服饰就会得出10种关于他人的判断，包括：经济水平；教育程度；信誉度；社会地位；心机城府；经济背景；社会背景；教育背景；个人成就；道德品行。

罗森克兰兹（Rosencranz）对已婚妇女的着装态度进行了研究。结果显示，对着装有较强意识的女性通常是多个组织和机构的成员，她们属于上层社会，语言能力较好，受教育程度较高，并与收入高于平均水平的白领男性组成家庭。罗森克兰兹认为，社会上层阶级可能非常重视其成员的外貌，因而这一阶层人士对着装更为看重，而处于较高社会经济阶层的妇女似乎也更有时间和财力将注意力放在衣着服饰方面。

研究人员研究了正装与休闲装对他人感知的影响。结果表明，正装往往带给人更多的尊重、关注与合作，穿着正装的人往往会被认为信誉更好，更可信赖；休闲装虽然会带给人更容易接近的感觉，但也会让人觉得不够尊重、缺乏重视，规则意识较弱。所以，对某些组织和机构来说，规定"休闲星期五"未必就是一件好事。

对新手员工来说，穿着休闲装带给客户的印象不如正装的效果。基德（Kiddie）发现，允许员工穿休闲装的公司数量从2002年的53%下降到2006年的38%。佩鲁切特（Peluchette）和卡尔（Karl）发现，员工们认为穿商务正装可以显示出一个人权威、称职，而且值得信赖。早前一些研究人员也提出，穿休闲装上班可以提高工作效率。苹果电脑公司就是这样一个典型的例子。尽管如此，过去几年的趋势还是重新转向穿着商务正装，这或许是出于提高客户信任度的考虑，这一情况在营销人员中尤为明显。工作服装情况各异也许取决于员工的主要工作是待在办公室里还是要与客户沟通。

关于服装与着装者本人特点的一项范围更广、也更加著名的研究是艾肯（Aiken）的问卷调查。艾肯对服装的选择与人的个性特征是否相关很感兴趣，他从选择服装的五个维度设计了一份经典的调查问卷。这五个维度可以简单概括为：

- 他们对服装很感兴趣；
- 他们看重服装的经济性；
- 他们看重服装的装饰性；
- 他们看重服装的规范性；
- 他们看重服装的舒适性。

从本质上讲，艾肯的研究试图确定哪些个性特征最有助于预测人们如何选择自己的着装。

艾肯的研究只选择了女性被调查者。他发现对服装感兴趣的女性，往往遵循传统、认真、服从、坚持、善疑、无安全感、容易紧张、思维刻板；看重服装经济性的女性，更有责任感、警惕性、效率高、精确度高、聪慧、认真、有控制力；看重服装装饰性的女性，认真、遵循传统、思维刻板、聪慧程度不高、有同情心、善于交际和服从；看重服装规范性的女性，社会意识较强、有道德、遵循传统、善于服从，并能保持克制，这类女性还重视经济、社会和宗教价值观，并倾向于弱化审美价值；最后，看重服装舒适性的女性善于自我控制、社会合作、擅长交际，并服从权威。

后续的调查研究似乎也证实了艾肯最初的调查结果。在这些研究中，罗森菲尔德（Rosenfeld）和普拉克斯（Plax）的研究尤其引人注目。他们的一个重大改进是，在探究四种服装选择取向和着装者个性特征之间关系时，研究人员同时调查了女性和男性受访者。服装选择的第一个维度是服装意识。举例来说，如果一个人的服装意识比较强，他会认为别人始终注意他们的着装，这一点十分重要。

服装选择的第二个维度或方向是展示性。例如，在展示性方面得分较高的人会赞成穿很薄的泳衣，实际上他们也很喜欢穿这种薄薄的泳衣，并享受穿上它的感觉。这类人就很有可能穿着暴露的衣服不适当地出现在正式的工作环境里。

第三个维度是实用性。有些被试非常赞同"买衣服，我更看重实用性，而不是服装的美观度"这样的说法，这类人会在实用性这一维度上得到较高的分值。

第四个维度是设计师，是指被试想成为服装设计师的程度。在表2-3中，我们列出了罗森菲尔德和普拉克斯的研究结果，分别列出了与之对应的男女个性特征。研究结果表明，男性和女性在四个服装选择维度上的得分各有高低。

受欢迎度、喜好度和同质性。有些人穿衣着装是为了提升自己的受欢迎程度，或者说他们觉得这样穿能让其他人更喜欢自己。着装会影响他人对我们的情感态度吗？以服装提升同质性，拉近与他人之间的关系，这对我们的人际交往非常有益。这里的同质性是指在外表、背景、态度和价值观等方面相同或相似。一些专家认为，外表的同质性（体现在穿衣着装之中）能够降低人们在其他方面对同质性的要求。至少有一件事看来是正确的：我们往往更喜欢那些看起来与我们自己相同或相似的人，其中也包括着装的相似性。

与他人的着装风格相符，这源于我们期望受到欢迎和被人接受的心理。人们喜欢和接受他人，在很大程度上也的确是因为他人的着装风格，受欢迎度和喜好度都与着装有关。研究表明，对于女性来说，想要被大家喜欢和接受，恰到好处的着装比个性和外表都更为重要。在这项研究中，女性被试还认为着装是受欢迎女性各项特征中最重要的一个方面。

表2-3　　　　　　　　　　　　个性特征与服装选择

服装意识	
高分值/女性	克制、焦虑、服从权威、友善、有同情心、对朋友忠诚
高分值/男性	从容、谨慎、服从权威、习惯、传统
低分值/女性	坚强、独立、强势、思维清晰、对异性关系和掌控他人的意愿弱
低分值/男性	好斗、独立、认为他人不易掌控
展示性	
高分值/女性	激进、人际关系弱、充分肯定自我价值
高分值/男性	积极进取、自信、外向、同情心弱、冷漠、情绪化、冲动、在家庭互动关系中的自我意识低
低分值/女性	胆怯、真诚、接纳包容他人、耐心、自卑、对异性关系的意愿弱
低分值/男性	认为他人容易被掌控、不愿展示自我、在家庭互动关系中的自我意识低
实用性	
高分值/女性	热情、外向、聪明、自信、不愿展示自我、优越感、没有领导欲
高分值/男性	不满、谨慎、叛逆、克制，对维持某种关系、获得权威人士认可、结交朋友的意愿低
低分值/女性	冷漠、以自我为中心、独立
低分值/男性	善于分析、严肃、坚强、以成功为导向、成熟
设计师	
高分值/女性	思维刻板、非理性、不苛刻、有表现力、热情、有行动力
高分值/男性	服从、苛刻、易怒、合作、有同情心、热情、乐于助人、寻求鼓励、对自身行为担心
低分值/女性	执着、灵活、思维敏捷、高效、遇压力容易混乱、对职业发展未来悲观
低分值/男性	自负、不满、冒险、焦虑、有优越感、结交朋友的意愿低

身份和地位。在前文中，我们说到服装是地位的象征。与穿休闲装相比，穿着商务正装会让人觉得我们的身份地位更高。很多时候，我们能通过穿衣着装来提高或降低我们与他人的相对地位。一些专家表示，着装在初次商务会面时最为重要。

非言语沟通经典入门：影响人际交往的重要力量

如果着装显示我们比客户的身份地位更高，对方可能会不愿意接近我们；但是，如果我们的着装达不到客户的标准，则可能会被认为不能胜任洽谈的工作或职位。

在课堂上，年轻且经验不足的老师们发现，如果穿外套、打领带，或是穿西装或套裙，学生们的态度就会有所不同。回想一下自己的大学老师，你一定还记得，有些老师很可能就是研究生助教，你见过的穿着最正式或最不正式的老师很可能都是这群人。为什么会这样？他们中有许多人可能只比你大两三岁，他们的老师也会教导他们，在学生心目中制造可见的身份地位差异十分重要，当然，通过服装显示出较高的身份地位，往往也会赢得较多的尊重。而他们中的另一些人则认为，穿着轻松休闲看起来就好像是学生中的一员，服装上的同质性能使他们快速与学生打成一片。

| 服装是身份、权力和地位的象征

有些专家指出，服装能透露人们的身份和地位信息，在商界尤其重要。我们都知道，昂贵的定制西装往往代表高级管理层的身份。然而，在现实的商界，人们推荐的方式是按照比实际职位略高一些的身份去穿衣打扮，人们相信，这样做可以让大家认为你将有可能得到晋升。

权力和成功。与身份和地位密切相关的是权力和成功的非言语信息。在金融行业和大型企业的圈子里，商务人士无论男女每天都在为登上成功阶梯，获得更多回报而努力。畅销书作者反复强调权力和成功的象征符号在商界的重要性。综合各种信息来源，男士西装的设计被称为传递权威和信誉的有力信息。学者们认为，深色西装会显得更加权威，但是纯黑色、海军蓝或灰色的定制西服套装难免会带给人压力。此外，深蓝色和灰色细条纹也可以作为备选，但纯色始终是最为推荐的选择。

虽然一些专家认为，海军蓝、炭黑色或黑色裙子套装应该是职业女性的必备，但是，商界女性应该避免模仿男性着装的色彩和风格。男性的着装方式也可以被看作是一种威胁，并最终削弱女性在办公室里的权力和权威。我们应该鼓励女性穿出属于自己的风格，树立女性高层人士的着装典范。此外，商界女性应该避免以毛衣替代外套，只穿毛衣没有外套是相对初级的员工常见的着装风格。因此，虽然有些衣服穿起来可能更显女性吸引力，但未必也能提升女性在职场中的价值。当然，在工作环境以外的着装又是另一回事。一些研究结果也表明，对于秘书以上职位的职场女性，在初次聘用以后，吸引力就不再是一种很有价值的资产了，而身体吸引力还被认为与绩效评估结果存在负相关的关系。

群体认同。与受欢迎度和喜好度密切相关的还有群体认同，这也是人们穿衣着装会考虑的另一个因素。经常会有人提醒你，如果想成为某个群体中的一员，就必须做这个群体所做的事。换句话说，人在罗马，就要像罗马人一样行事，也就是入乡随俗。

辛格（Singer）发现，人们觉得警察穿制服比穿便装看起来更称职、更可靠，也更聪明。休伊特（Hewitt）和戈尔曼（German）也发现，对海军陆战队中士和海军中尉来说，穿制服也比穿便装更让人觉得聪明和有魅力。很显然，服装不仅能向别人说明我们的身份，而且能说明我们归属于哪个群体，甚至我们的态度。例如，当一群反学校的学生穿着写有"我不想上学"字样的T恤衫，那这个群体的情况已经不言自明——不仅老师们能看懂，任何看到这种具有群体识别形式服装的人皆能明了。

你可以做一个小测试：去一家你不认识的银行，穿得随意一些，甚至可以有点邋遢，到柜台兑现支票，注意一下银行柜员的反应。然后，你再穿西装或其他正式服装回到同一家银行，再看看柜员会有怎样的反应。

人们总是会寻求归属，寻求某一群体认同。年轻人都希望父母给他买的运动衫上印有自己最喜欢的足球队的标志或是最喜欢的棒球运动员的球衣号码。女孩们都喜欢模仿女明星、女模特的穿衣时尚。在大学校园里，男生女生想要成为兄弟会、联谊会或其他团体的成员，就会与那些潜在的兄弟、姐妹或团体成员穿相同的衣服，做同样的事情，以此来证明自己配得上成为他们中的一员。曾经就有一位老人夸口说，他能从一个人穿着打扮分辨出他属于共和党还是民主党。我们每个人穿在身上的，都是自己所归属和联系（或想要与之建立联系）的特定群体的"制服"。无论你是否意识到这一点，我们的衣着服饰会泄露我们的社会和政治态度。

关于着装的结论

在这里，我们讨论了服装的几个重要功能，包括我们通过服装服饰了解他人并将其归为不同群体的刻板印象。在进入下一项内容之前，有必要概括总结一下我们基于着装做出的各种判断。

结论1：我们根据服装对他人做出的判断，其准确性会因所判断人格特征的类型而有所差异。研究人员表示，在判断性别、年龄、国籍、社会经济地位、群体认同、职业地位和官方地位等方面，准确性相对较高。也就是说，我们通常更善于从着装来推断他人的人口统计学特征。在判断个性、情绪、价值观和态度时，准确性相对较低。换句话说，我们通常不善于从着装来推断他人的心理特征。

结论2：服装是否会影响我们对他人的看法，部分取决于对方是陌生人还是熟人。总体上，基于服装得出印象往往在双方产生互动关系的初期和较早阶段最为重要。霍尔特（Hoult）进行的两项研究似乎可以支持这一观点。在第一项研究中，霍尔特让被试在几个社会属性维度上对男性组别进行评分。随后，获得最低分值和最高分值的男性模特均被要求换装，前者要比之前穿得更好，而后者则比之前穿得普通一些。霍尔特发现，换装后的第二次评分相比之前没有变化，说明服装对社会属性的判断没有影响。当他意识到被试与模特已经相互认识这一点可能会误导和影响研究结果后，他用对被试完全陌生的模特又进行了另一项研究。这一次研究的结果表明，服装确实影响了被试给出的评分。穿着讲究的模特在社会排名中有所提升，而那些穿着低于一般水平的模特则排名落后。这个结论至今依然成立。

结论3：我们对他人的看法最初会受对方穿着的影响。我们会根据服装对他人进行判断。通常，我们会从衣着和外形来决定是否要与对方接触或交往。

结论4：如果他人的穿着与自己相似或接近，那么我们将更有可能与之接触或进行互动。在这里，同质性原则还会再次显现。双方越是认为彼此相似或接近（特指穿着），就越有可能进行相互交流和交往。

59

结论5：如果某人希望被认定或确定为某一群体的一分子，那么他就应该穿着能代表该群体的标志性服装。 如果你想被认为是一名严谨的商务人士，那么你就要穿着严肃、规范的商务正装。

结论6：服装可以代表我们的信誉水平。 希望他人怎样看待我们的信誉度，在选择服装的时候，这一点应该是我们始终考虑的因素。从服装预判行为方式或许不可能，但是，从服装预判他人是否会与我们建立联系却是完全可能的。无论男士还是女士，穿着西装通常都能给人留下可信赖的印象。

简言之，当我们熟知某人时，她或他的服装不会给我们的看法带来很大的影响。即使着装与之不符，我们也能了解其真实的情况。然而，当面对初次见面的陌生人时，服装对我们形成判断就变得举足轻重。在缺少其他信息来源的情况下，对方的服装与其他外形因素共同成为我们了解对方的重要信息来源。如果我们不了解这个人，那么我们所能看到的就是我们认为最真实的。

饰品饰物

好好找一找你的身上和衣服上，除了衣服之外，是否还能找到一些装饰品或装饰物，或是其他有助于识别你的身份的东西？用来装饰我们的身体和服装的配件，统称为个人装饰。它能告诉我们的信息和衣服一样多。珠宝首饰、眼镜、帽子、钱包、背包、手提箱、书写笔，甚至吸烟用具，都在向他人传达其所代表的某种个性属性。安斯巴里（Amsbary）、沃格尔（Vogel）、希克森（Hickson）和奥克斯（Oakes）发现，当学生们认为某个人不吸烟，他们在相似度、可信度和人际交往吸引力方面给这个人做出的评价就会高很多。

很多人都有自己标志性的个人装饰,这些装饰与它们的佩戴者几乎不可分离。在第一次世界大战期间,乔治·S.巴顿(George S. Patton)将军的象牙柄手枪和挥舞的指挥棒,就像他成功的军事行动一样闻名于世;而不戴飞行员眼镜、不叼烟斗的道格拉斯·麦克阿瑟(Douglas MacArthur)将军,也实在难以想象。约翰尼·卡什(Johnny Cash)爱穿黑色,艾莉·麦克贝尔(Ally McBeal)这一角色爱穿超短裙。很多歌星也都有属于自己的标志性装饰,例如戒指、眼镜等,丽莎·洛普(Lisa Loeb)就总是戴着她的标志性黑框眼镜。

在个人装饰选择方面,专业形象顾问会毫不犹豫地给出指导建议。莫洛伊(Molloy, 1975)在一项测试中提问:"哪些职业适合打领结?"答案是服务员、小丑、大学教授和评论员。几乎所有职业都有自己的个性化的装饰,例如,很多群体会佩戴领针、胸针、手表和其他标志性的装饰物,别人可以借以识别佩戴者的身份和地位。

在各种饰品饰物中,珠宝首饰是最常见的一种。你戴哪种手表所能透露出的信息,可能远超你的想象。天美时(Timex)与劳力士(Rolex)显然代表两种截然不同的个人形象,二者都可以传递出关于你的社会经济地位的强烈信号。许多形象顾问指出,商务人士佩戴珠宝的数量和类型既能帮助塑造商业形象,也能破坏商业形象。给予商务男士的建议其实很简单:不要戴耳环,但是一定要佩戴一只简单的(最好是薄款)金表,已婚人士可以佩戴婚戒。除此之外,任何其他装饰都显得过度。虽然未来的情况可能有所改变,但就目前而言,即使只是最简单的镀金耳环,对男士来说也显得多余!

对于在商界打拼的女士们,除了手表和结婚戒指,还可以佩戴款式简单的耳环,除此之外的任何其他装饰也显得多余。适用于商务女性的珠宝佩戴规则通常就是四件:手表、婚戒和耳环(每只耳环都算作一件)。过度佩戴珠宝是许多女性都容易犯的错误。过多的珠宝在谈话过程中可能会分散对方的注意力（甚至会发出噪声），让对方误以为你的地位比实际更高，或是让人误会你对自己的现状感到不安。在商务交往中，装饰配件少即是多。

最明显或许也是被研究得最多的装饰就是眼镜。眼镜，自其发明以来一直与特定的个性特征相联系。研究表明，戴眼镜的人往往被认为更加聪明、勤劳和诚实。但也有研究发现，戴眼镜的女性多被认为更虔诚、更传统和缺乏想象力，至少对女性来说，眼镜带给他人的看法和认知多少有一些负面。为什么隐形眼镜佩戴者中女性占了很大一部分？为什么做眼科手术矫正视力的女性多于男性？这些或许都可以由此得到答案。但是，从 20 世纪 80 年代初开始，眼镜框架制造商在产品设计方面变得更富想象力了。设计不同款式的眼镜框和其他种种创新，还有对眼镜的观念和使用的变化，都使眼镜佩戴者可以用以往不曾有过的方式来表达自己。

人们摆弄眼镜的动作也可以传递出很多信息。戴眼镜的人可以发出各种关于自我形象和情绪状态的信号。例如，用嘴咬着眼镜的镜脚，这是紧张、焦虑和压力的表现；把两支镜脚交叠相触，这是深入专注的表现；不断折叠再打开两支镜脚，说明这个人当下很无聊；说话时用眼镜做动作可以起到强调的作用；把眼镜抬到额头上看人，说明此人非常诚实并愿意敞开心扉；把眼镜架在鼻尖上，从镜片上方看向对方，则是在发出控制、权力或怀疑的信号。

在日常沟通中，由个人装饰作为线索帮助传递社会和文化信息的例子还有很多，在这里，我们只讨论了其中的一部分。这些或许只是小事情，但是在我们梳理和盘点以外观形象传递出的非言语信息时，即使是最不起眼的领针、最简单的项链、最朴素的耳环，也不应该被忽视。别人会从你的衣着和装饰来对你做出判断，你的个人装饰将传递出你的自我形象、你的隶属关系，以及你的社会和政治态度。

第 3 章

手势和动作

Nonverbal Behavior
in Inerpersonal Relations

F 非言语沟通经典入门：影响人际交往的重要力量
Feiyanyu goutong jingdian rumen:yingxiang renji jiaowang de zhongyao liliang

成功的商务人士都能够快速解读他人的各种手势和肢体动作，只有不那么成功的商人才会忽略手势和肢体动作的重要性，甚至在与潜在客户交谈时也注意不到这些细节。我们用手势和肢体动作可以表达很多意思，在双方见面寒暄介绍的时候，你必须清楚地了解适用于所处环境的问候方式。点头、鞠躬、亲吻、握手、微笑、挥手、贴面或碰鼻，这些都是常见的问候礼仪，但适用于不同的国家或地区。如果你采用了不适合的问候动作，那么友谊的大门可能从此不会对你敞开。

回答以下问题，并将你和其他人的答案做比较：

- 在你的国家或地区，通常的问候手势或动作是什么？
- 常用的告别手势或动作是什么？
- 表示"干得漂亮"，用什么手势或动作？

第 3 章 手势和动作

- 表示"同意""成交",用什么手势或动作?
- 表示"不同意""否定",用什么手势或动作?
- 表示"我饿了",用什么手势或动作?
- 询问"几点了",用什么手势或动作?
- 表示"我渴了",用什么手势或动作?
- 表示"过来",用什么手势或动作?
- 表示"走开",用什么手势或动作?
- 表示"我真气炸了",用什么手势或动作?
- 表示"我不知道",用什么手势或动作?

手势和肢体动作往往能够透露一个人言语背后的真实感受,如何解读手势或肢体动作的意义,就取决于当时的沟通情境。在下面这个例子中,我们可以看到唐在面试时候的反应。

唐感到不安、紧张和焦虑。迄今为止,他还从没有面试过一份真正的长期工作。此前,他做的都是兼职工作,也从未想过要给某个面试官留下深刻的印象,从而能够获得一份长期、有发展前景的工作。他在心里不断地嘀咕:他们会喜欢我吗?我出门前应该检查过仪表吧?我会不会看起来太年轻了?我的样子足够自信吗?怎样出场比较好?唐花了一早上的时间检视自己的外观形象,确保自己的海军蓝西装没有问题,反复检查夹克、领带和休闲裤是否都合身妥帖,再确认自己的鞋子是否有划痕,而且擦得锃亮。等待的时间越长,他就越感到烦躁不安,总担心还有哪里不对。其实他已经事先看过了面试公司的所有信息,为什么还会如此惴惴不安?

唐和另外几名面试者一起坐在外面的等候室里,看起来个个都跟他一样。工作人员会让每位面试者进去与面试委员会谈话,一次一位。此时,一定要挺胸坐直,保持警醒，同时表面平静如常。不要啃指甲，不要捋头发，更不要用手指敲椅子！唐意识到自己一直在捋头发，跷着二郎腿还不断抖动。他让双臂在胸前交叉，深吸一口气，努力让自己平静下来。

隔壁座位上一位穿着讲究的女士正平静地翻看杂志，忽又瘫软地打了个哈欠。坐在她右边的男士一直不停地看手表。在房间的另一侧，一位女士快速走到布告栏前翻看张贴的通知和各种宣传册，转而满脸焦急地望向大厅，目送着几个面试者随工作人员一起离开。"唐纳德·史密斯"，一个严肃有力的声音喊出唐的名字，于是，唐转过身，看到工作人员示意轮到他了。唐面带笑容地走过去，弯身鞠躬，并伸出颤抖着的手。"别紧张，你是史密斯先生吗？"工作人员问道。"哦，不，不，先生，不，我是说夫人……不，女士，我不紧张。很高兴见到您。"他咬了下下嘴唇，提醒自己不要因为小动作失宜暴露了自己的弱点。

很多相关书籍和文章在大众中广为传播，因此肢体动作已经为人所熟知，并被称为肢体语言。虽然这些文章和书籍有助于促进人们对非言语行为的了解，特别是对手势和肢体动作的了解，但是，动作、活动、手势、行为、展示、抖动、转动和身体的摇摆，等等，这些并不能构成一种语言。虽然这些行为可以被赋予某种意义，但是它们只是简单的行为，换言之，这些行为可以帮助沟通，但是与语言文字还有很大的不同。

身势学专门研究肢体动作和手势给人类沟通带来的影响。在第 1 章中，我们介绍了非言语沟通的很多功能：补充、反驳、强调、重复、控制和替代。我们通过肢体动作传递出的很多信息就可以实现这些功能。

身势动作包括所有手势、头部动作、眼睛活动、面部表情、姿势以及躯干、手臂、腿、脚、手和手指的动作。学者们从许多不同的角度对这些行为进行了研究，直到今天，

第 3 章 手势和动作

大多数非言语沟通的学者都认为，抛开所处的沟通情境单纯研究身势动作，这在现实中意义不大，而且可能也并不合适。如果不是具体到具有一定背景或文化限定的情境里，即使是特定的肢体动作也很少能具有一定的含义。

就以前面例子中唐的动作来看，如果你不了解他是正在等待一场面试这一背景情况，还能从他的那些行为表现准确解读出具体的含义吗？恐怕不能。如果不了解他所在的背景情况，有人会觉得那是无聊所致，也有人会觉得是愤怒恼火所致。正是因为我们很清楚他所处的情境，所以才能确切判断出唐的动作反应是紧张和焦虑的表现。

理解肢体动作的含义，除了要了解肢体动作发生的特定情境，还必须了解相应的文化、教养、种族、所在区域、社会地位，甚至教育背景等，这些都有助于理解和掌握肢体动作所表达的意义。在我们的文化里，看一个人走路的方式就可能会对其是否有"阳刚之气"而产生怀疑；但在另一种文化里，人们可能就不会产生同样的质疑。在北美地区，如纽约州布法罗或得克萨斯州达拉斯等地，使用"OK"手势的意思是一切都好；但在一些拉丁文化地区，情况就截然不同，做出同样的手势意思可能就相当于对别人竖中指。几十年来，各种研究和观察证实了这种对人类非言语行为归类的错误方式。在与人谈话时跷起二郎腿并转向其他方向，这样做可能并不意味着你是在拒绝对方，真正的原因或许只是你觉得那样坐会更舒服些。

对于手势和肢体动作，在本书中我们将以三种方式详细分析和讲解。首先，我们会提出非言语沟通方面的一系列理论观点；其次，我们会详细讨论手势和肢体动作的分类以及各类别的具体情况；最后，我们将进一步介绍手势和肢体动作对日常沟通的影响和实际效果。

手势和动作的相关理论

肢体动作可以告诉我们很多信息，这一点我们凭直觉就能知道。手势和动作能够辅助说明和管控我们的口头对话，我们可以通过肢体动作表达情绪、强调或突出口头表达的语言，甚至是反驳和否定我们嘴上说的内容。然而，直到最近，理论学者和研究人员才找到了研究人类动作行为的科学方法，大体上可分为两种。第一种称为结构主义方法，第二种称为外生变量方法。接下来我们将看到的就是研究者从各个角度对动作行为沟通潜力做出的不同假设。

肢体动作的结构主义方法

采用结构主义方法进行研究的学者们的共同之处就是把沟通看作一个结构化的系统，并假定这个系统独立于人们在特定互动过程中的具体行为。这些学者认为，所有行为都应假定为经过社会化的学习，并具有沟通的价值。伯德惠斯特尔（Birdwhistell）是最著名的结构主义学者之一。他认为，行为发生的背景很重要，但行为也是满足语言的标准的。换句话说，行为也有一个基本的结构，一个可以分析得到的规则系统。行为也可以划分成若干个部分，就像语言由句子或单词等基本单位组成一样。同时，我们也可以对行为进行分类。因此，伯德惠斯特尔认为区分言语沟通和非言语沟通是毫无意义的。他将语言学的研究方法用于肢体动作的研究，迄今为止已广为人知，却也备受争议。

伯德惠斯特尔对肢体动作的研究方法包括界定动作行为的最小和最基本的单位，并将其称为同位异势（allokines，即手势语结构单位的变体）。在与他人的持续互动中，我们通常无法检测到这些微动作。它们总是被一带而过，通常必须借助录像机或计算机等机械手段才能够监测得到。几个同位异势一起就能组成更大

安慰行为中的非言语动作匹配

> 研究人员对安慰行为的概念做过相关研究。他们事先对四位志愿者（两男两女）进行了培训，让他们做出九种不同组合的非言语安慰行为。每种组合都按照行为的即时性做了低、中、高的排序。接下来，研究人员让被试共同讨论一个令人痛苦和困扰的事件，并接受志愿者的安慰，再根据被试的反馈得出结论：在研究最初所做的假设中，有两个得到支持和证实，还有另一个假设没有得到验证。第一个假设，被试是根据做出安慰行为的人进行匹配，并不是根据安慰行为的程度进行选择。第二个假设，女性比男性的即时性匹配度更高，并且，女性比男性表现出更多的情感暗示。女性对女性的匹配度高于女性对男性的匹配度，而男性对男性和男性对女性的匹配度相当。与其他女性相比，女性与其他女性的匹配程度更高，男性—女性和男性—男性的同体（对）测试类似的匹配。第三个假设，匹配情况和对实施安慰者的喜好度受到安慰动作的熟练程度影响，但是这一假设未被实验证实。尽管如此，人们对安慰行为的接纳很大程度上受到安慰行为即时性的影响。

的单位，被称为势位（kines）。按照伯德惠斯特尔的说法，即使势位可能也不能代表特定的含义。更大的动作单位是势素或势因子（kinemes），它是若干同位异势的组合。势因子是能够表达不同意义的最小的肢体动作单位。它们就类似于语言系统中的音素，也就是每种语言里最小的语音单位。若干势因子可以组成势素，它就类似于语言系统中由单词组成、能表达一定意义的最小的语言单位——词素（kinemorphemes）。由此可见，伯德惠斯特尔对肢体动作的分类体系完全是按照言语沟通的体系（音位变体、音位、音素、词素、语义、句法和语法）建立起来的。

迪特曼（Dittman）是伯德惠斯特尔体势学研究方法的主要批判者之一。他不认同对所有非言语行为都像对言语进行分析那样做研究。根据迪特曼的说法，体势学是与口头语言结构相同的沟通系统，这种基本假设是行不通的。他指出，所有口头语言都是由间断和离散的信息组成的，但只有部分肢体动作和手势能够达到这一标准。许多甚至是绝大多数肢体动作和手势都应该被看作是连续的，所以不能把它们当作一个语言系统来研究。迪特曼认为，几乎没有证据表明肢体动作元素是按照动作本身固有的任何规则组合在一起的。另外一些伯德惠斯特尔理论的批判者还发出警告，认为他的方法可能导致研究者仅仅因为看起来与预设模型相匹配，就将某种结构强加于他们观察到的肢体动作上，而无视这种结构是否真的存在。

尽管如此，我们必须承认，迪特曼和其他批判者仍然强烈同意伯德惠斯特尔关于手势和肢体动作是信息的宝贵来源的观点。他们不认同的只是对口头语言和非言语行为这二者不加区分。你或许已经猜到，在这场争论中，我们是坚定地站在迪特曼一方的。在本书第1章中，我们就强调言语行为和非言语行为之间的区别非常重要。按照语言模型研究非言语行为的流派对于理解人类的非言语沟通交流并不是很有帮助，在传播学研究者中间也已经失去人气。

肢体动作的外生变量研究方法

与伯德惠斯特尔不同，其他学者研究肢体动作大多采取的是外生变量研究方法。埃克曼（Ekman）是其中最著名的一位。他从实验性的行为观察开始，并根据观察发现得出他的理论。埃克曼和他的同事们对肉眼注意不到的微动作不感兴趣。他们认为假设存在同位异势和势因子其实毫无必要，因为这些单位在社交和沟通方面没有意义。埃克曼和弗里森（Friesens）感兴趣的是非言语行为在社会交往中的作用，因此他们更关注具有实际意义的肢体动作单位。按照埃克曼和弗里森的说法，

第 3 章 手势和动作

对人类的手势和肢体动作的任何分类都应该以普通人能够很容易观察到的动作为研究基础。如果是普通观察者都无法识别的动作，又如何进行有意识地沟通交流？那显然是不可能的。不过，这样的动作有可能产生无意识的影响。埃克曼和弗里森对非言语行为所传达的信息类型也很感兴趣。肢体动作和手势既可以传递特定信息，也可以传递共性信息。肢体动作或手势，如果只有在与特定个人相关联时，其意义才能够被理解，那么该动作或手势传递出的就是一种特定意义。也就是说，即使非言语行为是由同一群体中的不同人发出或接收的，其含义也将有所不同，而了解这些动作或手势出现的具体情境对于理解其含义也十分重要。如果同一群体或文化背景中的大多数人都能够很容易地解读出其中的含义，那么由这一非言语行为传递的就是一种共性信息，例如，竖起中指和代表胜利的 V 形手势在美国文化中就是能够传递共同意义的非言语行为。与此相对的是，如果某个人出于压力而做出某些特定的手势动作，例如敲打手臂或咬指甲，他身边多数人可能并不理解这其中的含义，只有其中某位观察者（如配偶）能够会意，知道这种行为是心情焦虑的表现。这就是所谓的特定意义。

埃克曼和弗里森在对特定意义开展研究的同时还做了相关扩展研究。他们对人类的天生行为与通过社交互动和文化影响习得的后天行为进行了区分。我们普遍同意埃克曼和弗里森的意见，即许多手势和肢体动作都是与生俱来的，并且随着我们的成长、成熟、不断倾听和观察他人、影响和塑造他人，我们开始发展形成或是向他人学习一种更具城府的沟通方式，从而与自身所在文化环境中的其他人更好的沟通。埃克曼和弗里森提出的肢体动作系统是一种先天倾向和后天学习综合作用的结果。

埃克曼和弗里森通过他们的研究思考设计出了对手势和肢体动作进行分类的系统，这也是目前最广泛认可的一种分类方式。现在，我们就以他们的分类方法来分析人类的身体运动。

手势和动作的类型

人类的手势和动作可以分为五种不同的类型：标志类、形象化说明类、控制类、效果展示类和适应类。以下我们逐项介绍这些类型及其特征。

标志类动作手势

第一种类型的肢体动作称为标志，通常认为这是一种可以独立于语言而存在的手势。它应该具有以下特征。

- 标志是具有对应的言语表达方式的手势或动作，可以被直接翻译出来。
- 在特定的群体、阶级、文化或亚文化族群中，标志为其全体或大多数人所熟知。
- 标志可以代替语言，用以激发人们头脑中的某些具体含义。对别人竖起手指或比出 OK 的手势，通常就能够精确表达出一个共同的意义。在美国文化中，很少有人会忽略以手势传递出的信息，而那些熟悉美国手语（ASL）的人则可以靠着手势进行更充分的标志语言的交流。当然，这不只是一些彼此不相干的手势或动作，这是一个完整的语言系统。
- 标志是信息发出者向某个个人或群体传递的特定的消息，是一种有意识的行为。当人们挥手告别或是站在路边向经过的车辆竖起大拇指请求搭载一程时，很少有人是不自觉而为之的。
- 标志的发出者清楚了解自己的行为，并能够控制这种手势或动作。实际上，标志的发出者要对发出的信息负责。
- 标志通常是经社会或文化学习习得的行为，可以被赋予精确的含义。

- 很多情况下的标志都可以用口头语言代替。

尽管标志通常被归类为非言语行为，但与其他非言语行为相比，标志与言语沟通倒是有更多的共同点。标志不但可以被直接翻译成口头语言，还可以是有意而为的表达行为。除此之外，标志这一非言语行为通过社交学习和掌握的方式也跟语言的学习大致相同。就像语言本身一样，我们赋予标志的含义也是任意的。我们将特定的意义与标志动作联系起来，这与我们将意义与词语联系起来的方式非常相似。最后，与文字一样，同一标志对于不同文化背景人士来说可能代表着完全不同的含义，或是根本没有意义，因为标志与言语的这种紧密联系，最好是将其视为言语沟通的延续，而不是与言语完全割裂的事物。如果把言语行为和非言语行为分别看作一个区间的两个极点，那么标志可以位于这一区间的任意位置：

非言语行为————标志————言语行为

在北美文化中有几个通行的标志手势，在其他文化中就是完全不同的意义。在北美地区认为很正面的"OK"手势，到了其他地方可能就代表某种低俗的意思：在某些文化里，它是金钱的象征；而在另一些文化中又根本不存在这一标志。埃克曼和肯登认为，类似"你好"和"再见"这类在一些特定的文化之间或许有通行的手势动作。其他有可能跨文化适用的手势还有同意、反对、不喜欢、喜欢、饥饿、口渴、渴望、停止、前进、犹豫、疲劳、高兴、悲伤和惊喜。微笑是世界通用的肢体语言，除此之外，很少有可以普遍适用的手势和动作。总之，在大多数情况下，理解手势和肢体动作的意义都应该回归特定的语境和文化背景。

形象化说明类动作手势

口头表达紧密联系、配合演示讲话内容的手势或动作，被称为形象化说明，往往也被称为语言关联手势。与标志一样的是，形象化说明通常也是有意而为的动作；与标志不同的是，它们不能独立存在并激发与语言相同的含义。也就是说，在没有语言表达相配合的情况下，形象化说明类动作手势极少或根本不能构成任何含义。你可以试着在调低电视机音量后继续观看屏幕上显示出的人们的行为，除非你是一个不错的唇读者，否则你很难准确地理解他们的每一个动作。在没有言语表达配合的情况下，我们很少能给形象化说明这类手势或动作赋予具体含义。没有言语表达配合的形象化说明，通常没有什么意义。

形象化说明类动作手势通常可分为四种类型。第一种类型是与言语表达中的引用或解释内容相关的动作手势。它们可以对口语表达内容或人们的想法进行说明。例如，一个人在感叹"抓到一条大鱼"的同时，会把两只手张开很远，来比画鱼的大小。你也可以举出一些类似的例子。

第二种类型的动作手势可以表明动作主体与被解释说明的讲话内容之间的关系。这些手势可以说明表达者即动作者对所指物的文化适应或态度。例如，如果有人问你："我们抓到的大鱼味道怎么样？"你可能会回答他"一般般，就那么回事"，同时来回摆手做出一副"一般般"的样子。如果你的回答是"实在糟透了"，那么你可能也会一边说，一边伸出舌头，摇摇头。

第三种类型是在谈话过程中表示停顿、中止，或是对某些信息进行突出、强调的动作手势。例如，当我们说到有三点想法时，我们可能会举起三根手指，并且每讲到一个想法，就点到一根手指与想法对应。

第四种类型是配合讲话者主持对话或对其控制或指挥的交互手势。这些手势往往出现在讲话的衔接处，示意下一人开始讲话或提醒某人保持安静。例如，我们可以通过点头、摆手、用眼睛注视对方或其他肢体动作向他人发出信号或示意对方停止某种行为。

　　研究者和实践者发现,作为形象化说明的动作手势多用于面对面的沟通。这是因为在面对面的沟通中,我们作为信息的发出者可以主动选择用手势和动作使我们想要表达的意义更加清晰,而在非面对面的沟通中,我们想要使讲话内容清晰明确,还需要其他形式的非言语行为作为辅助配合。然而,能够起到形象化说明作用的动作手势与口头语言交流的联系非常紧密,因此,即使是在以技术手段进行交流和信息交换时,人们也可能用到形象化说明类的动作手势作为演示的自然组成部分(例如电话对话)。在面对面的互动中,即使我们认为对方能够了解我们想要表达的意思,也会经常用到形象化说明类动作手势。换句话说,我们喜欢说明和澄清,所以我们会经常用到这一类型的动作手势。最后,当形象化说明类动作手势与语音同步使用时,沟通交流就会变得更加流畅,不容易混乱;当二者不同步时,沟通交流会显得断断续续、磕磕绊绊、不平顺、不流利,也更容易出现混乱。如果配合语音的辅助说明与之不同步,人们的谈话过程就会出现语音重叠、顺序错乱或彼此打断等情况。

　　有些学者也提出了其他类型的形象化说明类动作手势,也都是从这些动作手势所能实现的功能角度进行分类的。这些手势与前面列举的某些类型非常相似。其中一种被称为"指挥棒",这种手势用于对口头表达的词语、短语或句子加以强调。例如,当你强调某个事项时间紧迫时会把手掌重重地拍在桌面上,这就是使用了"指挥棒"的动作手势。还有很多学者会提到一种"表意动作",它代表的是讲话者的认知过程,在人们想要组织语言表达思想却遇到困难时十分常见。你可能会在努力思考答案时反复弹手指,这种动作就属于"表意动作"。还有一种"象形动作",它的作用相当于沟通表达过程中用照片或图画展示的某种图像。当你向朋友描述某位很有吸引力的人物时,会在空间里模仿或比划出男性或女性的身体轮廓,这种就是"象形动作"的例子了。

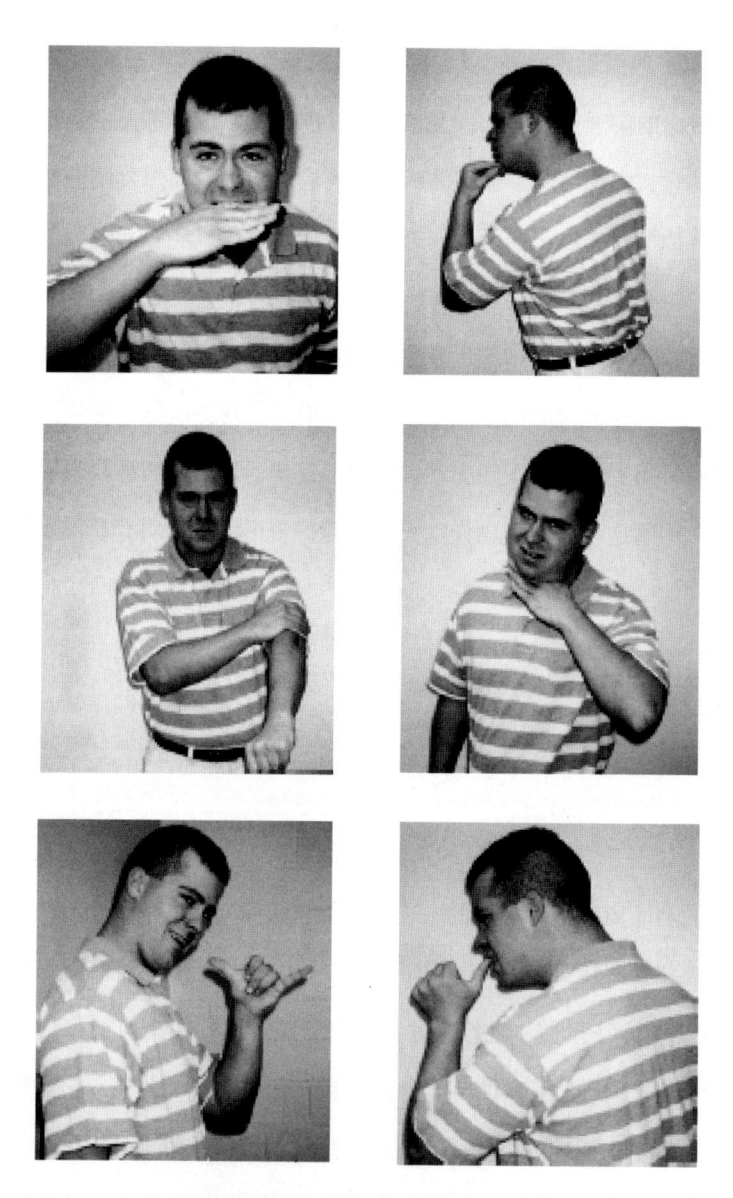

| 照片中的动作传达的是什么含义?

控制类动作手势

想象一下，如果我们每天与他人交流对话都看不到对方的样子，那会是什么样子。一些研究表明，如果对话双方在交谈时不能互相观察，沟通交流就会变得十分困难，还会出现相当严重的沟通不畅。之所以会发生这种情况，是因为我们在沟通中会使用动作手势（并观察对方的动作手势）对对话进行调节。我们与视觉障碍的人进行交流时，往往在最开始会感到很有难度，也正是这个原因。我们会不自觉地期望对方能对我们做出的动作手势给予适当的回应，对方却根本意识不到我们的动作。即使我们认识到这一事实，我们仍然会面临一个难题，那就是在没有非言语动作辅助的情况下，我们该如何对双方的交流互动进行调节。

控制类动作手势是指在沟通交流过程中，与眼睛和声音提示一起，对讲话者和收听者之间一来一去的回合往复进行保持和控制的动作或手势。与标志类和形象化说明类动作手势不同，此类动作并非刻意做出的。它们是人类在社会生活中逐渐习得的，是传播社会化过程中的一个不可或缺的部分。人们经过学习达到对此类动作熟练掌握并应用，控制类动作手势也就成为人们根深蒂固的行为习惯。在讲话的时候，我们会很少意识到自己在用手势和肢体动作控制与他人对话的过程。

肯登和费伯（Ferber）列出了六种问候情景中起调节作用或以调节模式发挥作用的一般互动情况。

- 看见、定位和开始靠近。
- 远距离问候，或以动作、手势正式确认启动一个问候程序，以及谁是这个问候程序的参与者。微笑、挥手、点头等都可以成为这个正式确认阶段的一部分。
- 点头，表示行为与心理态度转变之间的过渡。如果问候情景中再没有其他的被问候人参与，则可能无法观察到这一阶段。

- 靠近。假定问候过程将会继续。在这一环节，参与者用若干非言语行为向人示意靠近，例如走近对方、注视、起势、准备伸出手臂等。
- 最后的靠近。此时问候双方相距不足 10 英尺距离，彼此之间有微笑、凝视等许多面对面的互动。
- 近距离问候。问候过程的参与者就位站好，开始仪式性的问候（例如"嗨，你好吗？"）。如果问候场景需要肢体接触（例如握手、碰肩或拥抱等），也会在此时发生。

想一想在结束谈话时，你会怎样给对方做出提示？哪些信号是你想表达的？哪些又是你想回避的？

管理沟通对话过程中的角色互换是控制类动作手势的主要功能。在我们与人交谈对话时，讲话者和收听者的角色身份会不断转换，这一点十分必要。当然，转换的目的就是让两种角色身份能够平稳顺畅地相互转换。沟通中的角色身份转换行为可分为讲话者继续表达或发起角色转换的行为，以及收听者请求表达或拒绝讲话邀请的行为。

- 交付身份信号（turn-yielding cues）由讲话者发出，希望借此中止讲话并让收听者有机会接替讲话者的角色。这类动作可能包括正向面对、向前倾斜身体、用手或头部做出召唤的姿势，示意"来，现在我听你说"，还有很多眼睛和声音的提示（例如增加目光接触、提高说话结尾的音调，又或者只是一个较长时间的无声的停顿）。发出此类信号可以认为是从行动上刹车制动，从而告诉与你互动的对方你的口头表达即将结束。
- 保持身份信号（turn-maintaining cues）也是由讲话者发出的，表示还要继续讲话，特别是在收听者试图打断讲话者时，就可以看到这类动作。最低限度进行目光接触，提高说话的速度和音量，侧面或间接地面对，不做停顿，并使用制止手势（像交通警察叫停车辆那样举起手，以手掌面对收听者），这些都是讲话者做出保持身份信号的例子。它们会告诉收听者，你还没有讲完，你还要继续说下去。

- 请求转换行为（turn-requesting regulators）由收听者发出，示意讲话者他或她想要开始发言。这类发出请求的动作包括举手或抬起食指、发出吸气的声音、绷紧或挺直身体，或是任何其他可能引起讲话者注意的动作。在声音方面，我们可以发出清嗓子的声音，或是像口吃那样嘴里反复重复地发出一种声音，以此要求讲话者的身份转换。有一位学者也曾指出，请求身份的动作手势也可示意讲话者尽快结束他或她的发言。例如快速点头表示认可，做出轮换手势等，都可以促使讲话者比预期更快完成他或她的观点陈述。

- 拒绝转换行为（turn-deaying behaviors）也是由收听者发出的信号线索，表示不想讲话、拒绝说话的意思。保持沉默并做出一种放松的姿势，缓慢而有节律的点头并做出肯定的表情，嘴里发出"嗯哼"之类的肯定的声音，这些表现通常都能鼓励讲话者继续。

以上这些动作信号可以对沟通中的身份角色进行管理，可以指挥、组织和控制对话的过程，也使沟通交流可以平稳、顺畅、同步地推进下去。

效果展示类动作手势

第四种类型是效果展示类动作手势。这一类型主要包括一些面部表情，但也有人体姿势，例如能够表现人们情感或情绪状态的走路方式、肢体动作或其他动作行为。效果展示类动作手势能够表明一个人对所发生事情的情绪反应和这些反应的强度。

对于很多人，甚至是大多数人来说，想要体验某种实际上并未曾感受到的情绪是完全可以做到的。同样，如果不想让别人意识到自己的某种情绪，想要压抑或克制这种情绪的表达也是完全可能的。然而，对于真实情绪的表达，相关的肢体动作通常是自然产生的非刻意行为，即使我们已经意识到自己的这些动作，也未必能够有效地控制。例如，当我们感到恐惧害怕时，双手和膝盖就容易打哆嗦，类似的情况往往非人力可以控制。

适应类动作手势

第五种类型的非言语行为可以称为适应类动作手势。这是一种高度无意识的动作行为，通常是对无聊或压力的自然反应，也可能与自己或他人的负面情绪密切相关。此类动作手势是我们在人生早期阶段学到的各种应对行为的遗存部分。有些学者认为，适应类动作手势原本是我们为适应自身身体和情感需求，以及学习工具性行为的需要而做出的某种努力。从本质上讲，此类动作曾经帮助我们适应来自环境、社会和文化的影响，原本是有意识的目标导向行为，而后逐渐演变为自发的习惯性行为，是目标导向行为在我们身上的一种遗存形式。

人们日常习惯做出的很多动作，实际上很可能就是适应类动作手势。例如，摸鼻子、敲铅笔、拉耳垂、揉手臂，或不停摆弄手里拿着的物体，当你做出这些动作的时候，你意识到自己在做什么吗？咬嘴唇或咬指甲并不适合出现在公共场合，但是我们依然经常看到有人会在陌生人面前做出类似的举止。这些很有可能就是人们的适应类动作手势。

许多研究者进一步将适应类动作手势分为三种不同的类型。第一种是自我动作适应类，是指个人操控自己身体的非言语行为。抓挠头皮、揉搓或卷曲头发都是常见的自我适应类行为。第二种是防御动作适应类，是指那些具有保护个人、防御其他互动者意义的动作。将两条手臂环抱在胸前，代表的可能是想要防止某种言语或非言语攻击；交谈过程中无意识的腿部动作，代表的可能是一种被压制的欲望，即想让对方离远点。

第三种是物品操控适应类。此类行为是指对特定物体的不自觉的控制动作，例如敲笔杆、吸烟或不停地围着手指转动戒指等。

瓦克斯穆特（Wachsmuth）进一步发展了动作手势的理论。他并没有驳斥埃克曼及其同事的工作成果，而是对相关理论中的一些新元素加以阐释。这项工作一直在神经科学领域进行。研究人员认为动作手势与言语交流是一致的，即形成动作手势的路径与口头语言相同。在凯利（Kelly）、克拉维茨（Kravitz）和霍普金斯（Hopkins）进行的一项研究中，将相互一致的言语和非言语元素，以及相互不一致的言语和非言语元素同时提供给被试，让他们各自用这些元素创建信息。结果怎样？三位研究者发现，在言语和非言语元素相互不一致时，就会呈现负峰（N400效应）。当被试给出错误的语言表达，例如"他用袜子传递他的吐司"，类似的N400效应就会出现。麦克尼尔（McNeill）又将动作手势细分为以下四种类型。

- **指示性动作**。伴随某些词语，特别是像"这里""那里""我"和"你"这样的词语做出的手势。
- **图像性动作**。与具体事件活动相关联的手势，例如，在讲述某个撑雨伞的女孩的故事时，讲述者就会模仿女人撑伞的样子。
- **隐喻性动作**。与图像性动作类似，但通常是与抽象事物相关联，例如当说到"下一个主题……"时配合做出的手势。
- **节奏性动作**。与信息本身带有的类似"诗歌"或"音乐"的韵律、节律相关联，例如在说话的同时配合语言的节奏击打拳头。

瓦克斯穆特认为，信息的形成可以分为三个阶段。在第一阶段，即前语言阶段，大脑试图将想法转化为信息；在第二阶段，大脑开始构建语句；在第三阶段，肺和声带配合发出信息。现代研究人员认为，动作手势是在第一阶段思考形成的，语言和与之相伴随的手势都是在这一阶段创建生成的。

卡尼（Carney）、霍尔（Hall）和勒博（Lebeau）发现，人们在沟通中使用手势，其中也包含着为自己带来某种社交能力的企图，这种社交能力就是说服。他们发现了70种不同的用于说服的手势、人际距离行为和声音表达方式。几乎所有的研究者都想了解人们在说真话时是怎样使用手势的。当然，关于欺骗手势的研究也有很多。

关于欺骗的提示

许多人认为，人类的欺骗行为有时候是可以从肢体动作中被发现的，即使对方认为自己已经把任何有可能泄露的线索都隐藏得很好了，他或她是否在说谎话也很有可能在其动作手势中露出端倪。对欺骗和动作二者的研究表明，与其他身体部位相比，以面部和头部的动作隐藏或掩盖说谎话的行为相对更容易做到。一些相关的研究结果显示，专注于说谎者身体动作的观察者比专注于其面部和头部动作的观察者更能发现和识别出说谎的人。但是，不要以为这样你就可以抓住骗子了。实际上，即使有录像技术的辅助和不限时间的反复回顾，想要通过观察人们的动作手势来识别和发现说谎者，其成功率并不比随机猜测的成功率高出多少。

卡索（Caso）、马里基奥洛（Maricchiolo）、博纳乌托（Bonaiuto）、弗里伊（Vrij）和曼恩（Mann）做了一项迫使被试说谎并测试其影响的研究。在这项研究中，他们询问若干被试是否拥有某个物品。然后，在与被试第二次面谈时，告诉对方研究人员知道他们第一次说了谎，并对其表现出怀疑。当被试被怀疑时，指示性动作会减少，隐喻性动作会增加，自我动作适应类行为也会有所减少。这是一项以意大利人为被试进行的研究，文化因素可能也会影响到人们在说谎话时做出的手势和动作的类型。

至此，我们可以对从动作手势检测说谎行为做出一些结论。作为非言语行为的编码者和解码者，我们可以放心地得出以下这些结论。

- 有哪些行为能够表明对方正在说谎，这一点取决于谎言、说谎者、谎言收听者和具体语境。
- 说谎者在欺骗时会学着控制自己的头部和面部动作（位于人体上部 12 英寸[①]的部分），但他们很难对所有的非言语行为进行控制。
- 泄露自身说谎行为的线索性动作因人而异，因语境而不同，因情绪情感而有所差别。
- 对于大多数说谎者（骗子），想要识别和判断其说谎行为几乎是不可能的。许多骗子精于欺骗，是娴熟的说谎者，他们不会为自己的谎言而感到内疚，甚至说服自己相信所说的都是真话，也坚信自己说谎的目标对象一定会信以为真。
- 有吸引力的人更容易说服别人相信谎言。其中的缘由就在于有吸引力的人往往能够获得更多的交流机会，也从中获得在各种情境下沟通的信心，因此这类人在说谎时更能够控制自己的言语行为和非言语行为。即使听众稍有怀疑，也很容易将之归于姑且相信的范畴。所以成功的骗子里很少有丑陋之人。
- 无论儿童还是成人，长相老实、看起来诚实，即使有人觉得他们在撒谎，往往也更容易获得先入为主的好印象。有了这种文化认知的作用，人们通常会

---

① 1 英寸 =2.54 厘米。—— 译者注

说"这个人不可能说谎,因为他(或她)看起来就很诚实"。
- 说谎行为是很难识别的。因为某人的动作手势而推测他或她在说谎或是讲真话,做这样的假设和推论必须十分谨慎。

有些人说自己能够精准识别讲话者,他们要么是骗你,要么就是在骗自己。几十年来,测谎一直是心理学家和传播学者们的主要研究课题之一。除了少数训练有素的安保人员之外,多数人即使是受过专门训练的人在识别和辨别说谎者方面,其能力也非常低——几乎不比掷硬币的精确程度好多少。如果隐藏着的说谎者与观察者彼此熟悉,这种识别的准确性就会提高一些,因为说谎者在说谎时的一些小动作更为对方所了解。想从陌生人身上找到他说谎话的非言语行为,这就像是用测谎仪寻找说谎者一样毫无意义。在我们的文化环境里,这两种做法的前提基础都不过是一种神话,所以测谎仪测得的结果通常不被允许作为刑事审判证据,而观察者提供的证词也不怎么靠谱。在这一点上,我们只能面对现实。别人对你说谎,你却没有办法确定哪些人是说谎者。做个非言语行为的专家不能给你更有效的保护,但是至少可以让你更有安全感。

当然,也并不是所有的谎言都意味着邪恶或犯罪,比如社交中的小谎话。人们在家庭关系、朋友关系或商业伙伴关系的社交中,可能经常需要撒个小谎。霍尔认为,让人们对社交谎言也注意和警醒不是聪明之举,甚至显得不礼貌。大多数社交谎言都是出于某种礼貌的初衷,往往并无恶意,也不会造成什么伤害。

姿态

星期一早上,希瑟走进办公室。她慢悠悠地走到衣架旁边,脱下外套和手套挂好,然后开始查看自己的邮件。她拿出一沓各种事项的备忘录和信件,手指撑开纸页

第 3 章　手势和动作

翻阅着，看完后再把它们扔到桌子一边。接着，她一瘸一拐地走过去倒在椅子上，把钱包扔进桌子最下面的抽屉。希瑟看看文件夹上老板贴的便条，不由叹了口气，然后俯身开始工作。这时，同事珍妮特瞥了一眼，又上上下下地把希瑟仔细打量了一番，她对希瑟这副样子有点困惑："希瑟，你今天是怎么了？还好吗？"停了一下，希瑟低着的头微微抬起："我还好。怎么了？"放下刚才的疑问，珍妮特简单回了一句："哦，没什么。那我们开始工作吧。"

看完上面这一场景的描述，你或许想知道为什么珍妮特会显得有些担心。在这个场景里，希瑟可能并未意识到自己在向外发出某些信号，而珍妮特在接收这些信号，这一过程对你来说或许也并不明显。这个早上，希瑟的肩膀耷拉着、头耷拉着，她整个人似乎都很低落。当她缓慢地穿过办公室，两只脚似乎都是拖在地板上走路。以往的希瑟都是一阵疾风健步地走来走去，今天显然是另一副样子。在珍妮特看来，这绝对是步履沉重，一身疲态。

正如我们之前所说，姿态也是展现情绪状态和关系的一个重要信息来源。我们走路的姿势，无论是蹦蹦跳跳还是晃晃悠悠，都是向他人发出某种信息；坐的方式可以告诉人们你是兴趣十足还是感觉非常无聊；谈话时身体与对方的向背情况也会泄露我们与对方的关系和对他人的情感态度等。从一个人的站立、坐卧、倚靠、倾斜或休息等的姿态里，我们都可以获得很多他或她的社交信号。

姿态是怎样进行沟通的

梅拉比安（Mehrabian）是肢体动作和手势研究领域的著名学者。他认为姿态可以传递与人们态度相关的信息，而姿态的异同主要取决于两个层面。

第一个层面是靠近。这里有三种姿势动作可以表现靠近的态度，分别是身体的正向面对、身体的对称姿势和身体向前倾斜。在后面的章节中我们还会深入讨论这个概念。

第二个层面是放松。松弛的体态姿势包括身体向后倾斜、放松手臂和腿部肌肉，以及不对称的身体姿态。

梅拉比安的研究成果的基本理念是，我们可以通过靠近或放松的姿势和身体位置，表现出沟通的意愿和积极开放的态度。同时，我们的身体姿势也可以表现出对他人的关闭态度，可以切断相互之间的沟通。对人摆出一种没有意愿沟通的姿势，这将会降低你的社交能见度，增加与人之间的距离感，并阻碍人际间的互动。

另一位运动学领域的著名学者和作家舍弗伦（Scheflen）认为，我们可以有许多种方式通过身体的姿势进行交流。舍弗伦将人们的各种动作姿势分为三大类：包容性的与非包容性的、面面相对的与并列平行的，以及一致的与不同的。

包容性的与非包容性的姿势。这类姿势信号能够包容或排斥他人的某种行为或立场。你可以想象自己正在参加一个由社会组织举办的聚会，在宽敞的宴会厅或舞厅里有很多人。你环顾房间，发现几个小团体，已经形成了一个个的交谈小圈子。你注意到其中一个圈子，共有四个人，都非常享受四人之间彼此的互动，实际上也就忽略了聚会中的其他人。这个小团体里的四个人已经在以他们的姿态向其他人传递他们的非包容性。虽然你对这四个人都非常熟悉，但是此时要接近他们或加入他们的交流，你可能还是会感到犹豫，因为他们正在传递一种非包容性的姿势信号。

面面相对的与并列平行的姿势。这类姿势主要是指两个人在交谈过程中的位置关系。从本质上讲，两个人的交流沟通是面面相对，还是并排而坐或并排站立，都是可以的。他们采取哪种姿势和方向，可以告诉我们很多有关二者相互关系的信息。

例如，面对面讲话往往是更为正式或更为专业的互动形式。同时，面对面也可能表明二者都认为有必要持续监控对方。这种面对面的位置关系也是一种积极互动的标志，而并列平行的位置关系则可能表示两人之间的一种中性或相对被动的关系。

一致的与不同的姿势。这是指两个人是否相互模仿和做出相同或类似的姿势。如果两人的姿势看起来相近或相似，并且倾向于彼此模仿对方的姿势和动作，他们呈现的就是一致的身体姿势。如果两人的姿势有显著差异，则呈现出的就是不同的身体位置。

两个人姿势一致，这往往是二者之间互相认同、地位平等和彼此喜欢对方的信号；两个人姿势不同，传递出的信息往往就是二者之间存在地位上的差异。地位较高的一方通常姿势更加放松，以侧面朝向对方，身体向后倾，腿和手臂等摆出的都是不对称的姿势；而地位较低的人则会保持一种更为正式的姿势，正面直视对方、身体前倾、肌肉适度绷紧，脊柱也是拉直的状态。因此，彼此地位平等的双方，例如朋友关系，就会通过调整姿势来维持相互间的平等地位，而那些地位不同的人，例如教师和学生、医生和患者、主管和下属，做出的姿势往往就是一些能够表明不平等地位的信号。

姿态的沟通力

许多精神病学家、治疗师和心理学家认为，持续保持的姿态能展现出人的态度、倾向和情绪状态。他们认为，身体的朝向和动作结构很少能作假，例如，一些脊椎按摩医生相信，我们的情绪变化、深层次的内在感受、个性特点等，都可以从我们身体的坐卧行走姿态和绷紧放松的情况中识别出来。

在前文介绍珍妮特和希瑟的研究时，我们提到，我们走路的方式能透露出我们的生活状态、态度和情绪情感，甚至可以给别人提供很多关于我们的文化和民族背景信息。另一些人则认为，每个人行走迈步都与他或她的个性密切相关。想要转变别人对我们的看法，改变我们走路的速度或节奏或许就可以做到。

毋庸置疑，姿态可以很明确地反映一个人的性别。事实上，在日常的抓握拎提和身体向背的方式中，有很多动作都可以区分出男女。在美国，几个世纪以来经过社会化的塑造，女性往往表现出一种向内收缩的态势，低眉、顺目、颔首，头偏向一侧，身体和四肢向内收紧以便占用更少的空间（双膝和双脚都合并在一起，双臂紧贴身体两侧），都是这种收缩状态的具体动作姿势。另一方面，男性则是被社会化塑造成一种扩张式的非言语行为表现，占据更多空间的姿势动作成为典型的男性姿势特点，例如在站立或坐下时叉开双腿、伸开手臂，迈大步走路，等等。

应当指出，早在婴儿期人们就开始学习和发展与自身性别相适应的各种姿势动作，因此有相当一部分人认为这是一个自然而然的过程。这种想法可能部分正确，但我们的文化也会对人们的姿态产生影响。在孩童时期，如果我们做出某些通常被认为是与另一种性别相匹配的姿势或动作，父母、老师、同学、朋友可能就会提醒我们注意姿态，并敦促我们有所改变。想象一下，如果某位男士的行为举止带有一些通常被认为是女性的动作特点，举手投足间呈现出一种向内收缩的态势，你是否会对他形成某种成见？如果某位女士坐卧站立都是一副大大咧咧的男人做派，你又会怎么想？恐怕周围的人就会想要避开他们，远离这种文化上不恰当的非言语行为表现，甚至有些人会公开表达对他们的不满。

姿势动作与讲话者的个人风格

诺顿（Norton）在其出版的一本书中曾经对不同风格的沟通者做过总结。他把沟通风格定义为人们以言语或次言语的方式进行互动,示意沟通过程中应该如何接收、翻译、过滤和理解其所要表达的字面意思。对诺顿来说,讲话风格为信息的内容赋予形式。按照诺顿的说法,人们说话时在一些言语和非言语的因素上存在差别,因而形成了不同的讲话方式。讲话者所采用的肢体动作和姿势的差异就是其中之一。诺顿认为,讲话者的沟通风格主要有以下几种类型:夸张式、强势主导式、活泼式、轻松式、专注式、开放式、友好式、辩论式,还有印象式。下面我们将对这些沟通风格逐一进行讨论。

夸张式

在你认识的人里面,或许有某一位说话非常具有戏剧性。这类人通常都是夸张的大师,讲故事引人入胜,运用和控制声音非常有节奏。按照诺顿的说法,夸张在所有的讲话风格中是最容易识别出来的,一看便知。对于夸张式的讲话者来说,仅仅是说话方式有趣通常是不够的。他们讲话时往往要配合各式各样形象化说明的动作。代表夸张的说话风格最常用的形象化说明动作包括象形模仿、徒手比画图形数字,或夸张地走动和移动。简而言之,对这类人来说,随处皆是舞台。夸张式的一个有趣特点是,他们的动作暗示信号偏离正常行为,或许正是这种异常使他们能够成功引起别人的兴趣,同时对人气、吸引力和相对地位等也有所提升。

强势主导式

强势主导式的讲话者可以通过非言语暗示支配听众。有些学者把过于强势主导的讲话风格比作一根能把听众打入顺从姿态的大棒。与这种风格相联系的往往是呈扩张态势的身体姿态和趋向于充满空间的动作。通常来说,能够与另一方快速开始对话、直入主题的人大多被看作强势主导式的沟通者。这种沟通风格经常为男性所采用,但具有这一类型的女性沟通者也不乏其人,而强势的女性在沟通时还会与对方做更多的眼神交流。研究表明，强势主导式的讲话者会更为自信，甚至是自负，他们对自己更有把握，能力更强，更坚持自我，也更加积极和有激情。

活泼式

活泼式的人在说话时会有一些夸张的肢体动作和手势。脱口秀主持人杰伊·莱诺（Jey Leno）和乔恩·斯图尔特（Jon Stuwart）就是活泼式的代表。频繁重复的点头和微笑是这种风格的常用动作。在早期的研究中，舍弗伦曾指出，从本质上讲，在求爱和约会时，精心装扮和亲近的位置关系就是一种活泼式的肢体动作。

轻松式

即使是在使人紧张焦虑的环境里，轻松式的讲话者似乎也能保持内心的镇定和平静；他们的动作、姿势和手势也表现出一种放松的状态。轻松式的讲话者很少会不自觉地做出适应性的行为，他们似乎能够对紧张的行为举止免疫，很少出现肢体动作失控的情况。此类沟通风格能够传递出很多信息。一项调查显示，轻松式代表了镇定、平静、安宁、自信和舒适，身体和动作不紧张往往也是自信的表现。

专注式

专注的沟通方式，与其说是一种讲话风格，不如说它更充分地体现了对他人信息的倾听和接收，也有一些学者把它称为积极的倾听。诺顿认为，专注式与强势主导式和夸张式正好相反。这种讲话风格的特点是正视或面对的姿势，身体前倾，点头赞同，身体面向对方，以及一些鼓励对方继续说下去的手势。这些动作也告诉对方自己很感兴趣，能够产生认同感。专注式的讲话者往往能够让对方觉得自己所讲的内容很有意义，值得一听。

开放式

诺顿认为，开放式在沟通中对肢体动作的运用广泛而彻底，是一种倾向于靠近对方的外向型动作风格。除此之外，这种沟通风格还有其他一些特征，例如亲切友好、坦诚、合群、光明磊落、不遮遮掩掩、乐于对话等。运用这些肢体动作主要是向他人发出信号，表明讲话者愿意公开和自由地沟通。想象一下，如果你的沟通对象在整个沟通过程中几乎不看你一眼，坐得距离很远，双臂交叠在胸前，或是在你滔滔不绝讲话的同时，手上还不停地做着各种小动作（手指敲击杯子、玩餐巾纸等），这样一位沟通对象，似乎看起来他对一杯咖啡甚至比对你这个说话的人更感兴趣。如果你面对的是这样的人，或许还没开口就已经感觉灰心丧气了，不得不转换为一个轻松一点的私人话题。下次你发现自己很容易向朋友或熟人透露你的私密想法时，可以留意一下对方的肢体动作。通过坐姿和朝向传递开放沟通的信号，对方或许已在无形之中把你的秘密套出来了。

友好式

诺顿认为，从没有敌意到深厚的亲密关系都属于友好式。如果讲话者会努力平衡或尽量避免被人认为具有敌意，那么他的沟通风格就是一种友好式的。这种风格与开放式和专注式非常相似，通过调整体位拉近与对方的距离，如靠近对方、身体前倾或其他有亲密表示的动作，都会有助于表现出一种友好的沟通方式。除此之外，友好式的沟通者还会亲和友好地拍拍对方，以一种积极肯定的方式回应对方，以此对沟通对象的各种愿望给予确认和肯定。

辩论式

辩论式与强势主导式类似，不过我们最好视之为一种更加积极的主导式。具有这种风格的沟通者表现出争论的特点,讲话语气非常自信,身体前倾,还伴有大量挥动手臂的动作。他们讲话听起来像是想要打架,对于不太自信的沟通对象来说往往就像是一种恐吓。

印象式

这或许只是其他沟通风格的一种组合形式,也是截至目前研究最为不足的一种。这个命名的含义是指沟通者投射或留给人的印象——不仅是指如何通过沟通被人记住,还包括讲话者是否给人留下任何印象。

沟通风格的基本维度

诺顿提出的这些沟通风格得到了许多学者的极大关注。但也有一些学者指出,在这些沟通风格中,有一些表现为相同的肢体动作,是可以互相合并的。总体而言,沟通有三个基本维度:自信、响应和圆通。接下来我们就逐个讨论一下这三个维度。

自信是指沟通者能够控场,能够引起听众的兴趣,并保持他们的注意力。自信的讲话者往往具有一些共有的特点,如态度强势、说话有力、独立性强、存在感强、有掌控欲,以及坚决捍卫自己的观点等。自信的讲话者往往也是一场谈话的发起者。他们通过充满激情和活力的表达、富于变化的声音以及丰富的动作和手势设法吸引和保持听众的注意力。自信的沟通融合了夸张式、强势主导式、活泼式和辩论式等不同的沟通风格。

善于响应的讲话者的特点是感性、理解、敏感和平易近人。这一类讲话者通过自己的行为向对方传递友好、温暖、真诚和温柔。他们希望对他人受伤的情感给予抚慰,并经常对他人表示同情。他们用积极的反馈给予他人帮助,并不断鼓励对方坦诚开放地交流。他们渴望抚慰受伤的感情，并经常共情他人。他们愿意通过自由使用积极的反馈提供帮助，并可能不断奖励他人进行公开交流。响应式沟通融合了开放式、专注式、活泼式和友好式等沟通风格。

第三个维度是圆通。一个高度圆通的讲话者可以很好地适应与各种人的沟通交流。他们往往会有一些很专注的姿势，让人们从中感受到他们愿意适应对方的意愿。例如，一位善于圆通的管理者可以根据每个员工的具体情况调整自身的行为和互动方式。对那些需要更多管理和指导的员工，他或她会用到一些强势的和自信的肢体动作或手势；对那些需要鼓励和支持的员工，他或她则会更多、更快速地给予响应和反馈。根据沟通对象的不同，沟通中的肢体动作和手势也会有所不同。这种类型的讲话者能够有意识地运用诺顿提出的几乎所有讲话风格，也可以有意识地完全回避，不用到其中任何一种。很显然，这一类型的人沟通水平相当高。

肢体动作和手势的作用

在本章的最后一部分，我们来看看肢体动作带给认知和互动的一些影响。对大多数读者来说，沟通风格还是一个比较新的概念，所以我们从这一领域进行的一些研究开始，先做一些简要的回顾。

沟通者的风格

夸张式、活泼式、辩论式，或圆通的讲话风格，这些不同的风格是否正以某种方式影响着人们对你的看法和认识？的确如此。在一项研究中，研究人员对教师沟通表达行为的自信度、响应力和圆通程度与学生对教师教学效性的认知这二者之间的关联性进行了研究。他们发现，认为教师充分自信的学生在课堂上会表现出更加积极的态度，对教师及其讲授的主题也更加重视。研究者认为，行为表现自信的教师很受欢迎。认为教师圆通、反应灵敏的学生表现出更加积极的态度，其课堂表现也更为重视、更负责任。另有一项研究表明，在学生们看来更为夸张的教师，其教学效果也被认为更加有效。简而言之，在教与学的特定环境里，更加生动活泼地展示各种材料可以使教学过程变得更加有趣，甚至还能感到些许娱乐性。同样，如果教师采取开放式或专注式风格的身体姿态，再辅以丰富的肢体动作，那么学生们也会认为这位教师非常认真和专注，还能够提供一定的支持。

简化编码和解码

许多学者认为，实际上使用说明性的手势可以使人们更容易地将自己的思想编码并形成口头语言。使用说明性手势还可以帮助我们对他人的语言进行解码。你可能会注意到，当某个人找不到恰当的词语来表达他或她内心的想法时，其手势往往会大大增多。研究告诉我们，出于这样或那样的原因，手势可以帮助讲话者表达他或她想要表达的意思。

形象化说明类动作手势在解码中的作用

肢体动作可以辅助说明口头信息的含义，也为人们提供了另一种处理信息的方式。有些人会在说话的同时用手势比画或用肢体动作模仿，从而在空间里呈现出假想的物体，他们这样做正是给听众提供一些提示，让听众可以在消化理解单词的同时也着重快速处理这些线索。这对课堂教学是一项重要的启示。采用夸张式沟通风格的老师教授的学生往往能够记住更多课堂所学内容，并在考试中有更佳的表现，其原因可能就在于此。曾经有一项研究专门评测了讲话者在口头表达的同时辅以可视化提示信息对听众理解其口头表达内容是否更有帮助。结果发现，当听众有机会看到讲话者的肢体动作时，他们的理解得分会有所增加。即使讲话者的嘴唇和面部动作提示都被遮挡，听众无法看到，仅仅是讲话者身体的其他部位的动作提示也能对听众的理解产生积极的影响。

正面认知和负面认知

其他人可以根据肢体动作对我们形成许多看法，这一点我们在前面已经讨论过。例如，开放和专注的姿势会让人觉得你十分友好并能够积极响应对方；通过拒绝或带有阻止意味的动作以及背对、侧对对方等方式来封闭自己，则可能会带给人冷漠或不愿深入参与的感觉。另有一些研究表明，沟通中做出积极或消极的肢体动作还可能影响他人对我们个人吸引力的判断。一方面，积极的点头示意和其他表示肯定认可含义的手势与吸引力之间存在正相关的关系；另一方面，喜欢做出自我操纵行为的人通常不会被认为更有吸引力。

关于亲近性的研究

研究表明，前倾身体、靠近对方、张开手臂、正面朝向对方或让身体姿势更放松等肢体动作和姿态，都可以增加对方对你的好感度。与好感密切相关的是，温情的感觉也会因为姿势的变化而得到提升，在沟通过程中保持与对方靠近，在微笑时双手安静不动，这些都可以使对方感受到更多的温暖感。然而，如果你的动作是手指敲击桌面、身体躺靠在椅子上、眼睛不时地环顾四周，那么你传递出的就是一种冷漠的态度。

在本章的末尾，我们必须指出，肢体动作和手势是非言语沟通研究的核心。我们总结了许多方法，通过这些方法，非言语信息可以被编码成为人类的肢体动作，之后人们再对其进行解码从而形成自己的认知。这使我们在强调、控制、反驳和替代口头语言时有了更多更有效的手段。但是，必须要注意一点，判断非言语行为背后的含义，一定不能脱离非言语行为发生的具体环境进行推测。

第 4 章

面部动作

Nonverbal Behavior in Inerpersonal Relations

非言语沟通经典入门：影响人际交往的重要力量

从事非言语行为研究的专家们认为，研究面部表情就是研究"情感本身"。感性的经验和理性的研究让我们认识到，人脸是传递和表达情感的主要工具。面部肌肉组成十分复杂，我们大多数人只要稍加努力，都可以做出100多种不同的表情，就像金·凯瑞（Jim Carrey）那样，成为用面部动作表达情绪的"鬼脸"大师。

面部表情的重要性

人们在沟通交流的过程中，面部随时会做出各种动作，因此面部表情对沟通也非常重要。你在与人交谈时，眼睛一般会看向哪里？你是习惯看向对方的脚、腿、手、肩膀、胸部，还是肘部？大多数人还是会更留意对方的脸，而将身体的其他部位排除在观察范围之外。当我们说起某位男士或女士很有吸引力的时候，通常也都会从面部特征开始描述。在与朋友、熟人或陌生人进行严肃对话时，我们也会从对方的面部表情寻找一些能够佐证其讲话内容真实或虚假的证据。

眼睛是心灵的窗口，人脸则是人们情绪、情感和态度的一个出口。我们的情绪以及传递这些情绪的面部表情都是紧密联系、不可分割的。虽然表达出的情感和内在真实的情感并不会完全相同，但是不可否认，我们总能从他人的面部表情中找到许多线索，从而获得丰富的信息，了解对方对于自己、他人或是生活本身的态度。

人脸的重要性还体现在其他方面。通过观察人的脸孔和眼睛，往往就能够推断出他的个性特征。由面部特征判定人物性格的说法还有很多，我们很容易就能列出一些。例如，许多演员都会抱怨自己因为脸型、轮廓、脸盘大小、宽窄等原因在电视或电影选择角色时被类型化，或是贴了标签。诈骗犯、家庭妇男，甚至无辜受害者，扮演这些角色的演员往往都要具有某些特定的面部特征，才能让观众信服自己的表演。

人的脸孔和眼睛还可以帮助我们管理和控制与他人的沟通互动，这一点也很重要。我们可以通过面部表情向他人表达喜欢、怀疑、认真和有兴趣等态度或情感。有了这些表情，我们就可以调整和把控谈话的情绪或基调。

借助人脸和眼睛表达给日常沟通交流带来的影响不亚于其他任何非言语行为。要明确人脸和眼睛在非言语交流中的作用，我们有必要先来看看前人提出的一些观点。

与生俱来还是后天习得

人类的面部表情究竟是与生俱来，还是后天习得，抑或是两者兼有？这一争论早已有之。面部表情与我们的感情是否存在内在联系？人一定要学会快乐时微笑、悲伤或愤怒时皱眉吗？面部表情是社会和文化影响的产物吗？人类通过面部动作表达情绪情感是普遍现象吗？这是一种天生具有的能力吗？

观点一：人类面部动作表情源于进化与自然选择

因进化论而闻名于世的查尔斯·达尔文（Charles Darwin）对动物的面部表情很感兴趣。达尔文认为，面部的动作表情本质上是动物的生存机制，因此其进化方式与其他的身体特征大致相同。从这种进化的角度来看，面部表情是经由自然选择的过程获得，其目的则是要建立良好的互动。早在人类掌握口头交流所需的高级沟通技巧之前，高阶灵长类动物就已经能用面部表情传递它们的情感、态度和情绪状态了。

面部表情是人类与生俱来的，这一假设在不断的研究中得到巩固和支持。即使没有相关的研究，只要我们周游世界各地，就会发现许多面部表情的含义都可以跨文化适用。人类的其他动作行为则与此不同。

艾布尔－艾贝斯费尔特（Eibl-Eibesfeldt）一直致力于表达行为领域的研究，他也笃信面部表情是人类与生俱来的，其研究结论很多是基于对天生耳聋并且失明的儿童的观察得来的。他的研究表明，在这些天生耳聋并且失明的孩子们身上，仍然可以观察到情感的基本表达（如悲伤、愤怒、厌恶、恐惧、兴趣、惊喜和幸福）。他指出，聋哑儿童也会微笑、哭泣、闷闷不乐，时而也表现出惊讶和愤怒。用眼睛看、用耳朵听是人类学习的主要手段，但这些孩子既看不见，也听不到，想要通过后天学习掌握各种面部表情，这一概率实际上为零。聋哑儿童可能通过触觉获得与正常儿童相似的表达方式，针对这一观点，艾布尔－艾贝斯费尔特指出，受到脑损伤的聋儿和盲童也能做出人类最主要、最典型的面部表情。他说：

> 很难想象他们（受到脑损伤的聋儿和盲童）在没有经过刻意训练的情况下如何学会社交表达。如果有人坚持这种后天习得理论，那他（她）就要提供证据来证明这种不可能的假设。这些表情动作模式背后的神经元和运动结构是在对存储的遗传信息进行解码的自我分化过程中形成的，因此人类与生俱来即可掌握这些表情动作，这才是更为合理的假设。

由此我们知道，根据达尔文和艾布尔－艾贝斯费尔特的观点，一些主要的面部表情与人类的情绪和感觉有着内在的联系。它们在人类进化过程中形成，是人类与生俱来的产物，无论你是南美洲人、北美洲人、欧洲人、亚洲人、非洲人，还是印第安人、美洲原住民，这些动作表情并没有太大差异。帕特森（Patterson）近年的研究也支持这一观点，即面部的情感表达主要源于人类的进化。

观点二：人类面部动作表情源于外部因素

人类的面部动作表情源于进化和自然选择，在彻底接纳这一观点之前，我们还要看一看其他有可能影响面部表情形成的因素。虽然有许多研究都支持面部表情动作与生俱来的观点，许多最基本的面部表情在不同文化中也都被解码为相同或相似的意义，但是，例如环境、社会规则和文化等外部因素对面部动作表情的形成也存在一定的影响。虽然相关研究并不认为面部表情是后天习得的，但也并不意味着后天习得的观点对理解和认识面部动作表情的形成毫无意义。从幼年开始，家人和师长就教导我们在特定的场合要行为恰当，其中也包括恰当的面部表情和动作。例如，孩子们都懂得出席葬礼时要庄严肃穆，愉快或满意的表情显然就不适合。孩子们在成长成熟的过程中会不断地从各种典范人物那里接收和学习怎样的面部表情与怎样的情绪相匹配。事实上，我们中的很多人都能自主控制自己的笑容，无论是发自内心的享受的微笑，还是伪装出来的勉强的微笑，都可以根据外部情况自如地选择。

观点三：人类面部动作表情既有与生俱来，又有后天习得

人类的面部动作表情既有与生俱来，又有后天习得，这是另一个主要观点。许多理论学家都更为支持这一观点。在此，我们也做了总结。

普遍认为，惊喜、愤怒、厌恶、恐惧、兴趣、悲伤和幸福这些主要的面部表情，从出生之时起就已经与我们的情感紧密联系在一起了。想要记住这几种主要的面部表情，有一个简单的方法，就是把这几种表情的英文首字母集合在一起，即"SADFISH"。

埃克曼和他的同事们对面部表情的研究不断深入。起初，他们认为厌恶和蔑视这二者天然相关联。但是后来，埃克曼和弗里森发现，蔑视和厌恶其实是两种不同的情感，有着不同的面部表情。沃尔顿（Walton）对蔑视作了十分有趣的描述："蔑视某个人就是轻蔑地对待对方，不带一点尊重。蔑视有两重含义，第一重是对令人反感的对方表示轻视和忽略，第二重则是告诉他'你真是一文不值'——实际上，这是两个完全不同的方向。"许多人都听过"藐视法庭"的概念，它通常是指证人不回答法庭向他或她提出的问题，或是法庭控辩各方没有给予法官应有的尊重。而在日常生活中，我们所说的蔑视也许更应该理解为贬低某人的意味。

因为蔑视态度在过去20年里给婚姻带来的负面影响，很多学者都对其进行了研究。正如希克森、斯塔克斯（Stacks）和摩尔（Moore）所说，研究人员在这一点上始终存在意见分歧，包括本书前几版所表达的观点也有所不同。在这一版里，我们对此会做出补充，但仍将保留前几版中已经得出的结论。卡雷（Carrere）和戈特曼（Gottman）发现，蔑视是决定已婚夫妇在未来15年内是否离婚的主要指标之一。他们提出可以对夫妻双方长约一小时的谈话进行分析，由此预测他们未来是否有可能离婚，预测的准确率可达95%。如果对话时长只有10分钟，研究人员则认为其预测准确率也可以达到90%。后来的研究者还发现，即使只有3分钟的互动谈话磁带可用于分析，预测准确率依然很高。格拉德威尔（Gladwell）和他的同仁们把这些简短的分析称为"薄切片"（thin slicing）。卡雷和戈特曼研究发现，大多数情感的表达方式存在性别差异，但蔑视并不在此列。

学者们对于"薄切片"方法尚未达成一致看法。例如，勒高特（LeGault）就表示，研究人员对一段时长两分钟的磁带进行分析，其实是运用了他们多年来分析数千小时磁带所掌握的信息和规律。墨菲（Murphy）认为，"薄切片"方法会使不同"薄切片"（1分钟短片、两段各自时长1分钟的短片、三段各自时长1分钟的短片）之间具有高度正相关性。她对短片中讲话者注视、点头、自我触碰、微笑的频次和注视谈话对方的时长进行观察。每段短片拍摄的互动沟通时间为15分钟。遗憾的是，在使用"薄切片"方法时，实验分析评判者一般事先要接受多少训练，墨菲并未提供更多的参考。不过，根据格拉德威尔的说法，戈特曼已经观察了3000多对夫妇的互动沟通。

用"薄切片"方法预测，准确率未必能达到95%，但是，毋庸置疑，人们在沟通中表现出蔑视之感如果被对方感知，可能会产生长期的负面后果。既然蔑视也是我们表达情感的一种情况，那么就诞生了一个新的由英文单词首字母组成的词语，即"SCADFISH"。

我们对婴幼儿进行观察，会发现他们确实是自发地表达感受。但是，随着年龄的增长，他们会融入成人世界的文化。与任何其他事情一样，对面部表情，他们也会学习在特定社会环境中必须遵循的规则。伴随这个学习过程，面部表情和感觉开始变得有些脱节。简言之，我们从表达行为了解哪些表情是可接受的，哪些是不可接受的。例如，当我们感觉某件事物很有趣，做出微笑或大笑的表情是很自然的。但是我们很快认识到，当有人在观看棒球比赛时高唱《星条旗永不落》，虽然严重走调，但此时的微笑或大笑显然会让这位朋友感到扎心。如此，我们就学习了面部动作表情的第一条规则：不是所有有趣的事情都可以发笑。

面部表情存在文化差异，这主要取决于三方面因素：

- 在不同文化里，引起特定情绪的具体情况不同；
- 在不同文化里，表达特定情感的具体后果不同；
- 在不同文化里，管理面部动作的规则不同，必须通过后天学习才能获得和掌握。

举两个例子。即使是今天的美国也并不鼓励男性做出极度悲伤或快乐的表情。在美国，男性应该总是沉稳冷静。男儿有泪不轻弹，这是很多人从小就接受的教育。由此可以想象，男性若表情丰富将会面临周遭怎样的反应。另一方面，女性可以比男性更情绪化，无论她们悲伤还是快乐，其丰富的面部表情通常很容易被人接受。其他国家的文化可能与此完全不同。一些阿拉伯国家的文化认为，男人在老友聚会时表现得喜悦兴奋，在悲伤或失望时大声哭泣，这是完全可以接受的。

孩子在出生之时做出的通常是一些主要的面部表情，但随着他们成长、成熟，与不

真假笑容

> 解码面部表情的难点之一在于判断表达者的情绪是真是假。围绕这项研究，学者们验证了这样一个假设，即我们判断他人的微笑是真是假取决于进行判断当时当刻我们自己的心情。在这项研究中，被试要对他人表情动作的真实性做出判断，对该表情动作代表的是正面情绪还是负面情绪做出判断，同时还要评价自身作为表情解码者对他人情感的判断有多大把握和信心。研究者发现，当被试处于积极情绪时，被试判断他人表情为真的情况增多；当被试处于消极情绪时，被试则多认为别人的微笑不那么真诚。这一结果说明，在我们指责别人面部表情表达情感不真实的时候，我们自身的情绪感觉也在发挥作用，我们从他人身上看到什么其实也受到我们自身情绪的影响。

同人沟通互动以及经历各种情境的沟通，他们逐渐学会按照他人的期待做出各种表情。

根据哈兹尔廷（Haseltine）的观点，勉强做出的微笑表情看起来确实不真实。神经学家通过研究中风患者的情况得出一个结论："大脑通过两个基本上各自独立的神经回路来控制微笑的动作，一个是在大脑皮层有意识地控制，另一个则是与情绪相关的深层、原始的大脑结构无意识地控制。"因此，当我们需要面对相机微笑时，这种微笑往往是有意识的，对别人来说也是装出来的。当我们感到某人或某事十分有趣并由此发出微笑时，这种微笑就是一种无意识的、更加真诚的微笑。这种无意识的微笑还是一个伴随着眼轮匝肌（眼周的皮肤皱起）运动形成的一种真实的笑容。真诚的笑容能够鼓励他人回以同样真实的笑容，并传达真诚的情感；假笑则可能会让别人以为我们心中所想与外在行为并不相符，甚至还会引起别人的反感和对社会关系纽带的破坏。哈兹尔廷证实，面部的对称性是他人评判我们是否具有吸引力的一个重要影响因素。他还证实，微笑可以让人感觉更舒服、更愉快。当我们被逗乐时，我们经常会流露出微笑，这种笑容使人的大脑产生一种连锁反应——看到有趣的事物，人们会产生一种强烈情绪，这将刺激人的面部肌肉收缩，并由此形成微笑。人们微笑时会感到更快乐，这种快乐和幸福感还会传递给别人。

面部管理和情感表达

前面我们曾经提到过，一些研究人员认为，对面部动作表情的研究其实就是对人类情感本身的研究。想要了解某人当下的情绪情感，人脸是一个重要的信息来源。但也有一些学者指出，想要了解人们情绪情感的强度，其身体的松紧程度是更好的指标。此外，文化和社会影响也让我们将个人内在情绪与呈现于外的面部表情区分开来。控制面部动作表情是我们在人生早期就学会的一种能力。掌握表情的规则就能知道该如何在不同的社会环境中表达自己的情绪。所谓面部管理技巧则是一个用来描述这些规则或情绪表达行为的概念。

人类在很小的年纪就开始学习面部管理技巧了，不仅如此，这种学习往往还很彻底，以至于可以将技巧转变为习惯。也就是说，我们对这些技巧的学习程度之深、效果之好，已经使之变成一种身体的自动反应。有一些人类基本的情绪情感，我们在做出与其对应的面部表情时也会有所调整，所以这些常见表情在不同的文化里也会有不同的呈现形式。此外，不同身份、性别、年龄和社会角色的个体在表达情绪情感时应用哪些面部管理技巧最为适合，也会受到社会规范的影响。接下来我们就详细讨论四种最为常见的面部管理技巧：掩饰（masking）、强化（intensification）、中和（neutralization）和弱化（deintensification）。我们可以将这四种技巧简单归纳为一个单词，即"MIND"。

掩饰。在文化或社会因素的影响下，我们学习和掌握的第一种面部管理技巧就是掩饰。它是对情绪情感表达的压抑，亦可说是抑制与情绪情感相关的表达，并以相同情况下更宜接受的表达取而代之。例如，有人在比赛时输给了自己的对手，你觉得他心里的真实感受会是怎样的？如果换作你，会是怎样的感受？很有可能是感觉不太好。然而，在美国文化认知里，在这种情况下，我们不但不能流露出内心的失望，还应该为胜利者感到高兴和快乐。这是体育精神的一部分，也是一名比赛失利者应有的体面。最近，有位小学校长给我讲了这样一个故事，一名二年级的男生给大家讲了一个课堂不宜的笑话，并因此被送到了校长办公室。校长跟他聊了几分钟，向他解释这种行为错在哪里。随后，校长问小男孩是否已经明白了其中的道理。小男孩却十分困惑："难道你不喜欢这个笑话吗？这故事很有意思啊。"小男孩又把这笑话讲了一遍，遭到校长一顿批评。实际上，校长也觉得整个故事很有趣，但是在这里，沟通的情境决定了校长必须表现出严厉的一面。

有些国家忌讳负面情绪，对此类情绪的表达也比其他国家更为慎重。当不同文化背景的人们聚在一起交流互动时，类似情况经常会给彼此的沟通带来阻碍。例如，美国人不喜欢某样东西就会坦率表达出他们的不满，这在美国文化里十分平常，但这对日本人来说就很不寻常。日本人往往被认为是掩饰情绪的高手。美国人总是很难理解其日本同行的反应，日本人对外表现出的情绪情感不是正面的就是中性的，很少有负面情绪表达。有一位刚从日本旅行归来的朋友就这样说："日语里有100种肯定的说法，就是没有'不'这个词。"

强化。沟通过程中的强化是通过夸大讲话者感受来实现的。有时，为了显示对他人表达的关注，我们必须做出远超实际感受的情感表达。人们可能因为某种社交压力而夸大自己的面部表情，你遇到过这种情况吗？下面这个例子就属于这种情况。

恩里克的同事决定在星期五晚上下班后为他举办生日派对。大家事先做好策划，确保恩里克能够按时来到会场。终于到了星期五这一天。下班后，恩里克还想留在公司加一会儿班。这时，同事蒂姆走进了办公室。

"我们一起走吧。"

"不，我还要再干几个小时。"

"你一般不会在星期五晚上加班啊。一起走吧。"

"不，今天不行。蒂姆，我还有工作。"

于是，蒂姆不得不把生日派对的计划告诉恩里克。恩里克并没有因此高兴过头，但是当他出现在派对的时候，脸上写满了惊喜、惊奇和幸福，以至于当晚参加派对的同事们谁都没有想到，其实恩里克早就知道了生日派对的消息。当所有人嘴里喊着"给你个惊喜！"向他祝贺生日时，他满脸都是夸张的表情，这样同事们就不会感到失望。恩里克的确也很开心，但并不像同事们以为的那样。为了让大家的期望不落空,他加强了自己的面部情绪表达。

有些国家,例如某些地中海国家,会夸大悲伤情绪以及相关的表情反应,但在另一些国家,这样的夸大或加强就显得很不得体。同样,有些人喜欢夸张式的表达,就会习惯性地夸张或加强某些表情,而另一些人就不太喜欢这样的表达方式和风格,甚至还可能对此有些许抵触和反感。但是,大多数生活在美国文化背景中的人还是会觉得,在沟通中偶尔强化一下其实是一种很好用的技巧。

中和。你可能听说过"扑克脸"这种说法。"扑克脸"是指一个人毫无表情,脸上不带一丝情感。表面看似如此,但这种人很可能是运用了一种技巧来管理他的面部表情,这种技巧就被称为"中和"。当我们运用中和技巧控制自己的面部表情时,脸上基本看不到任何情绪表达。扑克玩家都不想因为自己的面部表情泄露一手好牌。如果这时候你表现得过于兴奋,就等于提醒了其他玩家,他们自然会选择弃牌。同样,抓了一手烂牌的玩家们也不会满脸阴沉,如果其他玩家从表情推测出他手上都是差牌,那么他在牌桌上再用虚张声势的招数也就毫无意义了。所以,好牌手都能够中和自己的面部表情,使对手感到困惑。

中和技巧不仅用在扑克游戏中,其他许多情况下也会用到。只要我们觉得情绪表达可能与当时的首要利益不符,就会动用这种技巧。恐惧、愤怒这类负面情绪不可能杜绝,但是适当减少这类情绪的表达可以避免由负面情绪引起他人更糟糕的反馈。如果我们的情绪表达可以被中和,那么我们经历和体验了怎样的情绪,别人就一无所知了。

弱化。有些情况下,人的表情需要弱化——当外部环境需要我们淡化自己的真实感受时,我们会降低因特定情绪产生的面部表情的强度。在特定的文化背景中,有一些情感或情绪是不可接受的。当我们有了这种不可接受的情绪情感，就会削弱它。英国人对任何情绪情感的表达都很低调，这一点你或许听说过。而在美国文化里，男人通常不应该表露出太强烈的恐惧或悲伤。在亲人的葬礼上，美国男人可以适度悲伤，但人们更希望他能够为活着的人保持坚强。这种情况下，男人就可能会尽量弱化某些情感的表达，这样做才能符合人们对他的期望。

处于掌控地位的人，例如主管、教师、医生和神职人员，往往会发现其实他们自己才是最不应该流露真实情感的人。主管可能对部门会议上下属的表现感到愤怒，但在会议环境下流露出不满情绪不但收效甚微，还可能火上浇油，所以主管会选择克制，在会议结束后向下属表达自己的关切，而下属也将被适度谴责。同样的情况，如果主管在会议期间就充分表达出自己的真实感受，那么下属可能会受到公开的羞辱，整个人都会非常尴尬和窘迫。这对主管与员工之间今后的沟通交流毫无益处。

真正优秀的沟通者都清楚怎样的沟通情境适用怎样的表情。想要学会如何管理和控制自己的情绪表达，既要在认识上引起重视，也要在实践中学习技巧。

常见的面部表情类型

研究人员根据这些面部管理技巧总结归纳了面部表情的常见类型。我们前面讨论过的技巧经常是在特定时间、特定情境下使用的，而埃克曼认为，有些人不论场景如何都会摆出同一副表情。因此，埃克曼和弗里森提出的这个常见的面部表情类型体系其实是人类情感表达长期倾向的代表。让我们先来看看这八种常见的表情类型。在此之前，你还需了解一点，就是人们虽然会做出这些表情，但其实未必自知。

- **抑制表达者**。其特点是少有面部动作，真实感受的面部表达被抑制。可以说，这一类型是在持续不断地运用中和的管理技巧。

- **主动流露者**。其在本质上与抑制表达者相反，他们的表情总是能表现自己的真实感受，因而被人们说成是"把内心戴在袖子上"。这一类型人士往往忍不住想要表达自己的内心，他们自己都认可这一说法。这一类型的表达风格通常也都比较夸张。

- **表达不恰者**。这一类型人士往往自认为已经很好地掩饰了内心的真实感受，但事实是他们的情绪情感信息早就已经泄露，可以说这是一种"糟糕的中和"。因此，他们常常因为表达了与当时场景不适合的情绪情感而惹上麻烦，例如当别人跌倒或被食物洒了一身的时候，他们还会发出笑声，这显然很不恰当。

- **表达无能者**。这一类型人士即使表达内心真实的情绪情感，其中也会有相当一部分显得模棱两可或态度不明。他们认为自己整张脸上已经写满微笑，但是别人从他们眼里看到的还是一片空白。对这些人来说，感受到的情感与表达出的情绪，这二者之间基本断层，彼此几乎没有联系。

- **表达错位者**。即用一种情感表达代替另一种情感表达。这一类型人士往往自以为表达了幸福的感受，但实际上传递出的却是厌恶的情绪。当了解到自己的表情传递与他人的实际接收完全不同时，他们的反应往往是惊讶的。

- **表情僵化者**。总是表现出一种固定的情感状态。在一般情况下，他们看起来或悲伤、或快乐、或愤怒，虽然表情自然，但无论何时何地，脸上总是那副样子。这一类型人士脸上永远戴着一副面具。

- **表情预设者**。面对任何情况，第一反应总是一副预设好的表情。例如，无论听到的是好消息还是坏消息，最先的反应都是微笑；无论事态是令人愤慨、恐惧，还是令人惊掉下巴或悲伤至极，他们的第一反应总是一样的，先是做出一副早已预设好的表情，之后才会有自然流露的表情出现。

- **表情过溢者**。脸上总是挂着某种特定表情。我们很难在这一类型人士脸上看到表情空白的平静的瞬间。例如，有的人脸上始终带有一种恐惧的神情，即使是在感到愉快的时候，他们脸上的恐惧表情也不会完全消失。在他们的脸上，任何其他情感的流露瞬间就会被原有的恐惧表情取代。

以上关于面部管理技巧和面部表情类型的介绍也提出了一个情感表达的重要观点。通常情况下，我们在同一时间表达的情感并不只有一种。换句话说，我们的面部表情并不只是单纯的悲伤、快乐、厌恶，或是其他。我们有时会同时表达两三种情绪。虽然大多数时候我们会尽量保持一种平静、无表情的状态，但面部的某个区域还是会流露出我们的内在感受。接下来我们就来研究一下这个问题。

主要情感表达与沟通

埃克曼、弗里森和汤姆金斯（Tomkins）设计了一种可以定位和评估人体面部表情的方法，称为面部情绪得分技术（facial affect scoring technique，FAST），这项技术把人脸分为三个区域：下部区域，包括脸颊、鼻子和嘴巴；眼睛和眼睑区域；眉毛和前额区域。将 FAST 技术（见图 4-1）应用于照片和视频，可以确定人脸的三个不同区域分别表达了哪些情绪。根据埃克曼分类的七种主要面部表情，我们可以准确地区分和识别发生在面部特定位置的特定情绪。兴趣，作为一种新的情绪表情，也已被补充到面部表情的清单之中。

关于人脸的下部区域，戴斯蒙德·莫里斯（Desmond Morris）认为，脸颊是最有可能暴露此人真实情绪的部位，因为人脸的情感色彩变化表现最为明显。他进一步指出，如果脸颊两侧红透，这就是感到羞耻或尴尬的信号。脸颊还是愤怒情绪的

1. 眉毛和前额区域
2. 眼睛和眼睑区域
3. 下部区域：脸颊、鼻子和嘴巴

图 4-1　面部分析的三个区域

信号器。当人感到愤怒之时，脸颊也会发红，甚至还会一直蔓延到头骨顶部，这又是另外一种两颊发红的情况（有些人在愤怒至极、咄咄逼人之时，脸颊还可能会变得苍白，近乎白色，这是因为血液正从皮肤组织流向人体的其他部位）。当人感到恐惧害怕之时，脸颊皮肤也会泛出颜色，这时的脸颊颜色看起来可能是发白的。当然，这些颜色信号在黑色皮肤的人脸上很难观察到。

莫里斯对嘴巴给出的评价是"工作成瘾"。嘴长在动物身上，其功用除了咬、舔、吸、尝、嚼、吞，还可以用来咳嗽、咆哮、尖叫、打哈欠、打呼噜。但是人类又进一步扩展了嘴巴的功用。除了说话、唱歌、微笑、大笑，我们还会用嘴吹口哨、接吻、抽烟……莫里斯说："把嘴比喻成'人脸上的战场'，这一点也不奇怪。"嘴不仅是人体最繁忙的部位之一，也是表现力最强的部位之一。嘴可以用来表达无聊、好奇、好色、悲伤、幸福、惊讶、蔑视、厌恶、恐惧、愤怒、身体需要、叛逆不服从等许多情绪和意思。嘴是人脸的焦点，人们会对嘴的外观进行修饰，改变、夸大、重塑、涂色、染色、文上图案等。我们学到的第一种用嘴巴表达情绪情感的方式就是微笑。在社会生活中，我们逐渐懂得并学会在适当的时候报以微笑，带给别人良好的感觉，也换取他们的微笑。例如，在社交聚会里结识陌生朋友要微笑；在别人谈论有趣话题时，即使自己并不关心这个话题，也应该报以微笑；在朋友与你分享他刚出生的婴儿的照片时，我们也要以微笑回应。

按照莫里斯的说法，鼻子是独一无二的，"没有哪个器官与鼻子相当"。鼻子不仅是一个共鸣器，还是一道坚实的屏障，保护眼睛免受伤害，防止气管不慎呛水，抵御灰尘污垢进入，还能帮助过滤空气。如果没有鼻子这个过滤器，用不了几天我们就会患上严重的呼吸疾病。鼻子还能帮助我们感知气味。如果没有嗅觉功能，我们就无法享受美食，其他很多娱乐享受也都会受到影响。就像嘴巴和脸颊一样，在不同的文化里，鼻子也是人们想尽办法去修饰、重塑和美化的对象。

在谈到眼睛和眼睑时，莫里斯说："据估计，我们从外部世界获得的信息有80%都是通过这一非凡的人体器官获得的。"人类是视觉动物，如果我们能看到某个事物，我们就更容易记住它。所有灵长目动物都是以视觉为主，两只眼睛经过进化长到了头部前面，这样就可以双眼并用来观察这个世界。

关于眉毛和前额区域，莫里斯指出，只有真正的智能动物才能拥有像人类一样的眉毛。人类的额头由前额、鬓角和眉毛组成，这是人类祖先的大脑急剧增大的直接结果。人脸的眉毛和前额区域可以传递许多信息：一个人眉毛压低，说明他正在皱眉，这可能是不满情绪的表现；眉毛抬高（扬起眉毛）则可能意味着对某一事物感兴趣，故此才有"大开眼界"的说法；眉毛抬得很高，可以表达担心、惊惧或震惊；扬起一侧眉毛（挑眉），而另一侧眉毛保持不动，这是疑问和质疑的意思；皱眉、愁眉不展可能与慢性疼痛、头痛、焦虑、悲伤或极度沮丧有关；眉毛跳动（在一秒钟内眉毛抬起又回复到原来的位置）可能是在表达致意、问候、惊喜，认出老朋友，或是异性间的挑逗或勾引。与面部的其他区域一样，这个区域也可以传达许多种情感。

从事面部表情研究的学者们发现，采用FAST及与之相类似的方法，可以很准确地识别出一些人类的主要情绪，实验结果非常稳定。单独某一个面部区域并不能理想地表达人类的情感，我们从人类面部任何特定区域获得的信息在很大程度上取决于我们对其情绪情感的判断。相关的研究也带给我们许多有趣的发现。

- 悲伤和恐惧，最好是从眼睛和眼睑区域识别（识别率达到67%）。
- 愤怒，从任何单一的面部区域都难以准确识别。判断某个人是否处于愤怒状态，必须至少能看到对方面部的两个区域。通常，愤怒情绪会表现在脸颊、嘴巴、眉毛和前额。
- 厌恶，常常与惊讶并存。厌恶情绪往往可以在人脸的多个部位找到蛛丝马迹，大多数是在人脸的下部区域。
- 幸福，约有98%的情况下可以从人脸的下部区域（当唇角向上牵拉）进行识别，从眼睛和眼睑（眼角有皱纹）区域识别和判断的概率也达到99%。
- 惊喜，从人脸的三个区域都可以识别（准确率分别是：眉毛和前额区域，识别率为79%；眼睛和眼睑区域，识别率为63%；人脸下部区域，识别率为52%）。

在美国文化中有12种最为常见的情绪，即悲伤、愤怒、厌恶、恐惧、兴趣、惊喜、幸福、怀疑、困惑、蔑视、内疚和背叛。海泽尔（Heisel）、威廉姆斯（Williams）和瓦伦契奇（Valencic）研究了与这12种情绪对应的面部表情，以及表情接收者对这些表情的感知情况。这项研究得到的结果与之前有关面部表情的研究也相互吻合。

卡齐基蒂斯（Katsikitis）、皮洛克西（Pilowksy）和英尼斯（Innes）做了一个测试。他们使用计算机将人脸照片生成为线条图，又将照片与生成的线条图同时交予被试，测试其对两种不同人脸展示效果的解码反馈。由计算机生成的线条图只有嘴巴、鼻子、眼睛、眉毛和面部的轮廓，不显示照片人物的具体性别。计算机生成了12项面部动作指标，分别命名为：唇角提升度、嘴唇宽度、嘴巴开合度、中上唇提升度、中下唇提升度、上唇厚度、下唇厚度、眼睛开合度、上眼睑/眼球重叠度、下眼睑/眼球重叠度、眉心开合度和眉峰提升度。这12项指标代表了与情绪信号相关的面部位置标记，每一项都与多种情绪表达相联系，因此才被实验设计者选中作为评测的指标。被试观看了计算机生成的线条图和原始照片后做出自己的判断。在这项实验中，研究人员得出的结论是：被试或称为评判者可以对计算机生成的线条图和真实照片中的面部表情进行识别和解码，基于两种图像的判断能力非常一致。无论是计算机生成的线条图还是真实照片所展示的表情，人们的判断都与常见的情绪，以及与这些情绪相关的常见表达方式相匹配。例如，被试能够区分微笑的表情和平静的面容，测试结果十分稳定。因此，无论人们看到的是计算机生成的线条图、照相机记录的人脸照片，还是现实生活中人们的脸孔，只要是在同一文化背景中，大多数人都能够相当准确地从面部表情识别出其所代表的情绪或情感。

塔克（Tucker）和里焦（Riggio）在研究中发现"口头表达有所长，对人的情绪表达能力可能也会有所助益"。换言之，语言能力较高的人在表达情绪时会更容易；反过来也可以说，这些人能够更好地掩饰自己的情绪。这项研究的许多内容都值得进一步探讨。

布朗洛（Brownlow）和泽布罗维茨（Zebrowitz）发现，在他人观察看来，电视里的娃娃脸代言人更值得信任。相比之下，成熟面孔代言人则比娃娃脸更显专业。与此相类似，人们通常认为女性更值得信任，而男性比女性更加专业。由此，布朗洛和泽布罗维茨得出结论："研究结果表明，演员的面部成熟度和性别对其代言的商业广告（信息）类型会产生影响。"关于娃娃脸代言人和成熟面孔代言人之间还有哪些异同，在彻底定论之前我们还需进行广泛的研究，但已知的研究结果的确能够证实此前得出的相关研究结论，即面部外形对面试中留下的印象和现实中的体验感受会有一定影响。

面部表情可以唤起人的情绪（见图 4-2）。微笑往往表示幸福，皱眉表示疑

1._____

2._____

3._____

从以下选项中找出与照片对应的情绪选项：

悲伤　幸福　愤怒
惊讶　厌恶　恐惧
好奇　背叛　内疚
蔑视　怀疑

图 4-2　猜情绪

惑，嘴角和眼睛向下意味着悲伤，嘴巴大张表示吃惊，撇嘴巴、皱鼻子是排斥或蔑视，鼻孔一张一翕说明很愤怒，大眼圆睁是恐惧。一些研究人员认为，如果假装微笑，摆出一副开心快乐的面孔，那么人的自我感觉会稍好一些。人们普遍认为，"SCADFISH"所代表的八种基本情绪以及与之相对应的面部表情几乎适用于全世界，但是在不同国家的文化背景下，这些情绪的组成元素会以不同的方式糅合在一起。我们的脸孔和我们的表情向世界呈现着我们的感受，呈现着我们对世界，甚至是对我们自身的感受。

面部表情变化

事实似乎向我们表明，脸部单一区域能否恰当地表达和传递人的情绪，还需依特定情绪而定。埃克曼认为，人在任何时候都可能同时表现出两种或两种以上的情绪。例如，一种情绪由人脸的下部区域集中体现，另一种则是从人的眼睛里流露出来。这种多个面部表情的传递被称为情绪混合（affect blends）。在有人耍花招欺骗你的时候，不仅你的眼睛里满含愤怒，你的面部下方区域也会写满厌恶。回到前面提到的例子，在恩里克走进朋友为他举办的生日惊喜派对时，他很可能同时表现出开心和惊讶两种不同的情绪，每种表情出现在脸部的不同区域。情感表达有许多文化差异，情绪混合和局部表情（我们稍后将给出定义），可能正是这背后的原因。人们在葬礼上的情绪表达，在某个特定背景下可能是悲伤与害怕情绪的混合，而在另一种文化背景下又可能是悲伤与愤怒情绪的混合。虽然人们的主要面部表情可以普遍适用于各种文化的背景，但情绪混合却不能够通用。人们将怎样组合并表达出自己的情绪情感，通常还取决于文化和社会环境。

局部表情（partials）是指仅在面部某个区域有情绪表达，另外两个面部区域则

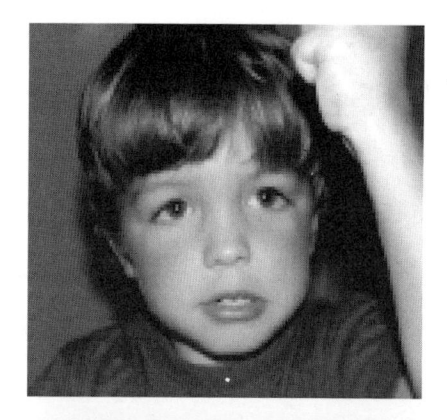

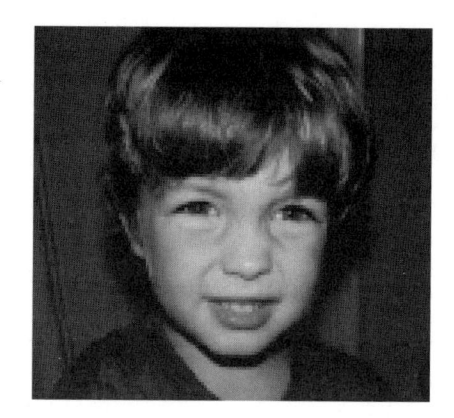

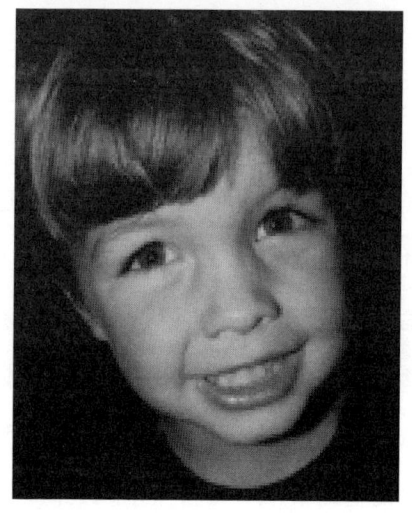

儿童可以做出代表不同情绪的面部表情

处于表情控制状态。情绪的泄露很可能就是源于局部表情。例如，篮球教练很担心输球，虽然他外表强装平静，想以此来掩饰自己的恐惧和担忧，但是人脸上总有某个区域会在一定程度上泄露其内心的真实感觉。虽然不是所有人都能够发现这一点，但总有些敏锐的球员可以从蛛丝马迹看出教练心里的这种恐惧情绪。

情绪混合会以几种不同的方式出现在人们脸上。这些情绪在人脸上一倏而过，就像海水冲刷沙子一样，转瞬即可退去。一种情绪出现在脸部的某个区域，另一种情绪出现在另一区域。人们在吃惊的时候会挑高眉毛，但同时又会翘起嘴角，露出一副开心快乐的样子，这种情况就是情绪混合的常见例子。有时候，两种情绪也会出现在脸部的同一个区域。克纳普（Knapp）和霍尔指出，我们有时会一侧眉毛挑高，一侧眉毛拉低，就是一种既惊讶又愤怒的表情。还有些更为复杂的面部表情可能由肌肉动作操控产生，这个肌肉动作与两种不同情绪相关，却又包含单一情绪不能涵盖的特定元素。当同事把一个恶搞坐垫放在椅子上，而你毫不知情就坐上去，你可能会同时做出吃惊和愤怒的表情，前者出现在人脸下部区域，后者出现在上部区域。通过对非言语沟通的观察，聪明的人不仅能捕捉到你的两种反应，还能由此推断出你不喜欢这种恶搞的伎俩。

微表情是一种简短、转瞬即逝的表情，其变化之快肉眼或许无法觉察和识别，因此情绪表达在一般的对话过程中通常无法被观察到。虽然人们无法对其精确定位，但却可以从中获得对他人的感觉。如果我们把微表情记录下来再慢速播放，往往可以发现一些原本被忽略和错过的情绪表达。这些短暂、转瞬即逝的表情可以给人带来一种直观感受，这也是他人最真实的感受。

至此，关于面部动作，我们都得出了哪些结论？

1. 至少在美国文化中，表达负面情绪的面部动作少于正面情绪的表达。流露负面情绪看起来是不礼貌的。因此，即使情况再糟糕，我们也要努力保持积极的态度。
2. 女人比男人有更多笑容。
3. 我们中许多人已经学会根据特定情况巧妙控制自己的情感表达。
4. 当形势有所要求时，我们中许多人会出于礼貌做出微笑的表情。
5. 我们中大多数人可以很好地控制身体的上半部分（人体上部12英寸的部分，

包括肩膀、颈部和头部），可以很好地掩饰自己的真实想法和感受。

6. 有些面部表情是孩子们与生俱来的，而其他许多表情是经父母教授才学会的。

7. 通过观察人脸的不同区域，我们可以了解一个人内心的真实感受。

8. 人嘴动作频繁，功用丰富，"工作成瘾"。

9. 人在任何时候都可能同时表现出两种或两种以上的情绪。

10. 微笑可以传染。你笑得越多，别人以笑容回复你的可能性也越大。

第 5 章

眼神行为

**Nonverbal Behavior
 in Inerpersonal Relations**

非言语沟通经典入门：影响人际交往的重要力量

对眼神行为、眼神接触、眼神运动和眼神行为功能的研究称为目光学（oculesics）。在所有面部特征中，眼神可能是人类交流中最重要的特征。人眼可以同时响应150万条信息，但眼球甚至比乒乓球还要小。我们获得的外部信息有80%都是经过眼睛接收到的。莫里斯指出，尽管人类能说、能听、能动、能摸，但是说到底我们仍然是视觉动物。部分学者还指出，如果找不到其他的身体暗示，眼神总可以提供有关情绪、态度和关系的信号。人与人之间最初的接触通常是目光接触。如果一方或双方都不喜欢这种接触方式，那么这两人就很可能不会再有其他方式的接触。

眼神行为的特性和功能

眼神行为具有三个特性。第一个特性是显著性（salience）。由于眼神行为（例如直视）被注意到的可能性较大，因此，相比大部分其他身体动作，眼神通常可以传递显著的交互信号。也就是说，我们的眼神行为在管理互动、引起注意以及传递信息的兴趣方面起到极其重要的作用。我们通常希望人们对自己的目光做出反应，如果他们没有立即做出反应，我们往往会感到失望或沮丧。

眼神行为的第二个特性是具有刺激兴奋（stimulate arousal）的非凡能力。当我们看到某个人时，几乎一定会在某种程度上感到兴奋。这种兴奋可以是消极的，例如刚好瞥见一个并不想与之交流互动的人;也可以是积极的,例如在昏暗的餐厅里,一对恋人隔着舒适的餐桌凝视对方。

眼神行为的最后一个重要特性是参与(involvement)。在我们的文化中,与某人建立起眼神交流后就很难不与之展开互动。即使是在人行道上,在最短暂的瞬间遇到一个陌生人,眼神交流似乎也会让我们不得不向对方点头微笑。与另一个人的目光接触实际上就意味着与之展开互动。正是出于眼神的这些特性,眼神行为会有多种。

肯登是视觉行为领域的著名学者,他最先描述了眼神的功能。自此,又有许多非言语交流领域的学者进一步扩展,提出了眼神如何阻碍、协助人际互动,以及眼神的其他作用。接下来,我们就逐个了解一下眼神行为的这几个主要功能。

扫描始终并且还将一直是我们眼神的主要功能之一。我们的眼睛可以扫描、聚焦并收集有关我们周围世界的信息。我们的史前祖先将扫描作为监测环境和保护自己免受伤害的手段。在这方面,视力不好的人处于劣势,也就不太可能成为我们的祖先。

建立和定义关系是眼神行为另一个常见的功能。目光接触通常是人际关系初次接触的第一个阶段。注视身体或眼神接触可以确定关系的建立,也可以给人际关系赋予含义。当一个人吸引了他人的目光,而他自己也看向目光发出者时,一段关系就开始了。但如果被注视者只是看向了别处,那么所谓的关系就不会开始。

眼神行为可以迫使我们与别人互动。人际交往通常始于双方互相注视并建立眼神交流。如果一个人的表现看起来超出社会普遍认可的合理范围,那么其他人就可能认为他"过激"或"过分"。在我们的文化中,眼睛紧盯别人是一种粗鲁、不可接受的行为，除非是为了制止一些不守规矩的人或事。

眼神行为可以表达情绪。眼睛一直是了解人的情绪状态的宝贵信息来源。虽然许多面部区域都是可以控制的，但眼睛被认为是最难控制的区域之一。正因为如此，相比其他面部区域，眼睛及其周围区域或许可以更准确地透露人的情绪状态信息。眼睛可以提供更多的情绪信息，包括恐惧、幸福、悲伤、愤怒、惊讶、轻蔑、厌恶等。然而，我们应该记住，只有在看到对方的完整面部时，才能对其情绪做出最好的判断。

眼神行为可以控制和调节我们与他人的互动。在调节讲话者和听众（例如教师和学生、经理和员工）之间的互动方面，眼神以及非言语暗示非常有效。在人们说话交谈或是多人对话的过程中，眼神可以帮助同步信息，可以告诉我们应该何时对信息进行编码和解码，以及应该在何时回应对方。

研究表明，在双方互动的过程中，处于倾听状态下对对方的注视会多于讲话状态。使用话语维持提示的讲话者会主动减少注视行为。想继续讲话的人通常会大幅降低对听众的注视频率，以此来表明其想要继续下去的意图。另一方面，希望讲话者继续讲话的听众也会注视讲话者。讲话者在结束讲话时使用的话语维持提示则是向听众方向转头的同时增加目光接触。与此相对的，听众一方提出轮换讲话的请求，则是要减少注视，把自己的目光从讲话者身上移开。

中断并回避眼神接触表明一个人已经准备好结束互动。例如，在面试时注意观察面试官的眼神。如果一切顺利，面试官可能就会中断眼神交流，以此示意时间已到。如果你没注意到这一信号，可能反倒对面试官产生负面影响，甚至否定你此前的所有出色表现。

巴韦拉斯（Bavelas）、科茨（Coates）和约翰逊（Johnson）发现在谈话中存在他们称之为凝视"窗口"的现象。他们指出，善于沟通的人在讲话过程中会有轻微的停顿，这是在对方讲话之前留出的一个简短的回应时间。此时就会出现一种双方相互凝视的情况，倾听一方在这个短暂的凝视期会用一声"嗯"、点头、微笑或其他类似表情给予回应，表示出对细节的理解和/或认同。在讲话者结束讲话后，原来的听众会开始他的发言。

调节和控制互动行为还可以彰显权力。持久的注视或凝视是展示个人力量的有效手段。此外，这些带有权力意味的注视通常会引起两种眼神反应。一种是回报一个瞪眼，这是向你彰显权力的行为提出挑战；另一种则是回避或躲避你的眼神。大家肯定在童年时期玩过"注视对抗"的游戏。这种游戏开始的乐趣很可能迅速转变为一场彻头彻尾的"唯我最大"的斗争。谁能保持注视时间更长，就能控制住游戏的另一方。即使在儿童之间这种无害的游戏中，注视也会对人际关系产生相对持久的影响，无力感就是其中一种。

目光接触可以拉近人与人之间的距离。如果对方与你的实际距离很远，通过稳定的眼神可以缩短你们之间的关系距离。例如，演讲者会扫描和注视坐在不同位置的听众，以便所有听众都能感觉与演讲者的距离更近一些。技术的发展使各类活动中的名人、摇滚明星或主持人能够看起来是在注视着每一位现场观众。可以说，投影技术将演讲者带到了观众近前。

眼神行为可以用来阻止其他人参与对话。仅仅是专注、认真地注视某个人（或某些人），就可以对同场的其他人关上一扇门。专注地看着一个人，等于向其他人传递了不要靠近或参与对话的信息。眼神行为表明我们正在与另一个人进行交流。正如阿盖尔（Argyle）和迪恩（Dean）所说："如果没有眼神互动，人们不会感到自己正在进行充分的交流。"

眼神行为的种类

人们看的方式不同，相应的眼神行为的定义也有所不同。通常眼神行为可以分为以下几种类型。

相互注视（mutual gaze）是指两个人彼此看着对方的脸。其目光接触特点是相互凝视且目光集中在眼睛部位。

单向注视（one-sided look）或瞥见是一人朝向另一个人脸部方向看。在这里，主动看的一方其目光是没有得到被看者的回应的。在人际交往中，当某人回避看向他人时，即使对方正在看自己，他也会采取回避措施。

目光回避（gaze aversion）通常是一种有意的行为。人们移开视线的行为通常是有意识的，而且是出于某种动机的产物。目光回避可能表示对对方所说的话不感兴趣。一个人可能对自己不太确定，却不希望对方在自己的眼神里发现这一点。当希望停止任何进一步的交流时，目光回避也可起到调节作用。无论出于何种原因，目光回避通常是一种规避措施。

目光回避不应与目光省略（gaze omission）相混淆，目光省略是指某人不看另一人的情况，但并非有意避免目光接触。混淆回避和省略可能会导致某些人际交流中的误解。尽管两者实际行为可能较为相似，但传递出的信息却是不同的。下面这些情况，我们来分析一下是属于回避还是省略。

1. 布朗迪和米格尔正在为看什么电视节目争吵。最后，布朗迪关掉电视，盯着窗外看，而米格尔却在继续争论。

2. 马特在课堂上总是惹是生非。贝克先生受够了马特的这种不当举止，让他下课后留下来。在贝克先生责骂他时，马特却看着地板微笑。

3. 丹尼丝坐在吧台尽头。斯蒂芬走进休息室，瞥了她一眼，坐下来后还不时地看看她，希望能引起她的注意。斯蒂芬每次看向丹尼丝时，她都在与别人交谈，看起来还很高兴。这使斯蒂芬觉得很沮丧，断定丹妮丝对他不感兴趣。

怎么样？你对上述几种情况的判断是什么？如果你说布朗迪存在目光回避，那你可能是正确的。她的本意是结束口水战，结束互动，她已经受够了。那么马特呢？他也是故意将视线从贝克先生身上移开的。他移开目光，可能是有意向贝克先生传递这样一个信息，即他不关心、不动摇，也没有因为受到责备而感到威胁。但是，丹妮丝的情况或许有些不同，丹妮丝很可能并不认识斯蒂芬。尽管斯蒂芬可能将两人之间没有眼神交流视为一种拒绝的信号，但是丹妮丝很可能根本没有注意到斯蒂芬明显的示好行为。丹妮丝的眼神行为可能就是目光忽略，而不是回避。

还有一种礼貌性疏忽（civil inattention）的眼神行为在许多情况下都会出现，这就是"电梯眼神（elevator look）"。根据戈夫曼（Goffman）的说法，礼貌性疏忽行为是处在互动现场但不参与互动的人们之间的一种行为仪式。双方短暂交换眼神，然后各自移开目光。这种行为可以简短确认对方的存在，之后的目光回避则可以向对方确认自己将不会审视对方，也不会与其进行口头交流。很简单，礼貌性疏忽其实就是看一眼，承认存在，再移开视线，仅此而已。在繁忙的街道、电梯、地铁等地方，人们经常会做出这种礼貌性疏忽的行为，大家互相知晓对方的存在，但并没有交谈的欲望。

盯视（staring）是指一个人关注别人并给予长时间、严厉、通常具有侵略性且令人不舒适的目光。在我们的文化里，盯视被认为是不礼貌的。事实上，对盯视行为的反驳往往是："你看什么？！"

男女分别看哪里

> 这项研究中的被试看到了30张照片，其中15张照片是男性，15张照片是女性。照片中的所有模特都穿着随意。当被试观看照片时，他们的眼球运动会被眼动仪记录下来。结果表明，无论男性还是女性，首先看的都是模特的脸部。男性转去看女性胸部的时间点明显更早，持续时间也更长，但这种行为仅出现在基本面部扫描之后。而女性在看过男性的面部后，会转而看向男性的腿部。

共轭侧眼运动

共轭侧眼运动（conjugate lateral eye movements，CLEM）与凝视行为相关，这种眼神行为又被称为侧眼运动（lateral eye movements，LEM）。这一名称来自神经语言编程（NLP）理论，是指眼球不自主地向右或向左横向移动。共轭侧眼运动与认知处理密切相关。也就是说，我们在思考时会向左或向右看，但当我们停止处理信息时又会向前看。人们通常会先向上看，然后向右或向左看，完成信息处理后，再回头看向倾听者。通常一个人大约75%的共轭侧眼运动都在一个方向上，据此可以分为右视者和左视者。当惯用右手的人向上看并向右看时，他们可能正在试图想象某个从未见过的事件；当惯用右手的人向上看并向左看时，他们可能正在试图回忆。有效互动需要目光接触，因此，如果演讲者不知道自己是右视者还是左视者，可能就永远无法与大部分听众进行充分的眼神交流。例如，向左看居多的教师在视觉上就忽略了教室的很大一部分空间。在开会时,向右看居多的经理也将在视觉上把很大一部分员工排除在互动之外。因此,一旦我们了解到自己是右看为主还是左看为主,就应该在与人沟通时适度调整,以便让自己的视觉能够覆盖到所有听众。

总之,当从事需要思考或反思的任务时,共轭侧眼运动通常会非常明显。有人推测,如果我们发现对方有共轭侧眼运动并要求对方有所控制,这可能会导致对方难以集中注意力,甚至使认知处理的注意力被分散。

瞳孔扩张。眼睛的瞳孔可以扩张(增大)或收缩(减小)。几个世纪以来,这个事实已广为人知。然而,瞳孔扩张和收缩对交流过程的重要性仍有待探讨。瞳孔扩张和收缩对人际交往的影响很难说清楚,有许多因素会影响这种无意识的瞳孔反应。照明的亮度等物理条件会影响一个人的瞳孔大小,神经生理学因素和化学兴奋剂或抑制剂也会影响瞳孔大小。而社会互动也可能对瞳孔大小产生影响,过往的研究中就有很多这方面的有趣发现。

研究人员对某些视觉刺激对瞳孔大小的影响很感兴趣。他们发现,当男性看到女性模特的海报时瞳孔会放大,而女性在看到男性照片时瞳孔也会放大。另一些研究则表明,当男同性恋者看到男性照片时瞳孔会放大,当女性看到新生儿照片时瞳孔会放大。

这些研究表明,瞳孔放大可能是积极情绪唤起和对所观察事物感兴趣的良好提示;另一方面,瞳孔收缩似乎表示对所观察的事物或人的厌恶。因此可以推测,如果我们看到与自己交谈的人眼睛放大,这种迹象可能表明对方对我们讲话的内容有兴趣,甚至是对讲话者本人感兴趣。

事实上,曾有研究发现,瞳孔放大的女性照片可以增强其吸引力。早在这项

非言语沟通经典入门：影响人际交往的重要力量
Feiyanyu goutong jingdian rumen:yingxiang renji jiaowang de zhongyao liliang

当我们感兴趣时，我们会表现出感兴趣的姿态

研究之前几百年，女性就使用颠茄（belladonna）药物来使其瞳孔放大（这与今天眼科医生在检查时用来扩大我们瞳孔的药物本质上是一样的）。女性们认为，放大的瞳孔使其对男性更有吸引力。在上文中提到的最近的研究中，研究者将同一女性的两张同款照片用于测试，两张照片唯一的不同就是其中一张照片中的女性瞳孔被修饰放大，而另一张中的女性瞳孔被修饰缩小。研究中的男性被试认为瞳孔放大的照片含有更多积极特征，而瞳孔缩小的照片含有更多消极特征。

  这个在瞳孔测量研究中发现的有趣现象表明，能够观察到瞳孔放大现象的个体往往会受到该现象的影响，也就是说，在看到他人瞳孔放大时，观看者的瞳孔也倾向于放大。这似乎说明放大的瞳孔会增强积极反应并产生吸引力，而收缩的瞳孔通常不会唤起积极的反应，并且可能会降低对吸引力的感知。

至于瞳孔放大在人际交往中的重要性如何，我们将最终的评判权交给大家。显然，与棕色眼睛的人相比，蓝色眼睛的人更容易被观察到瞳孔放大的现象。当情绪反应是影响瞳孔大小的主要因素时，对方的瞳孔通常很难被观察到。环境照明始终是影响因素之一。在条件可控的情况下，从眼神行为获得一些情感信息也是一种可能，至少一些扑克玩家应该是这样认为的。这就是为什么许多专业玩家喜欢戴墨镜来遮住自己的眼睛，或者戴眼罩、帽子使瞳孔保持扩张，这与其手上的动作无关。那么瞳孔扩张到底是重要还是不重要？我们还不敢说它不重要。

欺骗和眼神行为。在我们的文化中，人们普遍认为，如果有人在谈论关键问题时不正视对方的眼睛，那就是不真诚或具有欺骗性的表现。这是一种很典型的看法，但是至少在美国，我们不应该仅仅将眼神行为（移开或向下看）作为欺骗或不诚实的信号。我们已经学会在输出不诚实、具有欺骗性的不良信息时，控制自己的面部和眼神行为。事实上，因为识别和监测欺骗行为的文化规范已经形成，大多数北美人士都可以熟练控制自己身体上部的 12 英寸（上胸部、颈部和头部）。大概从很小的年纪开始，我们就已经被教导（通常是父母、老师、朋友或兄弟姐妹在无意之间给予引导）如何掩饰自己的欺骗行为。例如，我们小时候做了错事、犯了错误，大人就会说："看着我的眼睛，告诉我你没有那样做。"由此，我们就学会掩饰并直视大人的眼睛，告诉他我们没有那样做，即使我们确实做了那件错事或犯了那个错误！我们的文化非常依赖眼神交流，所以我们就学会了在撒一个弥天大谎时还能直视对方的眼睛，这一点也不奇怪。我们的本能告诉我们，如果不能直视对方的眼睛，而是选择低头或看向其他人，那么对方就会认为是我们犯了错。因此，是否看眼睛、是否正视对方的脸，并不能成为判断另一个人是否在撒谎的可靠指标。与身体的任何其他部位相比，人们更善于控制面部行为。撒谎者的慢动作视频显示，做出欺骗性表情时会被一些短暂的面部活动打断。然而，这些活动持续不到 1/5 秒，只是一种微瞬间的表现。由于这些表达持续时间很短，是欺骗还是只是不喜欢，更多是我们自己的一种感觉，而不是从可见的信息有意识地得到的结论。如果有不熟悉的人或是撒谎老手故意想要骗过我们，其实不太可能从眼神行为来判断他是否说了谎，或是有什么隐瞒或不诚实。无论是从哪种线索来看，欺骗都不容易被发现。

费尔德曼（Feldman）发现，让121对素不相识的大学生进行10分钟介绍性对话，从录像中看到，60%的学生都撒过一次谎。"那些说谎的人在每次谈话中会说谎3次，平均而言，每12个话题中就有1个谎言。"女性撒谎是为了让"谈话对方对自己有更好的感觉"，男性撒谎则更倾向于"让自己看起来更出色"。女性和男性的撒谎频率是一样的。这样看来，在人际关系中，我们应该对别人说的话持怀疑态度。

莱文（Levine）、阿萨达（Asada）和帕克（Park）对与欺骗相关的眼神行为进行了研究。但是，他们得到的结论是，能否注意到与欺骗相关的特定行为，这可能取决于是否预设了对方可能说谎的立场。这一假设支持了这样一个观点，即专业人士（例如警察）如果假设被捕者有罪，因此他们就会撒谎，这样的推断显然是错误的。事实上，想要检测和识别欺骗是相当困难的。作为业余人士，我们往往会在别人说谎时也选择相信他们，而警察则容易在他人说真话时也笃定对方说谎。我们所有人都会犯错误，只是错误的类型有所不同。莱文、阿萨达和帕克发现，即使业余人士（被试）也能够"发现"当自己有理由预设对方会说谎时，眼神接触也会明显减少。

眼神行为与个体差异

一位研究人员的报告声称，在人际互动过程中，正常的凝视持续时间为28%~70%。而另一份报告则指出，注视持续时间的正常范围为8%~73%。这些发现表明，对眼神行为正常范围的评判在很大程度上受到个体差异的影响。我们必须始终牢记，一些人的正常行为对其他人来说可能就是不正常的，这取决于个体的性别、性格特征、种族和文化背景，以及行为发生的具体情境。接下来，我们就来看一看这些足以影响人们交流互动眼神行为的个体差异。

关系的本质

眼神行为的类型和数量也可以透露沟通双方的关系。两个地位不同的熟人通常会以不同的眼神看向对方。地位较高者往往会比地位稍低者获得更多的目光注视。无论男女，对地位低于自己的讲话者都不太看重。地位和眼神行为之间的关系可能说明两件事，一是地位低者通过注视地位高者来表达尊重；二是地位高者可能觉得不太需要关注地位低者，而地位低者可能会觉得关注地位高者这件事很重要。

注视人的次数也可能是由我们对对方的喜爱程度决定的。在互动者彼此喜欢的情况下，相互注视往往更为明显，亲密关系双方之间的眼神接触就更多。然而，如果你注视对方的时间超出了合理范围，那么你可能会被认为太猛烈或太急躁。在这种情况下，你可能会用眼神交流让对方知道你期待将关系变得更加亲密，而对方可能会通过减少眼神交流来劝退你。

增加对讲话者的注视还可以向讲话者传递这样的信息，即你听得很认真，而且对他接下来要说的内容也感兴趣，但这种眼神活动属于某种特定的文化。在美国，人们将注视等同于感兴趣和关注，但在其他文化中就未必如此。例如，一位美国老师对一名亚裔学生感到极度失望，他在下课以后留住了这个学生。在教育学生时，老师看到学生一直低着头看地板，很不高兴。这里，是老师没有意识到学生其实正在认真听他训话，因为学生已经习惯了在与地位更高者互动时不可直视对方。在老师讲课时眼睛紧盯对方，这对学生来说是一种不尊重的行为。这个学生有点倒霉，原本是努力想表现得更得体，却因为老师不了解预期注视行为的文化差异而受到惩罚。只是批评老师对学生表现出的麻木不仁这很容易，但很少有教师培训项目会涉及非言语和/或跨文化沟通方面的指导。这一点我们必须承认。

文化差异

人们在自己所属的文化背景和环境中学习行为的社会规范。许多学者都观察到了人的种族和文化环境对眼神行为的影响。

在一项被试来自几种不同文化背景的广泛调查中，沃森（Watson）发现拉丁美洲人、南欧人和阿拉伯人在说话和倾听时倾向于将目光直接集中在对方的眼睛或面部；北欧人和亚洲人则更倾向于边缘注视（peripheral gaze）或根本不看。沃森将边缘注视定义为虽然看向对方的方向，但并不真正注视对方的面部或眼睛。当北欧人和亚洲人选择不看对方时，他们或是看向地板，或是凝视空气。

克纳普和霍尔认为，区分文化差异最好从注视的持续时间入手，而不是看注视的频率。例如，他们指出，瑞典人在谈话中不会像英国人那样经常注视对方，但他们注视的时间会更长。其他一些学者则认为，某些文化（例如韩国文化）比其他文化更强调对眼睛的观察。也就是说，韩国人非常注意眼神行为，因为人们相信，他们可能在对方的眼神中找到问题的真正答案，即使其语言表达的意思与之相反。

语境差异

通常，交流互动的语境或主题会影响交互过程中注视行为的频率和持续时间。例如，当我们试图说服他人时，我们往往会更多地关注自己的互动伙伴。听众认为有更多眼神交流，讲话者会更有说服力、更值得信赖、更真诚。此外，当我们感到舒适、有趣或开心时，会更倾向于与互动对方产生更多目光接触；相反，在尴尬、内疚或悲伤的时候，眼神向对方方向看去的情况会相对减少。

性格差异

一个人的性格特征与其在谈话中进行眼神接触的频率密切相关，这不足为奇。对归属感、包容性或感情有很高需求的人对他人的注视会更稳定。人们还发现，处于主导地位、有权威和偏于外向的人会有更频繁的注视行为。

虽然直接研究这一问题的实验几乎没有，但是有研究表明，害羞、交流恐惧或不愿交流等性格特征可能会影响人的眼神行为。有回避交流倾向的人会较少与人有目光接触。因为在北美文化中，目光接触几乎迫使我们必须与对方进行互动，所以如果对交流感到焦虑，人们就会选择目光回避或目光省略等行为来尽可能避免互动。

性别差异

关于眼神行为性别差异的一项研究发现，总体上，女性比男性的注视行为更多。女性不仅在倾听时会更多地注视沟通对方，在讲话时也会更频繁地注视对方。由男性或女性组成的同性二人组实际的眼神接触比异性二人组中的眼神接触更多。另一项研究还指出，女性在说话时似乎会利用注视行为的变化表示喜欢，而男性通常会在倾听过程中采用注视行为。女性和男性在注视行为上的许多差异可能是由性格差异造成的。例如，一些研究表明，女性通常在互动过程中对包容、从属关系和感情有更高的需求，并且可能会使用更多的目光接触来满足这些需求。也有人认为，女性可能比男性更依赖视觉刺激，因为她们对眼神行为对人际交往的社会影响更敏感。

上文提及女性对包容、归属和感情的需求。通常认为，这些需求至少部分取决于该女性的文化归属，而今天的女性的这些需求可能比较弱。同样，支配和自信在25年前被认为是只适合男性的特征，而当今的女性拥有这些性格特征也不会令人反感。有研究发现，这些性格因素与注视行为高度相关。因此，在当今社会观察到的男性和女性眼神行为之间的差异很有可能大大减少甚至消失。但是，我们还无法确定这种猜测的准确性。此外，越来越多的男性和女性变得中性化（同时具有男性气质和女性行为）。因此，有主见的女性其注视行为可能与男性很相似，而反应敏感的男性其注视行为可能与女性很相似。

总而言之，正常的眼神行为包括注视频率和持续时间。在评估他人的注视行为时，通常要考虑个性、性别、文化和背景的影响。忽视这些影响可能会导致人与人之间的误解。切记：非言语暗示不会凭空出现。通常，只有当我们全面考虑了非言语行为的各项因素，非言语行为的意义才会真正显现出来。

我们对眼神行为的了解程度如何？

1. 我们知道我们会看自己喜欢的人和物。

2. 我们避免看自己不喜欢的人和物。

3. 眼睛可以表达基本的悲伤、蔑视、愤怒、厌恶、恐惧、兴趣、惊讶和幸福情绪。

4. 在寻求认可或想要被人喜欢时，我们会更多地注视对方。

5. 以某种方式注视对方，可以向他人透露我们的意图。

6. 目光回避是有意识的行为；目光省略是无意识的行为。

7. 很少能够仅通过观察眼神行为就能判断对方是否欺骗。

8. 看到具有吸引力或能引起兴趣的人或物时，我们的瞳孔会放大。

9. 看到缺乏吸引力或是不感兴趣的人或物时，我们的瞳孔会缩小。

10. 与男性相比，女性注视谈话对象的时间通常更长。

第6章

声音行为

**Nonverbal Behavior
in Inerpersonal Relations**

非言语沟通经典入门：影响人际交往的重要力量
Feiyanyu goutong jingdian rumen:yingxiang renji jiaowang de zhongyao liliang

很多研究人员在其文章中都曾强调，我们可以从声音中获得大量信息，包括情绪、健康状况、年龄和性别。人们很善于根据声音来判断他人的相关信息。在没有其他声音提示的情况下准确理解口头信息其实很有难度，表达方式往往是理解完整含义所必须考虑的因素。吉尔伯特（Gilbert）指出，人们可以对声音做出其他层面的解读，被试可以通过听到的声音对身高、体重和年龄进行预测，其准确性与看到照片后的推测一样。此外，人们往往在与下属讲话时会降低声音，在与上级交谈时会抬高嗓门。她还发现，一个人的声音吸引力越强，其生活中的性伴侣就越多。她指出，因渎职而被起诉的外科医生其声音往往具有"深沉、洪亮、较快、无口音、口齿清晰"的特点。

对声音行为（亦称为副言语）交流价值的研究称为声音学（vocalics）。副言语包括除言语本身以外的一切口语中的暗示性声音行为。声音行为作为一种非言语沟通的重要性在于其对感知口头信息内容的影响。

声音行为中的暗示可能与口头信息本身相矛盾，例如讽刺（sarcasm），就是指说的是一回事但实际表达的却是另一回事。当我们想要讽刺时，我们的言语表达与声音暗示所传递的含义是相反的。讽刺行为代表了声音行为的一个重要特点：讽刺是一种需要经过学习才能掌握的沟通手段，也是一种需要经过学习才能理解的表达方式。因此，儿童往往无法理解讽刺行为。部分研究表明，儿童倾向于相信言语表达中的信息，而不是与之矛盾的声音暗示背后的含义。此外，我们通常无法理解来自其他文化背景的人们的讽刺性言语。我们的言语表达与文化因素密切相关。

声音行为在我们与他人的交流中可以起到相当重要的调节作用。在交流过程中，我们不仅需要肢体动作与眼神行为来掌控对话的走向，还需要通过我们的语音向听众发出信号。尤其是在听与说之间轮换调整角色的行为，会含有大量的声音信息。

还有许多其他信息也可以通过声音暗示来传递。我们说话的方式可以向他人透露我们的境况、背景、性别、年龄、社会经济地位、当前情绪状态、出生地、成长地以及各种其他人口统计数据。接收者可以通过声音暗示收集到准确的信息片段，由这些信息可能对讲话者形成不同层面的印象。例如，如果我们认为一个人听起来来自新泽西州，我们可能就以对新泽西人的看法形成对这个人的基本印象。

声音行为的类别

实际上，抛开和语言相伴的声音暗示研究人的讲话内容毫无意义。对于一篇伟大的演讲，单纯的文本研究不可能了解演讲者的呈现方式，演讲过程中营造出的声音氛围才是副言语的研究对象。口头表达和写作的首要区别就在于副言语，虽然二者包含的言语信息（文本）可能相同，但传达的内容可以不同，而且通常差别很大。因此，研究演讲就是要在声音环境中研究文本。当然，今天的学者对过世很久的演讲者进行研究，但这些文本不能作为演讲稿来研究，除非有语音记录可供同步参考。副言语暗示并不是近年来才出现的，这些暗示在人的交流过程中始终存在，而且十分重要。说话的方式可能传递出比言语本身丰富许多的含义。而且声音行为不仅指说话方式，还包括口腔做出的各种发声活动。特拉格（Trager）对所有副言语行为进行了分类，并明晰了言语与副言语的关系，他本人也因此而广受赞誉。这里我们有必要介绍一下特拉格的分类。

音色

按照特拉格的说法，我们在说话时会对言语行为进行"设置"。从某种程度上讲，声音环境或上下文背景是由演讲者具有个人特征的声音所营造出来的。演讲者的声音可以包含以下个人特征：年龄、性别、健康状况、热情程度、疲劳、悲伤和/或其他情绪。即使是社会地位、教育水平和群体认同这些看似无关紧要的因素，也可能对演讲者音色的塑造发挥重要作用。

音色（voice set）与演讲者的身份密切相关，这些信息有助于我们更准确地理解演讲者的言语。我们意识到音色这个概念可能不容易理解，但当不同演讲者强调同样的内容、表达同样的情感时，听众们就很容易理解这一概念了。这种情况下仍然能够保留下来的差异就是不同音色在演讲者发声活动中的体现。想象一下不同身份的人，例如脆弱的老人、卡车司机、牧师、教师、成功的女商人，以同样的热情和情感说这些句子时发出的声音："今天天气很好。""你好，费尔南多。""味道很好！"

你可能在考虑上述语句内容之前就已经在脑海中分别呈现出五个不同个体的

不同声音暗示。如果是这样，那说明你十分关注音色。对于许多成功的演讲家来说，真实地扮演某一特定角色的关键就是创建符合该角色身份的音色。

语音质量和发声

特拉格对另外两类声音行为进行了区分，认为这两类声音行为是副言语研究的具体研究对象。第一类称为语音质量（voice quality），包括速度、共振、节奏控制、表达控制、音高控制、声门控制、声唇控制和音高范围。语音质量对伴随言语出现的声音暗示起到修饰作用，语音质量的变化通常会向他人提供重要信息。虽然上述声音行为被认为是无内容言语，但不难看出节奏的变化会造成影响。例如，快速说话可能会传达一种紧迫感或兴奋感。玛丽亚告诉你她很生气，她极为洪亮的叫喊声也能告诉你她生气的程度。

与语音质量密切相关的是发声（vocalization）。根据特拉格的说法，发声是指可以被听到但不具有言语结构的声音暗示，言语并不是发声的必要伴随因素。发声包含三种行为。第一种是声音特征（vocal characterizer），即笑、哭、呜咽、咯咯笑、窃笑、抽泣等非言语声音。我们可能也将部分可听见的冥想和吟唱视为声音特征，其他特征包括呻吟、悲叹、哈欠、咆哮、喃喃自语、发牢骚和叹息等。许多人都有自己常用的声音特征，并且可以通过其特有的声音特征被识别出来。

特拉格将第二种发声行为称为音饰（vocal qualifier）。音饰与语音质量相似，将两者分开讨论的一个主要原因在于，语音质量通常是调整整个语音流，但音饰仅调节语言的特定部分。换句话说，音饰可以使口语表达中的特定语句变得更加丰富多样。音饰包括强度、音高和范围。可以改变特定话语速度、音量以及柔和度的声音暗示也属于音饰。音饰可以很好地呈现出重音的非言语功能。"放下那支铅笔——现在！"珍妮特通过在说最后一词前短暂停顿并提高音量的方式，在她的陈述中尤其强调"现在"一词，这无疑使她儿子明确应该何时放下铅笔。

最后一种声音行为是语音分隔（vacal segregate）。同样，这些声音暗示是可以被听到的，但并不属于语言，有些分隔符号也被描述为作为单词使用的非单词。这类声音暗示包括嘘、啊哈、呃呃等声响。此外，语音分隔包括许多常见的填充音，例如唉、啊，甚至一些类单词，例如还有啊、你知道。在你认识的人中或许还会有某些过于频繁使用语音分隔的人。

检验一下自己是否可以在以下对话中识别出语音分隔：

迪克：嗯，我想，你知道吧，我们应该去上课，而且，呃……

比尔：啊……为什么？你知道……我们有更重要的事情要做，比如，唉，就像，在男厕所里抽烟或者吓唬别人的小猫，哈哈哈。

迪克：呃呃呃，因为下周我们要考试，你知道的，我们应该去上课。

比尔：呃嗯，我不去。我就不去。我不可能去的。

迪克：那么，你，啊，你想做什么？

呃呃和啊哈等语音分隔可以代替口头言语，但也出现在个人思考接下来说话内容时的话语流中。一名教授在数年前讲授公开演讲课程时，在一个学生的五分钟演讲中数出 67 次出现"呃"。演讲以语音分隔开始，每个句子以一个语音分隔结束。一般来说，当一个人处于陌生的环境时，例如作为注意力的焦点或者焦虑不安时，对语音分隔的使用就会增加。想一想，在哪些交流情境下，更有可能出现语音分隔。

声纹

除指纹和基因分析之外，声纹（voice printing）可能成为身份识别的另一种手段。

声纹的概念并不是近期出现的,而是已经存在多年了。声纹类似于指纹,可以通过个人声音的独特特征以及质量进行识别。魏茨(Weitz)指出,以电话录音为首要形式的声纹已经应用于部分刑事案件中。她还指出,针对声纹的准确性仍存在争议,一部分主张声纹的准确率高达90%,而另一部分则认为其准确性仅能达到50%左右。当然,使用声音识别和声纹识别罪犯,仅仅是指向无罪或有罪的众多因素之一。而定罪,在目前,除声音识别外仍需要其他证据加以佐证。

沉默和停顿

沉默(silence)是沟通的一个重要方面,尽管有些情况下沉默并不被视为声音行为的一种。"沉默是金""如果你说不出什么好话,就干脆别说"都是我们耳熟能详的。与许多人的认知相反,沉默并不是言语的对立面,沉默不应等同于不沟通。作为声音行为的一个内在组成部分,根据情况的不同,沉默也可以提供大量有关

| 一个人的语音质量可以对信息传达起到强调作用

思想、情感、态度和共鸣的信息。我们讨论的沉默通常以话语流中的停顿（pause）为表现形式，且可以分为未填充停顿（unfilled pauses）和填充停顿（filled pauses）。未填充停顿，也称为沉默，是指说话过程中出现的声音行为中止；填充停顿则是指由可听到的声音（例如啊、呃、口吃、口误、重复等）造成的话语内容中断。

填充停顿和未填充停顿可分为三种不同的沉默方式：犹豫性沉默、心理语言性沉默和互动性沉默。犹豫性沉默通常是指在讲话过程中因焦虑或不确定接下来的内容而导致的停顿。心理语言性沉默与语音编解码有关。停顿在语法语言流的开始处最为普遍，人们往往需要停顿才能将想法转化为文字。最后，互动性沉默是交流本身的产物，可以传达有关交流双方关系的各种信息。例如，一对恋人之间的沉默、尊重长者的沉默、冲突双方之间的沉默以及表示忽略的漠视都是互动性停顿的例子。

停顿也可以分为语法性停顿和非语法性停顿。根据戈德曼－艾斯勒（Goldman-Eisler）的说法，以下连接处出现的停顿可以被认定为语法性停顿：自然标点，例如一个句子的末尾；在连接词（但、和、或）前；在关系代词和疑问代词（谁、哪个、为什么）前；在间接或暗示提问（我不确定……）前后；在时间、方式或地点状语从句（我准备好了就离开）前；在补充说明内容（我相信那些在我非言语交流课堂上的学生都会为你投票）结束后。

停顿也可能是非语法性的。非语法性停顿发生在动词性短语的中间或末尾；出现在被重复的单词和短语之间（我想你会发现／暂停／你会发现／暂停／我是对的）；出现在动词性复合词之间（我一直／暂停／在说话，直到我的脸色发青）；作为打断或假性开始出现（我担心／暂停／你的态度是问题所在）。

克纳普和霍尔对自发性讲话进行了一个有趣的实验：自发性讲话中只有约55%

的停顿属于语法性停顿；然而，经过充分准备的讲演，如文本朗诵，通常语法性停顿比例就比较高。

沉默在交流中的应用

沉默可以建立起人际关系中的距离感。虽然我们可能无法移动自己的位置，但我们可以通过保持沉默来创造心理层面上的距离感。

一个人往往需要沉默来整理思绪。正如前文中指出，将想法转化为文字的过程中，沉默有助于对信息进行编码。沉默可以表示对对方的尊重，不仅是我们表示尊重的方式，当权者还经常用沉默停顿要求他人给予尊重。沉默可以改变他人的行为。各个年代的父母都会用沉默来达到让孩子注意父母言行的目的。配偶以及朋友之间也经常用到这种办法。

沉默可以对语音流中的某些内容起到强调作用，或使某段内容更加令人难忘。演讲过程中在令人震惊的言语前后加入沉默停顿，对表述的观点本身非常重要。沉默可以作为表现情绪状态的手段。例如，有些人通过保持沉默表示不反对他人的观点，从而作为表示支持的标志。

声音行为与话轮交互管理

在前面的章节中，我们对话轮转换的概念做过介绍，也指出，许多动作与眼神均被用于维持和调节讲话者与倾听者的角色轮换。这种行为通常与各种声音暗示一起出现，而这些暗示可以向他人表达我们在交谈过程中是想说话还是要倾听的倾向性。话轮转换行为共有四种类型：话轮维持（turn-maintaining）、话轮放弃（turn-yielding）、话轮请求（turn-requesting）和话轮拒绝（turn-denying）。

话轮维持

在与他人的交流过程中，我们有时希望继续讲话，即我们希望在交流过程中保持自己的说话轮次。话轮维持暗示是指讲话者为保持讲话状态而对倾听者发出的信号，这种信号在倾听者试图打断讲话者的情况下最为普遍。提高音量就是话轮维持暗示中的一种声音提示，以增加语音音量来压过倾听者的话轮请求。另一种话轮维持暗示是加快语言流的速度，以此降低倾听者找到插话机会的概率。

增加填充停顿的使用频率也可以作为话轮维持的有效声音暗示。用语音分隔来填充停顿，可以提示倾听者，虽然我已经讲完一个想法，但是我还没有讲完全部内容。杰克的老板琼斯先生，责骂杰克上班迟到的行为。正当杰克试图解释时，琼斯先生提高了说话的速度和音量，因为他想补充一点："这种事不应该再次发生。"

话轮放弃

当我们讲完话并希望向倾听方发出信号，示意对方可以开始说话时，我们通常会采取话轮放弃行为。向你的倾听者发问无疑就是一种话轮放弃行为。在提问时，我们需要在问题结束时提高我们的音调。突然降低音调就是另一种可以发出话轮放弃信号的语音暗示。音调降低通常伴随话语的逐渐消失。话语的结尾可能会出现在音调降低之后，从而使这一评论逐渐淡出。当讲话者想要引导倾听者开始说话时，话语的淡出较为普遍。

在说话过程中，偏离正常声调浮动的语调变化通常是话轮放弃的信号。此外，讲话者的语速也可以向倾听者发出放弃话轮的信号。当然，长时间的未填充停顿（沉默）也可以起到话轮放弃的作用。在交流过程中，长时间沉默的出现会让对话双方感到不适，尽管倾听者可能并没有重要的话要说，但他可能单纯为打破沉默而开始说话。下面的沉默实验可以作为一种练习。找一位熟人进行交谈，在你的几句评论之后加人沉默，看对方可以接受这一沉默持续多长时间。实验结果很可能是，对方会在几秒之内就开口说话来填补沉默。

某人从对方停止说话后至他开始说话之前所花去的时间被称为这个人的反应潜伏期。不同人的反应潜伏期长短差异很大。反应潜伏期较短的人经常会跟谈话对方抢话，即在对方说完之前就开始说话，即使是极为短暂的停顿，也可以被他们视为接替话轮的信号。相比之下，反应潜伏期较长的人会让其交谈对象感到极为不适。如果我们停下来将话轮转交给反应潜伏期较长的人，他们并不会立即开始讲话，我们可能会被迫重新开始讲话。当反应潜伏期较短的人与潜伏期较长的人交流时，即使并非本意，前者通常也会成为沟通的主导一方。

话轮请求

回想某次你听人讲话的经历。对方说着说着，你忽然觉得自己也想讲一讲。你在等讲话者停顿，哪怕只是一秒钟，你都可以开始讲话。但令人沮丧的是，你期待的停顿始终没有出现。你知道你必须尽快讲话，否则就会忘记自己想要说什么。这时你会怎么做？如果和大多数人一样，你开始诉诸话轮请求暗示，并希望讲话者可以快速收尾。在本质上，你是通过非言语渠道促使对方停止讲话。话轮请求声音提示包括断断续续的开场（但是……但是……但是，我……我……我），即使讲话者还在讲话，也可以插入对话之中。断断续续的开场和其他声音提示，例如声音缓冲（"呃……啊"或"啊……那么"），往往会推动讲话者在更短的时间内结束讲话内容。增加诸如"嗯"或"是……是"等作为回应的频率也会被视为有效的话轮请求信号。

话轮拒绝

有时倾听者会向讲话者发出信号，表示他们并不想进行轮替发言。当倾听者无话可说而讲话者开始放弃话轮时，话轮拒绝或回传信号会普遍出现。话轮拒绝包括缓慢回应以及暗示讲话者继续说话的声音信号。缓慢使用"嗯嗯"等积极非言语声音行为，辅以肯定的点头通常可以向讲话者发出如下信号："请继续，我喜欢你正在谈论的内容。"

需要注意的是，交互管理中使用的声音行为很少单独出现。通常情况下，手势和其他身体动作以及眼神行为会伴随声音行为。例如，将手指与眉毛一起抬起，身体前倾，并以可以听到的方式吸气，可以传达出话轮请求的信号。相反，通过加快语速、移开视线、转动身体、提高音量以及向倾听者做出停止的手势（举起手以阻止干扰），你就可以维持话轮。同样，口头评论可能会减少话轮的交替。如果倾听者可以接出讲话者话语的后半句或提出澄清此前评论的要求，他们可能更容易保持自己倾听者的角色。

打断

虽然针对女性说话多而男性经常打断（interruptions）的刻板印象已经存在，但坦嫩（Tannen）指出，无论是说话内容的多少还是打断的概念都并不简单。关于说话内容的体量，坦嫩认为，女性在私人场合说话更多而男性在公共场合说话更多。关于话轮交换中的打断行为，坦嫩认为至少存在三种不同的类型。首先，大多数人对第一种打扰的形式比较熟悉。我们经常在电视上看到两位评论员甚至在知道对方即将讲的内容之前就不停地互相打断。从本质上讲，他们的工作就是制造冲突。他们往往对某一事件持极端相反的意见，同时他们中间可能很少有人会认可其他任何人的观点。坦嫩将这种争论式的打断称为消极打断。第二种类型的打断与对话内容无关。如果你正在和一个朋友讲述你的欧洲之旅，同时拿起她家里的一件贵重手工艺品，她可能会打断你说："请把它给我拿着吧，你可以欣赏。"严格来讲，她并没有打断你讲话的内容,而是对你一边说话一边拿着她的花瓶表示担心。第三种类型的打断通常以提问的形式出现。假设一位讲师正在解释非言语交流的原则,在她讲话的过程中,你向她提问:"这和肢体语言一样吗?"这种打断并不是因争论而起,同时与交谈内容相关。在第三种打断的类型中,可能一方正在谈论华盛顿,另一方打断说道:"特区吗?"第一个人说:"是的,特区。"然后谈话继续。第三种类型本质上是一种积极的交流中断,旨在让对话得以继续进行,同时确保信息传达准确无误。在某些情况下,人们会随着谈话的进行给予附和"嗯嗯"。因此,当我们观察某人的打断行为时,我们既要看其打断意图,也要看打断行为本身。

口音与方言

口音(accent)是指单词的不同发音方式,而方言(dialect)则是指使用不同词语指代相似的含义。因此,口音属于副言语的考查范围,而方言则是语言学关注的对象。来自美国不同地区或同一地区内不同文化群体的人可能在口音、方言或两个方面均存在差异。

如果和大多数人一样,你不认为自己有口音或者不认为自己说的是方言,我们倾向于将其他讲话发音不同的人视为有口音或者讲方言。因此,口音和方言可以被视为一个人对另一个人说话方式的认知。如果你来自纽约布鲁克林区且说话带有典型的布鲁克林口音,那你的布鲁克林邻居可能不会认为你在讲方言,也就是说,你和你的邻居会将彼此的讲话方式视为"正常"的。但是你们两人都会认为,从美国东南部搬来隔壁街区的人说话"很搞笑"。

同样,对于一个在肯塔基州农村出生长大并且说话带有阿巴拉契亚南部拖腔的人来说,肯塔基同胞不会认为他有口音。如果布鲁克林人去肯塔基州,或者南阿巴拉契亚人去纽约,每个人都会被当地人认为有口音或在讲方言。我们从不认为自己的讲话方式与众不同或搞笑；相反，一定是对方的讲话方式很特别，说方言的一定是对方。从本质上讲，当一个人遇到与其交际圈说话方式不同的人时，就会产生对口音和方言的感知。影响口音感知的因素包括许多声音现象。首先，语音质量不同。例如，美国南方口音的特征通常是说话速度较慢，而得克萨斯州口音甚至更慢。一般来说，美国北方人认为南方人讲话时的音节更多。最近，在美国全国交流学会议上，有位南方人士幽默地评论，"牛仔"（cowboy）这个词不止有两个音节，而是有四个音节："ca-o-bo-ah"。而听众中的另一位南方人则指出，这个词与真正的双音节词如"健康的"（fit）（发音为"fee-it"）存在很大区别。

另一个影响口音感知的声音现象是单词发音的差异。"Mary"这个名字在某些地区发音为"Merry"，在另一些地区发音为"Marry"，还有一些地区会把这个词发音为"Maury"。以"I'll""all"和"oil"三个词为例，大声说几遍，你可以掌握发音中的不同之处吗？美国大部分地区的人都可以，但如果你来自得克萨斯州的某些地区，你很可能会以相同的发音方式读这三个词。当提到长着羽毛的朋友时，你会把"bird"这个词的发音读作"bird""boid"还是"bud"？在指向远处的山坡时，你会说"over yonder""over yonda"还是"ova yawner"？

对口音的感知是否会导致其他的判断呢？一些研究表明，确实可以影响其他判断。在教育场合，人们发现老师会将发音方式不同的儿童认定为文化弱势群体，并将带有外国口音的儿童贴上社会地位较低的标签。另外一些研究表明，当会讲英语的西班牙裔美国人讲话带有西班牙口音时，其会被认定为不太成功、智力较低、社会意识较弱、能力较差。还有一些研究表明，南方人语速较慢的特点在美国其他地区会被视为智力低下和思维迟缓的表现。众所周知，布鲁克林口音对西部和南部的人来说意味着傲慢，还有一些其他负面特征。

你可能会问自己："为什么人们经常因为口音而对他人做出负面的判断？"这似乎不公平，不是吗？然而，它确实发生了。同时，口音感知还经常造成一些负面结果，从相对不重要的社会劣势到不被某些工作岗位所接受，各种情况都有可能。特定地区的发音方式以及不同民族的口音通常与社交、表达和举止是否得体的能力有关，但因为说话方式不同就形成歧视，这样做是不公平的。用口音来判断一个人的智力更是不公平的，但这样的评判每天都在发生。在用口音以外的其他信息来源验证你的看法之前，先不要盲目做出判断，这才是明智的做法。要知道，每个人都有口音或是在讲方言。只有当你与其他地区、文化或亚文化的人交流时，这一点才会变得明显。与其他很多方面一样，在这方面，我们也倾向于认为自己的口音和方言是正确的、最好的和正常的。这一点可能也是其他国家或地区的人们认为北美洲人有种族中心主义倾向的原因之一。所以，当别人这样做出评判时，一定要知道，他可能并不是表扬或恭维。

穆拉克（Mulac）指出，我们主要从三个维度来评判他人的口音。其研究表明，口音的评判标准如下：

- 社会知识地位（身份、职业、收入、文化程度）；
- 审美品质（口音的悦耳程度）；
- 活力（声音的积极程度、自信程度、强劲程度、响亮及活跃程度）。

我们在日常生活中经常听说这些维度。例如，当我们说某人"声音好听"时，可能就是说他的声音听起来很悦耳或者很有力。

菲利普斯（Phillips）、库格尔（Kougl）和凯利（Kelly）在其讲话相关著作中的表述非常值得关注：

要记住，人们有权选择其说话的方式以及加入何种语言集体……学习不同群体的语言风格不是一件容易的事，但这是对一个人的出身和新的归属表示尊重的标志。

声音行为的作用

声音行为可以通过多种方式影响我们与他人的互动。接下来的内容就是关于声音暗示对情绪表达、性格判断、学习能力、说服能力等的影响。

声音行为与情绪

选择一个搭档、同学或室友来参加这个练习。请其中一个人合上书，另一个人尝试表达以下列表中的情绪。大家轮流体验，需注意两条规则。

- 两人背对背。
- 负责说话表达情感的人只能说一句话："洋葱在早上很好吃。"

只说这一句话，看看你能否让你的搭档猜出以下每一种感受：

愤怒	厌恶	怀疑	恐惧
担忧	热爱	沮丧	幸福
不屑	悲伤	疑惑	痛恨
同情	快乐	懊恼	惊讶
内疚	背叛	感兴趣	无聊

尽管你的搭档或许不能每次都猜得很准确，但在这个练习中你的表现仍有可能是非常成功的。鉴于规则的限制，有些人甚至认为其搭档一个也猜不对。除实际

内容外，声音行为还包含很多关于情绪的信息。情绪的声音表达存在于副言语暗示中，而不在言语表达的内容中。对情绪声音表达的研究经常采用无内容讲演的手段，即在言语表达的实际内容让人无法理解的前提下，要求听众判断他人用声音表达的情绪。类似于听到邻居在争论，却无法辨别他们具体在说什么。你当然可以听出他们很生气，但不知道具体原因是什么。

无内容语音研究方法非常有助于我们理解声音暗示及其传递情绪的对应关系。讲话者的情绪是兴奋还是平静与其音调和音量的变化程度和类型有关。然而，有些情绪的判断比其他情绪更加准确。

紧张、愤怒、悲伤和幸福是最容易从声音暗示中解读出来的情感，而惊讶、恐惧和热爱往往难以判断。尽管男性和女性的声音通常并不相同，但他们会使用相同的声音行为来表达相同的感受。例如，两性在表达愤怒时都会提高音量，在不耐烦时都会加快语速、提高音调等。大多数关于声音暗示和情绪表达的研究似乎都得出了以下五个一致的发现：

- 负面情绪比正面情绪更易被准确识别；
- 倾听者识别声音中情绪的能力受到讲话者对情绪进行声音编码能力的影响；
- 能够监测和控制自己情绪的人，可以通过声音暗示更准确地识别他人的情绪；
- 与来自同一文化背景的人交流，其各种声音表达更容易识别；
- 细微的情感更难察觉。

其中第三条发现可能需要一些解释。自我监测能力强的人（对自己所做的事情异常清醒或专注）对他人的声音表达更为敏感。这可能是对自己表达情绪方式的观察以及对自己声音暗示的控制带来的结果。对声音暗示传达特定情绪的了解，使他们判断他人声音表达的能力更强。自我监测能力强的人不仅在判断声音表达方面优于其他人，而且更擅长对情绪进行有意识的声音编码。

谢勒（Scherer）和奥辛斯基（Osinsky）这样描述声音暗示和情绪状态的关联。告诉我们对方真正意思的通常是这些声音暗示，而不是言语内容。谢勒和奥辛斯基以及许多其他声音相关著作的作者都提出，许多暗示都与特定的声音情绪状态相关。以下就是一些与情绪相关的暗示：

悲伤 = 节奏慢、音调低、和声少、平淡、活动少、乏味、无色彩

愤怒 = 节奏快、音调高、响度、和声多、苦涩、不愉快、刺耳

厌恶 = 节奏慢、谐波多、平淡、声音厚实、语调平、丑恶

恐惧 = 音高升高、节奏快、尖锐、不调和、不和谐、刺耳

兴趣 = 音高均匀、节奏适中、泛音适度、活泼、警觉

惊喜 = 节奏快、音调高、升/降音调、泛音多、惊讶、震惊

幸福 = 节奏快、音调高、积极、活泼、活跃、开朗

声音行为与性格

你肯定有过这样的经历，仅凭他人的声音就对其性格形成一定的印象。你可能会想到说话速度太快、经常发牢骚或声音不断颤抖的人。你通常如何看待声音紧张、呼吸声重、声音低沉沙哑的人？我们会在刻板印象的影响下对他们做出判断吗？讲话的音质通常与特定的个性特征相关。阿丁顿（Addington）在这方面做了大量的研究。

阿丁顿对声音暗示是否会持续导致对他人性格判断的刻板印象十分感兴趣。他认定了声音中存在的九种品质：气息声、单薄、扁平、鼻音、紧张、沙哑、洪亮、

语速快和音调变化。阿丁顿在其研究中召集到具有上述各类型声音品质的男性和女性。以下是对阿丁顿研究结果的简要概括总结。

气息声。气息声的特征是在讲话时可以听到呼气声。通常男性讲话不会发出气息声，但有些男性的声音也具有这种特征。一般来说，嗓音有气息声的男性会被认定为更年轻，也更有艺术气质。男性嗓音中带有较重的气息声时，往往会被认定为娇气或具有同性恋倾向。女性嗓音中的气息声往往会让人得出这名女性比较柔弱、娇小的判断，具有这种嗓音的女性会被人认为更漂亮、更活泼、更紧张，而且通常更肤浅。

单薄。在大多数情况下，男性声音细弱似乎与其特定的人格判断不存在高度关联性。然而，对于女性来说，情况有所不同。声音细弱的女性更有可能被视为在社交方面或身体上不够成熟；同时，她们也被认为在情感和精神上更不成熟。这些不成熟的特征通常被认为是负面的判断。然而，女性声音纤细也会带来两种积极的判断，即更强的幽默感和更高的敏感性。

扁平。无论男性还是女性，声音扁平带来的对人格的判断往往都是相同的。声音扁平对男女两性来说，都会让人联想到阳刚和迟钝。此外，声音更扁平的人会被人认为更冷漠和内向。

鼻音。在我们的文化中，可能没有比鼻音更不受欢迎的声音特征了。"用鼻子说话"的人通常被认为很无趣。然而，这是北美洲人普遍存在的嗓音问题。根据阿丁顿的研究，男性和女性的鼻音都会引发多种负面看法，例如懒惰、低智商和无聊。对任何人来说，这都不是什么好的标签。当然，除非你对交朋友、社交生活或在求职面试中留下好印象不感兴趣。

紧张。如果你收紧喉咙和下巴周围的肌肉，你就会注意到在说话时，你的声音会受到抑制。声音紧张也会使他人做出人格判断。在阿丁顿的著作中，如果男人的声音紧张感很明显，通常会给人以高龄的印象，同时会给人留下不容易屈服的感觉。然而，人们对女性的看法却大不相同。女性的声音紧张感明显时更容易让人认为讲话者更年轻、更情绪化、更女性化、更紧张。声音发紧的女性也会给人留下不太聪明的印象。

沙哑。在阿丁顿的研究中，男性的嗓音越沙哑，越会给人留下苍老、成熟、老练的刻板印象。这样的人也会给人留下更现实、适应性更强的印象。看起来沙哑感对男性声音来说是一种积极的特征。但对于女性来说，由这种声音特征引发的感知几乎完全相反，女性声音沙哑会被推定为冷漠、丑陋、粗鲁、懒惰、阳刚、笨拙、粗心、缺乏艺术气息、幼稚、神经质、卑微且无趣。

洪亮。这种特征包括声音的稳健性、清晰度和力度。声音洪亮的男性被认为具有精力充沛、更世故、有趣、自豪、热情和艺术感等人格特质。对于声音洪亮的男性，普遍看法是他们更善于表达、更开放、更注重审美。许多相似的性格特征也适用于女性，声音洪亮有力的女性会被认为更合群、更活泼，而且对审美更敏感。然而，根据阿丁顿的说法，她们也会被认为缺乏幽默感和自豪感。

语速快。阿丁顿的研究表明，无论讲话者是男性还是女性，提高语速带给听者的看法往往是相同的。从本质上讲，语速较快的讲话者被认为更有活力，而且外向。这可能意味着，讲话速度更快的人被认为更注重社交。因此，出于语速快与积极认知的相关性，提高语速成为声音行为的社会期望特征。也有人指出，提高语速会影响听者对说者能力和可信度的看法。能够以更快的语速说话，并且在语流中几乎没有明显的不流畅感，这样的人可能看起来对自己所说的内容更加笃定，因此也显得更自信。

音调变化。在阿丁顿的研究中，听者通常将音调变化视为一种女性行为，而不是一种男性行为。对男性来说，音调多变通常没有好处。阿丁顿的研究表明，音调变化丰富的男性被认为充满活力、柔弱且具有审美倾向，女性则被认为更有活力且外向。

声音行为与学习

学者们对课堂交流的研究主要关注声音行为对学生学习、理解和材料记忆的影响。对于课堂教师来讲，可能没有比单调的声音更糟糕的敌人了。我们的研究表明，与其他任何因素相比，单调的声音与学生对教师的负面评价关系最为密切。单调的声音是指在口头表达过程中语音质量几乎不发生变化，很少或没有抑扬和快慢的变化。就像远处环境音的沉闷呻吟一样，单调的声音往往会导致听众失去注意力和兴趣。毋庸置疑的是，在无法引起注意的情况下，人们无法学到任何知识。单调的声音对讲话者的表达没有任何帮助，事实上，这也不利于讲话者激发学生的注意力。

研究人员认为，声音的多样性、清晰度和自然度有助于听众理解和记忆。70年前，伍尔伯特（Woolbert）在传播领域最早的一项实证研究中指出，声音节奏、力度和音调的变化有助于促进听众对信息的记忆。最近的研究发现，单调的声音实际上会降低听众对口述材料的理解力。其他研究甚至发现鼻音和气息声等特点也会妨碍听众对语言内容的理解和记忆。口齿不清或听起来不自然也会产生同样的影响。

语速对学习的影响已被广泛研究。出人意料的是，在某种程度上，提高语速往往会促进听众对口头陈述内容的理解和回忆。许多专家认为，我们处理和理解信息的速度比我们说话的速度快得多。因此，我们经常让自己的思绪在讲话者提出的特定要点之间游移。如果讲话者以更快的速度说话，我们的注意力就不太可能从其讲述的内容上移开。当然，讲话者的语速也有可能过快，听众一般不愿意花力气听语速极快的人讲话。过快的语速也可能让人联想到二手车销售员的刻板印象，并导致感知可信度的降低。

老师声音中热情和积极的特点对课堂学习也很重要。积极的声音暗示可以鼓励学生通过多说话来寻求老师的解释，从而更积极地参与学习。老师积极的声音暗示往往会在学生中产生对讲授内容和老师的积极态度。一些研究表明，尽管积极的声音行为对所有学生都有帮助，但与中等水平的学生相比，这一行为对提高较低水平学生的兴趣和学习动力帮助更大。

声音行为可以提高口头信息的清晰度，口头信息的清晰度直接影响听众的理解能力。讲话者利用其语音质量的特点来强调信息的某些部分，可以在一定程度上提高口头表达内容的清晰度。例如，声音暗示可以向听众发出信号，强调部分信息的重要性。声音暗示可以对部分词句进行突出显示、加强、加重或减轻，有助于促进听众对材料的记忆。

声音行为与说服

当我们使用说服（persuasion）这个词时，主要是指影响他人的态度、价值观和信念。一般来说，我们可以通过三种方式说服他人，即在倾听者思维中形成一种新的态度、强化已有的态度或者转变其态度取向。声音行为是否可以削弱我们影响他人的能力？伴随我们表达内容的语音质量和声音行为是否会决定听众的态度转变，对我们更加信任或者购买我们推销的产品？当然，我们影响他人的能力也会受到许多因素的影响，并且这些因素通常要相互作用才会增强我们的说服力。但是，已有许多研究表明，声音行为在其中起到了极其重要的作用。

一项关于声音行为和说服力的研究发现，我们说话的速度可能会影响我们说服他人的能力。简而言之，只要是在合理的范围内，语速越快，越有可能对听众产生影响，这也许是对销售人员语速快的刻板印象。对这一发现的解释可能正如前文所述，语速通常与听众对讲话者的能力、专业知识和智力的认知有关。如果我们作为听众，在讲话者身上察觉到这些特征，我们很有可能对他的可靠性表示认可，并因此相信他提供的信息。通常情况下，我们对他人的看法会极大地影响他人影响我们的能力。尽管研究未能发现话语不流畅与讲话者实现听众态度改变之间存在的关系，但多项研究表明，不流畅的语言表达会影响讲话者的可信度评级。根据这些研究人员的说法，口误、口吃、重复和声音缓冲等不流畅现象会影响人们对讲话者能力和活力的看法。尽管这些研究只是证明了不流畅会损害演讲者的可信度，并未证明上述语言表达中的问题对说服力有直接影响，但可信度的负面印象也很可能影响演讲者的说服力。

声音行为与吸引力

朱克曼（Zuckerman）和德赖弗（Driver）进行了两项研究，来检验声音吸引力对听众的影响。他们的假设是"声音吸引力的个体差异可能会引发对讲话者产生不同的人格印象"。他们发现，听众对具有吸引力的声音特点达成了一致。他们还发现，声音具有吸引力的讲话者更受欢迎，并被认为是处于领导地位的、有能力的，并且是成绩导向的。

声音行为与信任度

多年来，如果讲话者听起来很自信，听众就会认为他是自信的。讲话者可以通过多种方式表现出对其所说内容的信心。信心的表达通常通过语言表述来完成，例如"我对此很肯定""我很了解""我是这个领域的专家"。讲话者也可以通过非言语方式表现出自信，例如语速更快、声音更大、更有力量且更有控制力。金布尔（Kimble）和塞德尔（Seidel）对声音响度和反应潜伏期两个副言语变量进行了研究，以确定它们是否与讲话者在回答琐事时表现出的信心有关。结果显示，当人们对自己所说的话充满信心时，他们会在声音上和表达上有所表现。这种自信表现为讲话声音提高和响应时间缩短。一个人越自信，他就越有可能给出自信的回应。自信的回应更洪亮、更热情、更有活力。因此，要在听者面前显得更自信，就要自信地说话。

女性信号

> 研究人员的问题是，女性是否会在排卵周期的高受孕机会阶段无意识地向其男性伴侣发送"信号"。理论问题是，其他哺乳动物通过视觉或嗅觉手段来达到这一目的。研究人员通过69名女性收集了两套声音样本，分别来自低受孕阶段和高受孕阶段。布赖恩特（Bryant）和哈兹尔顿（Haselton）发现，处在高受孕阶段的女性音调更高。在相关研究中，研究者发现，男性容易被更高的音调所吸引。从这项研究来看，女性似乎在高受孕阶段会下意识地提高其音调来吸引男性。其他潜意识信号可能也起到相同的作用。杜兰特、李和哈兹尔顿等人发现，女性在高受孕阶段穿着也更为诱人。

良好表达的声音特征

在另一本关于演讲的书中，我们总结了与此类交流中声音使用相关的研究和理论。有六种特定的声音品质可能会直接影响讲话者的说服力。这些语音品质在演讲范围之外也很有价值，所以在这里我们也介绍给大家。

第 6 章　声音行为

1. 首先，控制音量非常重要，要根据听众和环境进行调整。讲话者要了解，讲话的音量足够大才能让听众都听得到，但音量又不能太大，那样会使听众有受压感。声音的响度实际上是相对的。声音是否太大或太小，取决于场地和听众。值得注意的是，说话声音太大会冒犯听众，甚至使他们不再认真听讲；说话声音太小也会激怒他们，听众最终会放弃倾听和了解的兴趣，讲话者也就失去了影响听众的机会。

2. 我们已经讨论过语速是影响说服力的一个因素。虽然表面上更快的语速确实会增强说服力，但讲话者的语速也可能会达到适得其反的程度。适合的语速足以引起人们注意，足以让听众在接受另一个想法之前消化前一个想法。大多数人每分钟可以说 140~160 个英文单词，讲话者保持这个语速也足以让多数人可以从中获取信息。语速过慢，听众就会失去兴趣；语速太快，例如将专业拍卖师想象成经理或讲师，我们也会担心落后于讲话者，无法记住他所讲的内容。

3. 声音的第三个重要品质是使用音高来澄清和强调口头信息的要点。为确保传达出想要的信息，必须在信息中加入适当的音高变化。值得注意的是，单调的声音毫无意趣。单调的讲话很无趣，而且在一些人看来，这样讲话很难听。无论音调高低或适中，保持在同一水平、几乎没有变化的音调都需要听众付出额外的努力才能集中注意力。

4. 影响说服力的第四个声音品质是良好的表达。口齿不清或口误会间接影响说服他人的能力，因为它会影响听众对讲话者能力、智力和专业知识的看法。我们的文化重视良好的表达能力，看不起那些表达不好的人。什么才是好的表达？良好的表达就是发出一个单词在正常情况下应该出现的所有声音，简言之就是不过分强调。如果你能说出一个单词，而不引起听众对你说话方式的过度关注，那么你的发音就很恰当。然而，如果你的表达含糊不清，就可能会导致他人认

161

为你对信息的其他方面也很粗心。

5. 说服别人的演讲还应该是流畅的，这是第五个重要的声音品质。在流畅的演讲中，语言表达应该是很平稳的。不流利的表达包括犹豫、缓冲、重复、口吃和明显停顿等声音行为。前面我们已经说过，这些声音暗示会使听众怀疑你的可信度。

6. 最后，有效的停顿可以用以引起对特定想法的注意。在论点前后的沉默停顿可以使这一观点看起来非常重要，成为信息传递中的关键要素。在关键位置的停顿可以增强表达效果。然而，填充停顿，即那些打断信息流畅度的停顿，没有任何用处，只会降低流畅性。它们可能表明讲话者没有明确的想法，因此可能会使听众认为讲话者没有做好准备，无法传达有说服力的信息。

第 7 章

空间和领域

Nonverbal Behavior in Inerpersonal Relations

F 非言语沟通经典入门：影响人际交往的重要力量

看看周围。你正处在自己的空间里还是在别人的空间里？如果是在自己的空间里，那么请记下你是如何拥有这个空间的。你如何告诉别人"这张桌子是我的"？你在街道上走一走，邻居们是怎样表达他们对空间的要求的？他们是否用栅栏、树篱、标志或独特的小标记来加强自己的领地与其他外部区域之间的分界？

| 曼谷街头抗议的红衫军支持者

人类就像其他动物一样，似乎总要通过宣称主权或树立标志来圈出自己的空间。我们捍卫自己的领地、侵犯他人的领地、与他人保持距离、不使用某些空间。文化与文化之间使用空间的方式不同，个人与个人之间使用空间的方式也会因年龄、性别、人格和背景而有所差异。我们如何使用空间、主张空间、捍卫空间或允许他人进入自己的空间，这些都与我们传递的非言语信息有很大关系。

不管你是否意识到这一点，我们都花费了大量时间与同胞伙伴们就共享空间进行协商。战争与和平、成功与失败、关系好与坏之间的区别，往往都会涉及我们对空间的使用。我们与他人在空间上的互动以及我们对他人的领地或空间表现出的尊重可能成为有效沟通的关键组成部分。

此外，我们对他人空间需求或行为的不知情并不能成为我们滥用或误用空间的借口。有效互动要求我们不仅要了解自己的空间行为，还要了解他人的空间行为。对空间使用的方式以及按此目的进行交流的途径的研究被称为空间关系学

（proxemics）。对空间和领地的使用都与文化紧密相关。在很大程度上，如果不了解他的文化，就无法理解他对空间和领地的使用；如果不了解他对空间和领地的使用，也无法完全理解他的文化。因此，一个人使用空间的方式取决于他的文化价值观。尽管人类天生就有主张领地和空间的行为倾向，但做出这种行为的具体方式是后天习得的。

人类学家爱德华·霍尔（Edward Hall）的研究成果告诉我们，空间关系模式是区分不同文化的主要途径。该研究还表明，人们对空间规范的掌握已经成为习惯，可以无意识地贯彻执行。也就是说，一旦我们了解互动双方应有的恰当距离，就不必在每次对话时都要通过记忆才能意识到要保持这个距离。当然，如果进入不同的文化情境，我们还要学习与之相适应的新的空间规范。

在本章中，我们将以三种基本方式讨论空间关系学的概念：第一，阐释领地性现象；第二，讨论个人空间概念；第三，考虑被称为"拥挤"和"密度"的空间关系学领域。

领地性现象

大多数关于领地的研究及其结论，都是基于对不同物种的研究。大家可能对猫狗等动物的领地行为有所了解。你可能也养过宠物，它每天都会在你家里家外表现出某种形式的领地意识。例如，众所周知，狗会在主人住处边界的物体上小便，并保护这些边界免受其他狗的入侵。狼和狗标记自己领地的方式相同。猫也会做同样的事情，不过猫是在主人房子内部小便。它们还会在主人的腿上蹭来蹭去，作为标记主人的一种方式。熊会摩擦或抓挠树干，标志自己的所有权。

在动物王国中，领地有多种功能。动物宣称和捍卫领地的主要原因，一是确

领地性的生物学基础：非言语交流、语言与法律

虽然大部分领地的概念都带有文化色彩，但希克森认为其中仍有很多是自然形成或与生俱来的。他指出，关于领地的法律是以自然规则为基础制定的。与其他动物不同，人类出生时活动受到一定程度的限制，因此，我们使用领地概念（图式）的最初尝试是依靠声音来表达的。婴儿的哭声可能是说"过来，给我换尿布"或者是想表达"给我一些食物"。对婴儿来说，他们怎么"学习"说话、怎么（在某个场所）去洗手间、怎么"学习"走路，都是父母担心的事情。从本质上讲，这些能力都可以使婴儿变得独立。对婴儿来说，身体保持不动的非言语行为就相当于用语言表达"我不想动"。这一表现可能只是想说"停手吧"，意思就是要告诉你"不要再喂我了"或者"不要碰我"。因此，在生命的早期，婴儿就已经理解了身体动与不动所代表的含义。对婴儿来说，允许别人进入他们的领地，就等同于对外表示自己喜欢这个人或这个人将要做的事情，也允许对方接近自己。最终，孩子将学会预测父母的意图。快到睡觉的时候，父母走过来，孩子可能会一动不动，用身体表示出抗拒。在社会生活中，我们会有更复杂的版本。因为我们等不到每个人都对其领地主张完成社会化的过程，所以，我们会把规范，即大多数人的行为方式，转化为法律。例如，我们不能绑架别人，不能把人关起来，不能违背他人意愿实施拘禁，也不能闯入别人家里。作者指出，尽管法律是根据规范制定的，但许多规范却是自然的或是生物性的。

保食物供应，二是占有交配场所。通常情况下，雄性动物只有标记了自己的基本领地，雌性动物才会与之交配。在动物世界中，拥有更好的领地是聪明和强壮的标志，所以只有最好的个体才能得到繁殖的机会。这种选择过程有助于某些弱势物种保持其自身种群密度。深入研究动物领地行为的学者们认为，领地性是通过进化过程发

展并调节形成的先天行为。

虽然人类对保卫自身领地的需求较低，但是人类也会表现出一些本质上属于领地行为的倾向。我们会用不同方式来标记自己的领地。领地是我们生活中的重要部分，因此我们也制定了许多法律来保护院子和房屋等物理空间和我们随身携带的物品。此外，我们还制定了有关非法监禁、殴打、非法侵入和滋扰（狂吠的狗、吵闹的聚会）的法律。

动物的领地意识非常主动，而且通常是其生存的必需条件，而人类的这种行为通常情况下是被动的。人类领地性（human territoriality）是指一人或多人对一个地理区域的假想主张，这种主张可能具有正式的法律依据，也可能没有。最常见的主张领地的方式是对某一区域的持续占领。

人类的领地可以是完全设定或部分设定的空间，其所有者可以随意进出，即使该人离开这一领地也不会失去对该领地的所有权。人们主张领地的所有权，并以某种形式做出标记，同时防范他人入侵，而这些主张通常也会受到其他人的尊重。

领地的类型

阿特曼（Altman）、莱曼（Lyman）和斯科特（Scott）将领地分为多种类型。这里我们来了解一下其中六种：首要领地、次要领地、公共领地、家园领地、互动领地和身体领地。

首要领地。所有者的专属领地被称为首要领地。你的宿舍，或者至少你所在的一侧是你的首要领地。其他包括私人办公室、爸爸的椅子和妈妈的书房也都是一种首要领地。如果所有者几乎每天都使用其领地，那么这样的领地就是首要领地。首要领地最受他人的尊重，并且通常不会在未经所有者许可的情况下被他人侵犯或占用。首要领地的所有权拥有者确定且不容置疑。

次要领地。次要领地通常不是所有者日常工作的中心，而且不为所有者单独控制。次要领地通常与经常出没于其内部或周围的个人或群体相关联。例如，某个人群经常光顾的酒吧、餐厅等热门聚会场所。可能这个群体每次光顾此地时都会坐同一张桌子，事实上，餐桌与主要群体的联系非常紧密，以至于它被视为群体的领地。与首要领地不同，因为所有者通常不会像对待首要领地的空间那样高频率使用，并控制其空间，因此，次要领地更容易被他人占用或接管，不易被保留。

以家庭房间的大屏电视为例。如果爸爸倾向于每天晚上坐在椅子上看电视，那么电视可能会被视为他的次要领地。然而，与谁坐在爸爸的椅子上（首要领地）相比，谁来掌握遥控器的使用权（次要领地）更有可能成为冲突焦点。

公共领地。第三种领地是公共领地，对所有人开放，很少处于任何个人或团体的持续控制之下。但是，公共领地的所有权是临时的，并且通常受到与个人财产同等的保护。春假期间，你可能会出现在佛罗里达、得克萨斯、加利福尼亚或墨西哥海滩的众多学生之中。如果是这样，你可能还记得你是如何在沙滩上做标注，为自己圈出一小部分领地所有权的，即使你只在那里待了一天时间。CD播放机、毛巾、雨伞、防晒霜瓶、太阳镜、装有食物和饮料的冷却器以及书籍都被你摆放在显要位置，用以告诉其他度假者"另找一个地方晒太阳去吧！这里已经被我占用了"。

公共区域还有其他示例，例如停车位、剧院座位、餐厅桌子、图书馆桌子、公园长椅、公交车站候车亭以及许多可以临时拥有的公共区域。大多数关于所有权的争议都发生在公共领地上，这是所有领地类型中最难控制的。你有多少次开车进入购物中心停车场，刚发现一个停车位，正要把车开进去时，就看到有人当着你面把车停了进去？虽然这个车位任何人都可以使用，但你还是会觉得自己很委屈，因为那个讨厌的人占用了你的空间。

家园领地。一群人通过"殖民"的方式接管一片公共领地并不断使用时,它就变成了家园领地。社区酒吧的常客、在特定街道或市区活动的帮派,以及声称为俱乐部会议占据一棵大榆树的孩子们,都属于占有公共场所并将其据为己有的群体。家园领地的主要特征是领地主张者的主张行为比较自由随意,对领地的控制有一定的连续性。尽管该领地在技术上仍然属于公共范畴,但在功能上已成为次要领地。对于领地主人来说,在家园领地里感觉就像待在自己家里一样舒适和亲切。

互动领地。在人们聚集进行社交的任何地方,都可以出现所谓互动领地的特殊场所。尽管这些用于交流的区域可能没有可见的边界标记,但它们仍然存在。假设两个人站在走廊中间,正在互相交谈。你有没有注意到,其他路人都会尽量避免闯入这一空间?很少有人会在这些互动交谈者之间来回往返,那样将会严重侵犯交谈者的互动领地。在聚会或假期开放日等社交活动中,通常可以看到四五个人在进行交流。我们将这些空间称为沟通集群或集团。这些人已经建立了一个互动领地,有新人想要加入都应该小心谨慎、礼貌客气地接近他们,并始终以这块领地所有者的客人自居。

身体领地。也被称为个人空间,与其他类型领地不同,身体领地是便携式的,我们走到哪里都带着它。我们可以把这个个人空间想象成一个围绕着个人身体的无形气泡。这是个人最不受侵犯的领地形式,所有者对其保持严格控制。通常不需要防御,因为大多数人都非常尊重他人的个人空间。在本章后面的内容中,我们会将其作为空间关系学的一个专题进行更详细的讨论。

领地防御与入侵

领地防御主要包括两种方法。首先是预防措施,其次是反应。我们先来讨论前一种方法，稍后再讨论第二种防御手段。预防措施是指在侵占发生之前采取的行动。现在我们来看看领地防御的四种预防措施：标记、标签、攻击性展示和保有权。

标记通常是指个人物品，如背包、钱包、雨伞、大衣、书籍、帽子或用于标记空间所有权的公文包。这种方法是指个人通过使用标记来建立边界从而标注自己的领地。萨默（Sommer）认为，"标记要有效防止侵占，用于标记的物品必须被视为标记而不是垃圾。这要求物品具有象征意义或某种内在价值"。也就是说，潜在的入侵者必须将标记视为某人对周围空间提出所有要求的迹象，而不是将它仅仅视为一个物件。标记个性化越强，被移动的可能性就越小。

一位调酒师告诉了其中一位作者一种在酒吧保留餐桌或座位的有效方法，去买一杯饮料放在自己想留的桌子上，并在玻璃杯上放上餐巾纸或饮料搅拌器。果然，正如他所建议的那样，当所有其他桌子都被占用时，被标记的桌子仍然无人占用。一对夫妻冒险坐下来，还小心翼翼地避开了摆饮料的位置。我们不能保证这种预订方法永远有效。当我们拥有餐厅餐桌的空间时，有时也会感觉被服务员"入侵"。服务员一般多久会过来问一次需要点些什么？许多服务员不具备非言语敏感性，无法理解客户正在认真交谈，不希望被打扰。于是，有些餐厅为此制作了一个小工具，一面红色、一面绿色的杯垫。红色的一面表示"请勿打扰"，绿色的一面则表示"我们需要点单"。

标签是写着"请勿进入""请远离""恶狗出没"或"预定"等文字的标志，甚至在办公室门口、钢笔笔杆、计算机、计算机磁盘等处标注名字的做法也属于这一类别。你还看到过其他人使用标签吗？都有哪些形式？

攻击性展示是指个人通过自信的姿态、立场、注视和手势的组合实现预防性领地防御。这种方法反映了一句古老的格言，即最好的防御就是进攻。攻击性展示

第 7 章 空间和领域

人们以各种方式标记和主张自己的领地。泰国曼谷街头的小贩每天下午来到人行道的同一个地方,整个晚上都在这里卖东西

只要求领地所有者在潜在入侵者看来咄咄逼人、令人生畏。这种预防措施的一个主要缺点是,个人显然必须处在领地内,而标记的方式可以当所有者不在领地时也保有这一空间。根据萨默的说法,在某些情况下,攻击性展示会适得其反。让我们举一个例子来说明这一点。假设你乘坐飞机、火车或公共汽车,你是第一批登进机舱或车厢的乘客。你坐在靠窗的座位上,希望旁边的座位一直空着,没有人来坐。当其他乘客过来时,你会在自己的肢体表达中加入一些让其他人感到畏惧的行为。萨默表示,这样做你可能会成功赶走一些胆小内向的人,但最终你的同座可能就是专横而极具攻击性的人,因为他在你的攻击性展示中看不到任何潜在威胁。你还看到

过别人使用哪些令人反感的展示方式？

保有权代表长期与特定领地有关联的人可以有效主张对该领地的所有权。萨默指出："即使人不在场，该人对空间的权力也会得到邻居的支持。新人在会议上被警告不要坐某把椅子，这一点也不奇怪。"

有位新员工讲述了她无意间冒犯老员工的故事。那时她刚从公司的另一个部门调过来，作为一名新人，她对老员工早就建立起来的休息室潜规则一无所知。经过一个漫长的上午，她来到休息室准备歇一会儿，一进门就发现角落里空着一张大软垫椅，没有人坐。她不知道为什么在场的其他人都不坐到这个诱人的位置好好放松一下。于是，她径自走过去坐下，很快就有人警告她另找座位，免得被琼斯夫人看见。她还没来得及问琼斯夫人是谁，门口就出现了一位十分资深的女士，是琼斯夫人来了。这位新员工很快发现她选错了椅子。后来，同事告诉她，琼斯夫人早在所有人之前就已经占好了那把椅子。这位新员工还补充道，后来，琼斯夫人过了三个月才跟她说话，也是三个月后才不再对她投以恶意的目光。

在了解了领地防御的四种预防措施之后，接下来我们来谈谈第二种主要方法——反应。如果预防失败，反应这种防御方法就变得很重要。当我们的领地被他人侵犯时，我们的生理反应就会被唤醒。当我们因被侵犯而被唤醒时，这种唤醒可以区分为积极或消极两种形式。也就是说，并非所有的侵犯都是坏事。有时入侵行为会让我们感觉良好、放松或舒适，就像两个亲密伙伴之间经常发生的那样。然而，在其他情况下，对侵犯的解读还是消极的，因为它会带来压力、焦虑，甚至尴尬。

我们认为，根据入侵行为引起唤醒的积极或消极属性，我们的反应主要有两种形式。如果我们认为这种侵犯是积极的，就会给予回报，也就是说我们会以积极的方式入侵侵犯我们的人。例如，在看电影时，约翰终于鼓起勇气搂住希瑟，而希

第 7 章　空间和领域

瑟对这种侵犯做出积极的认定，她把头靠在约翰的肩膀上，这就是希瑟的回报。然而，对侵犯（violation）、入侵（invasion）和污染（contamination）这三种入侵行为，我们通常都会消极看待。

消极入侵行为的类型

侵犯是指对他人领地不正当的使用。与入侵不同，侵犯通常是暂时的。侵犯者未经许可擅自使用他人的圣地。当爸爸不在时，小索尼娅可以随意坐在爸爸的椅子上。许多大学生对室友的抱怨之一就是，室友未经许可就使用他们的汽车、DVD播放机、吹风机、衣服或电视。新婚夫妇常常难以适应婚姻生活，因为这是他们人生中第一次频繁被人侵犯自己的所有物。

入侵是一种激烈而永久的侵犯，入侵者实际上跨越了另一方的领地边界，并以接管和保留该领地作为目的。当入侵发生时，侵略者将自身的存在强加于所有者的领地，并且通常想将原本的所有者驱逐出去。当然，入侵的规模可大可小。一国侵略他国领土、扩大自己的疆界，是大规模的侵略，入侵操场上他人占据区域的校园恶霸则是小规模的入侵。

入侵的表现形式可以是相当微妙的。例如，两个人在餐厅共用一张桌子时，通常会各自主张桌子的一部分属于自己。但是在这种情况下，其中一方可能慢慢将某个物体（例如水杯或沙拉盘）移动到另一方的空间，从而扩大自己对桌面空间的占比，这样的行为很常见。

污染是指不尊重他人对领地的规定和使用规范，从而使该领地变得不纯洁。正如有位学生所说的，"污染意味着进入某人的领地并弄脏这个地方"。污染不是以你的身体侵占他人的领地，而是在他人的领地上留下你的东西。

封锁是指当你从某地向其他地方移动时，有人占据了你移位所需的空间。无论该人是否是有意为之，都让你感觉挡了路。当遇到交通堵塞时，其他人阻挡了我们的去路，就会出现封锁的情况。杂货店排长队也有同样的作用。有些人，尤其是那些A型人格的人，对封锁会非常恼火。"路怒症"甚至会成为谋杀的借口。

入侵行为的反应

当领地被人入侵、侵犯、污染或封锁时，我们会对侵犯行为做出负面解释，并以不同方式调整自己的行为。消极侵犯会引起典型的战逃反应，包括撤退（withdrawal）、隔离（insulation）、地盘防御（turf defense）或语言共谋（linguistic collusion）。

撤退是指远离侵犯者并允许其接管领地。简言之，我们选择不战而逃。这是典型的逃跑反应，是对可怕事物做出的一种正常反应。实际上大多数侵犯不会造成恐惧，我们真正担心的可能是如果反应激烈（换句话说，我们选择战斗）会带来恐怖的后果。当有人入侵被我们短时占据的公共区域时，我们发现撤退可能是最好的选择。在公园长椅上，如果有人坐得离我们太近，我们可能不会让入侵者移位，而是自己移开一些或是起身走掉。一项与图书馆相关的研究表明，当学生正在学习时，如果有入侵者侵占桌子，学生们都会选择搬到另一个地方，而不是积极保卫自己的领地。

当领地遭到侵占时，所有者的第二种反应是隔离。这种反应可以被认为是复杂的战斗。当我们察觉到领地被他人侵犯时，我们可能会建立强大的边界来阻止他们。如前文中所讲到的，这可能是某种标记或是阻止入侵者前进的身体动作和手势。有一位作者到芝加哥参加会议，他乘坐城市公交车观光，发现车上乘客的行为非常有趣。坐在过道对面的是一位老妇人，膝盖上放着一个包裹和一件大衣，她两边的

好篱笆成就好邻居

座位都是空的。车到下一站，有几位乘客上车，在他们找地方就座时，这位女士就把自己的包裹和外套分别放在了两边的座位上。刚上车的乘客只好站在那里，而老妇人满意地坐在那里，因为她已经把潜在入侵者与自己隔离开来。

隔离通常是用标记来完成的，而有些标记非常有效。有一项关于用个人和非个人标记占据学校自习室位置的研究。运动夹克等个人标记和钢笔、笔记本、教科书的组合似乎能够向潜在入侵者发出信号"会有人回到这个位置来"，而杂志、报纸等非个人标记经常会被人忽略。个人标记对入侵者的阻止可以长达两个小时，而随机摆放的杂志只能保持领地 32 分钟。

性别对标记的影响可能也很重要。研究发现，用女性标记阻止侵犯的有效性低于男性标记。在一项研究中，与放着男性物品的桌子相比，酒吧里放着女士毛衣、钱包和夹克的桌子更容易被后来的顾客占据。这一结果可能是出于这样的假设，即男性在其领地受到入侵时更有可能以自信或攻击性的方式做出反应。

对领地入侵的第三种反应是地盘防御，所有者会将入侵者驱逐出其领地，这是最接近典型的战斗形式的一种情况，是最积极的防御形式。有一种孩子们经常玩的游戏，叫"山中之王"。一个孩子主张拥有一块高地、土坡或小山头，并保护它免受来自各个方向的入侵者的侵害。游戏的目标是通过击退入侵者来保持对高地的控制，持续占据高地就能赢得比赛。地盘防御就是"山中之王"游戏的成人版。

地盘防御行为在其他物种中也存在，斗狗就是一种。然而，对于人类来说，这种激烈的反应通常只被用作最后的手段。反击、击退并坚守阵地常见于激烈且持续的入侵或领地价值异常之高的情况。好的领地足以使许多人抛弃社交礼貌，不惜暴露自私的一面对其攫取和强占，而普通领地可能就不值得一战。

除了物理空间本身，戈夫曼还指出，我们的地盘还会遇到一些次要问题。例如，我们可能会发现视觉和听觉干扰也会对自己的空间形成侵犯，当我们在餐厅吃饭时，忽然铃声大作，接着旁边的客人就开始大声接电话。我们认为这是一种违规，所以多数教师都强烈反对在课堂上出现手机或其他电子设备的铃声。另外，某些嗅觉元素（气味）也会被认为是对领地的入侵。

语言共谋是一组复杂的过程，它可以确认和巩固群体领地的完整性，将入侵者标记为外人。保卫领地的人可能会与入侵者或外来者进行对话，其手势和动作则会迷惑入侵者，使其自觉是外来身份。防御互动通常会使用入侵者不熟悉或陌生的语言，会更大声、更严厉、更长时间地讲话，使用手势告诉入侵者他不属于该领地。因为语言共谋很难对付，所以大多数时候入侵者都会撤出这个空间。

领地防御的影响因素

领地防御有几个影响因素，不仅决定人们对防御方法的选择，也影响最终的成败。克纳普和霍尔认为，人们对侵犯的反应强度主要取决于以下七个因素：

- 谁侵犯了我们的领地？
- 侵犯我们领地的原因是什么？
- 领地属于什么类型？
- 发生了什么形式的侵犯？
- 侵犯持续了多长时间？
- 未来是否还会出现更多侵犯行为？
- 侵犯发生的地点在哪里？

如果入侵者地位较低，你的反应可能就会相对更为强烈。例如，在工作中，你可能就比较容易容忍经理对你的打扰。与陌生人相比，你对朋友的入侵反应也不太可能具有攻击性。此外，你可能会在公共空间受到侵犯时选择撤退，但在首要领地或更私密的领地受到侵犯时采用隔离或积极防御的措施。如果你知道这只是无意识的侵犯，那么你不会做出强烈反应或是选择容忍它。例如，小孩子不理解成人已有共识的领地观念（但是，当其他人侵犯他们的领地时，他们会有所反应），我们对小孩子的入侵行为就会表现得宽容。

入侵领地的强度通常会影响领地所有者的反应。一项调查表明，如果入侵者进入并仅仅移动公共空间占用者的财物，那么空间占用者通常会选择离开。该研究表明，当入侵者靠近并坐在占有者对面时，占有者很少会离开。但如果一个人在公共场合受到快速而激进的侵犯，那么被侵犯者常常选择撤离，因为此时需要快速反

F 非言语沟通经典入门：影响人际交往的重要力量
Feiyanyu goutong jingdian rumen:yingxiang renji jiaowang de zhongyao liliang

在曼谷，粘在墙上的玻璃碎片可以将不速之客拒之门外

应，而撤退比任何其他反应都简单，只有具有强烈防御性和激进倾向的人才有可能做出不同的反应。渐进式入侵不太可能被视为威胁，因为它不会令人感到震惊，通常也会以更理性方式进行回应。

另一个影响领地入侵和防御的因素是人员密度。在人员密度较高的情况下，其领地防御不如低密度环境有效。原因很简单，人越多，每个人的可用空间就越少，所以任何人都不太可能拥有更大的空间。我们将在本章后面部分进一步介绍密度因素。

个人空间

领地是一个固定的空间区域，个人空间则是一个围绕着我们每个人的无形气泡。个人空间依个性、情况和关系类型而扩大或缩小，它是贴身的，我们走到哪里都带着它。

分析个人空间的可变性，主要考虑两个因素：（1）空间的适当使用方式源自与相同文化背景人们的交流学习；（2）我们对空间距离的选择可以透露许多信息，包括我们自身的情况、我们的人际关系，还有我们的需求。接下来我们就来详细讨论一下，有哪些因素会影响到这一"贴身的隐形气泡"。

人际距离

霍尔的研究表明，人际关系类型会影响我们与他人之间的距离。我们在互动过程中的舒适度取决于我们的空间定位以及与互动对方的关系。霍尔根据所涉及的沟通关系类型，将人际距离描述为四个区域，分别是亲密距离、个人距离、社会距离和公共距离。要说明的是，霍尔描述的人际距离区域可以代表美国的规范，而且至今仍然适用，但其他国家和文化在距离规范方面与美国存在很大差异。

个人空间的亲密距离区域是最内部的互动区域，其范围从直接接触到距离18英寸的位置。这个区域通常是为我们生活中少数特殊关系人士保留的，我们仅会允许爱人、非常亲密的朋友和亲密的家人在一段时间内进入这个区域。然而，在公共场所中，例如拥挤的电梯或排长队等候时，这个亲密区域经常被陌生人或没有适当人际距离意识的孩子所侵占。虽然这些侵占通常很短暂，但也可能会导致异常的紧张情绪。我们可能希望将这些人赶走，但环境要求我们容忍这种入侵。在实际生活中，你可以在霍尔的这个18英寸标准的基础上再增加6英寸，这样你就能有效降低侵犯他人私密空间的风险。

个人距离区域是第二种个人空间类型，其范围时从18英寸到4英尺左右的距离。与亲密朋友的聊天、与亲戚们的互动可以使用个人距离。长期的商业伙伴，我们视其为朋友，通常也被允许进入这个范围。

生活中遇到的大多数人都会被留在社会距离区域，其范围从4英尺到8英尺距离不等，这一个人空间区域通常是我们的商务距离。销售人员经常接受这方面的培训，以便在与潜在买家打交道时能保持在恰当的社会距离范围内。你在写字楼走一走就会发现，当人们在讨论商业话题时，通常都会严格遵守这一社会距离。但当话题转向轻松随意的话题或是私人相关事务时，你就会看到交谈者们彼此靠得更近。

在教师们与高年级学生、其他同事、家长或校长交流时，也会使用社会距离。然而，幼儿教师很容易就能发现，幼儿对这些互动距离区域是没有意识的。

公共距离区域是个人交互空间气泡以外的区域，其范围从8英尺开始，一直延伸到具有互动交流可能的最外圈边界。这个边界也会依具体情况不同而变化，例如，公共演讲场合可能有数千人在场，有了先进的技术，这数千听众都可以留在公共距离区域。

性别差异

性别是影响个人空间范围的主要因素。例如，女性比男性更倾向于与他人进行更亲密的互动，而男性与女性的组合会比男性与男性或女性与女性的组合更加亲密。其他研究也指出，性别与个人空间之间的关系还取决于其他因素。例如，女性对于他人从侧面接近的接受程度较高，对于他人从正面接近的接受程度较低；而男性在这方面刚好相反。但也有个别研究得出了与此相反的结论。人与人的熟悉程度，还有社会环境似乎也会影响性别与个人空间的关系。女性可以靠近她们最好的朋友，男性却可以和普通朋友靠近。

根据发现，其他非言语行为也会影响性别和个人空间之间的关系。有几项研究表明，男性和女性与他人保持的距离会因对方是否正在注视自己而有所不同。例如，男性更有可能与注视自己的人站得更近。而对女性来说，对方的性别才会影响其个人空间的大小。如果对方是男性，那么女性会与没有看她的男性站得更近；如果对方是女性，那么女性更可能与看着她的人离得更近。

文化差异

不同文化在空间使用上的差异性是我们在出国旅行时经常感受到文化冲突的主要原因之一。简单来说，不同文化背景的人们在交流中遇到的许多问题都可以归因于个人空间规范的差异。霍尔特别描述了这样一种情况：

> 拉丁美洲人的互动谈话距离远远小于美国人。对拉丁美洲人来说，如果彼此不是靠得特别近就没法舒服地说话，而他们的这种靠近的距离对北美洲人来说就会引起性关系或是某种敌意。这样的差异结果就是，当拉丁美洲人靠近一步，我们就后退一些，以致他们认为美国人疏远而冷漠……在另一方面，我们又不断指责拉丁美洲人总是跟人挤在一起，在我们脖子上吹气，往我们脸上喷口水。

研究表明，北美洲人在远距离互动时感觉更自在，所以我们的文化通常会被称为非接触性文化。非接触性文化还包括北欧、亚洲部分国家的文化。类似地，也有许多文化习惯在更近的距离范围内交流，这些文化被称为接触性文化，具体包括拉丁美洲、南欧和阿拉伯国家。

也有调查表明，对于非接触性和接触性文化的这种划分并不总是很准确。例如，并非所有拉丁美洲国家的人在交谈时都喜欢近距离接触。舒特（Shuter）的研究就指出，巴拿马和哥伦比亚的拉丁美洲人的互动距离会比哥斯达黎加的拉丁美洲人的习惯更远。摩尔、希克森和斯塔克斯又提出，与意大利人和德国人相关的刻板印象只适用于这些文化中的男性。因此，正确的观点可能不是只在国家层面就能得出的，在一个国家内部的不同群体之间往往也存在很大差异。

年龄差异

年幼的孩子们才是真正的"太空入侵者"。空间取向是通过文化习得的，但这个学习过程很漫长。因此，在我们的文化中，小孩子从街上爬到威瑟斯彭夫人（Mrs. Witherspoon）的腿上就像爬到他奶奶的腿上一样快也就不足为奇了。毕竟，那感觉都是柔软而温暖的。然而，到12岁时，大多数儿童在个人空间取向方面已经成熟，这可能是由于成年人对12岁左右的孩子与对年幼的孩子有不同的期望。

有一项以5岁、8岁和10岁儿童为调查对象的研究，旨在研究成年人对儿童入侵行为的反应。该研究表明，观看电影时大孩子们成队侵入成年人的私人空间会被认为是负面行为，而5岁的孩子们实际上会受到积极的欢迎。从本质上讲，大孩子会被当作成年人对待，他们应该知道不可以侵犯他人的空间。尽管很少有关于年龄差异方面的研究，但我们可以提供给各位两个结论。一是克纳普和霍尔指出，人们更易与自己年龄相仿的人接近。这可能是同龄人之间比年龄差距大的人们之间可能拥有更多共同点的缘故，比较合理。其次，巴克斯特（Baxter）指出，在某种程度上，在比较儿童、青少年和成年人在交谈中的个人空间取向时，年龄和距离之间似乎存在着直接关系。儿童交谈时的距离更近，成年人交谈时的距离更远。因此，将人际空间差异归因于年龄差异，其实可能只是人际相似性的结果。事实究竟怎样，我们只能通过未来的研究再做检验。

性格差异

哈珀（Harper）、韦恩斯（Wiens）和马塔拉佐（Matarazzo）以及本书作者在其关于非言语沟通的书籍中对相关研究进行了总结并指出，在交谈过程中，外向的人比内向的人需要的空间更小。即使关系亲密，内向的人也有可能站得很远。

研究表明，带有焦虑倾向的人在交谈过程中会与人保持更大的距离。还有一项有趣的研究指出，与放松的人相比，高度焦虑的人在与人靠近交谈时更容易回忆起以前发生的互动交流。其他研究也发现，社交焦虑的严重程度与互动距离成正相关。双方距离越近就越需要沟通，所以害羞的人喜欢与人离得更远也就不足为奇了。

一些研究表明，对归属感有更多需求的人可能会更接近他们的互动对象。倾向于内在控制的人比倾向于外在控制的人与陌生人的空间距离似乎更紧密。以自我为中心、低权威、自我观念强的人倾向于更小的人际距离。

污点

希克森、斯塔克斯和摩尔指出：" 人们会与有污点的人保持更大距离，但这一发现很少受到关注。" 污点可以分为两种基本类型：身体的和社会的。身体的污点包括坐轮椅、拄拐杖、使用助行器、失明、截肢、脸部或身上有烧伤或伤痕等。科尼利亚罗（Conigliaro）、卡勒顿（Cullerton）、弗林（Flynn）和吕德尔（Rueder）发现，普通行人与拿着白手杖的盲人之间的距离是 33.8 英寸，与没有手杖的人之间的距离则为 5.6 英寸。社会污点包括犯罪前科、做过脱衣舞女、患有疱疹或艾滋病等性传播疾病等不好的名声。至少在美国文化中，我们似乎会与那些带有身体污点或社会污点的人保持更大的距离。

精神病和异常群体

玛兰多（Malandro）和巴克（Barker）将异常群体定义为"有精神疾病史的人，例如精神分裂症，囚犯、其他有犯罪记录的人以及有破坏性行为的高中生"。这些人群的主要共同点是他们通常要比"正常"社会成员需要更大的空间。无论是犯罪分子、精神分裂症患者，还是破坏性强或具有暴力倾向的人，都依赖于空间距离来自我保护，相比非异常群体的社会成员需要更大的身体缓冲区。希克森和罗巴克（Roebuck）发现，具有异常倾向的教职员工总会将办公室的门关上并锁起来。

拥挤与密度

密度是指某一空间中的人数。因此，高密度就意味着给定区域内有大量人口。由于可供每个人使用的个人空间较小，因此高密度环境通常会造成很多不由自主的侵犯行为。

密度不应与拥挤相混淆。拥挤是一个人对空间限制的感知。高密度并不总是让人感到拥挤。在高密度环境中生活和工作的人们学会了应对持续不断的入侵和空间限制。密度可能会导致拥挤，也可能不会导致拥挤。拥挤的感受可能更多取决于我们与他人的日常接触中可以接受的程度，而不是实际的物理条件。

通常有三个因素会导致人们感到拥挤不适。第一个因素是被人监视，即你感觉到陌生人在监视你的程度。当你察觉自己被高度监视时，你可能会变得不安并试图逃避这种情况。

第二个因素是行为限制，是指一个人行动自由度的降低。人的活动越受限，就越有可能感到拥挤。

| 空间紧凑可能使人感到拥挤

导致拥挤感受的第三个因素是刺激过载，是指过多的噪声、声音、景象和其他同时发生的对感官的刺激。如果个人无法应对特定环境中的刺激，那么其反应可能是撤离并在更安静的地方寻求庇护。

这些因素中的任何一个或多个组合都可能导致拥挤的感觉。主要的一点是，在拥挤感受出现之前，每个人对监视、行为限制或刺激过载的承受能力存在差异。我们必须承认监视、行为限制或刺激过载因素的存在，无论它们是否会使高密度空间引发拥挤感。

高人口密度的影响

与人口密度低的农村地区相比，在人口密度高的大城市，犯罪更为普遍，这不足为奇。有研究表明，城市居民制造破坏的频率更高。同一研究还指出，相比农村人，城里人更不愿意帮助他人。许多专家由此类观点得出结论，高人口密度会导致反社会行为。尽管这种说法可能有些道理，但其他研究人员认为，城市地区的犯罪和不良行为等负面活动可能更应归因于教育、社会地位和收入水平，而不是人口密度。

有人认为，死亡率高、健康问题多和生育率高，这些都与人口密度高有关。总体上，各种文献似乎主要在一个方面较为一致：人口密度高的地区通常比密度低的地区人均遭受的苦难更多。此外，居住在大城市中心的人们一天中大部分时间都要应付由人口密度引起的刺激过载、监视和行为限制。这些城市居民应对拥挤的表现让他们给人留下冷漠的印象。根据克纳普和霍尔的研究，人们应对拥挤的方法包括：

- 减少彼此相处的时间（如说话更简短）；
- 忽视低优先级的互动（如与街道、地铁、电梯或通勤列车上的其他人说话）；
- 将某些交流的责任转移给他人（如不要求公交车司机找零）；
- 避免他人进入个人空间（如让保安保护公寓并限制外人出入）。

生活在小社区的人给大城市的人们贴上"不友好、冷漠和疏远"的标签，这是不公平的。我们在城市里观察到的那些看似消极的行为，很可能正是城市居民在高人口密度环境里的生存方法。如果弗兰克也学会"冷漠和保持距离"，那么下一次在城市旅行的时候，他可能会感到更享受。

第 8 章

环境与场所

Nonverbal Behavior in Inerpersonal Relations

F非言语沟通经典入门：影响人际交往的重要力量
Feiyanyu goutong jingdian rumen:yingxiang renji jiaowang de zhongyao liliang

境与人类沟通有什么关系？当人们聚在一起进行社交互动时，所处的实体场所的重要性何在？空间安排、设计、颜色、照明、温度和气味等环境因素是否会影响人们的感受、讨论的内容，以及人们如何看待信息和采取行动？人们对环境的使用和操控方式是否透露出有关人的个性、目的、情绪和其他特征的信息？研究表明，上述问题的答案是肯定的。

霍尔将固定性空间（fixed-feature）定义为固定或不可移动的空间，例如房屋、办公室、房间、学校，甚至城市和城镇布局中的一些物理特征。固定性空间很难移动或更改，而半固定性空间（semifixed-feature space），即环境中可移动的对象，则比较容易改动。其中，桌椅、书桌以及其他家具和配件可以对我们周边世界的实体场所起到装饰、点缀、突出或赋予个性化的作用。

回想一下你的房屋、宿舍或公寓的布局。想想你对家具、颜色的选择和室内布局是否反映出你的某些特点。你在那个环境里是否感到舒适？其他人待在其中会感到放松吗？或者，你营造周围环境的目的是让访客适应你的需求吗？你是不是也有一个自己最喜欢的房间，而很少使用其他房间？

显然，某些环境的利用率会比较高，甚至同一座房子中的不同房间也会存在使用率不同的情况。心理学家发现，人们所处的环境会对情绪状态产生影响。环境可以刺激和唤醒我们，使我们感到兴奋、警觉、烦躁或活跃。场地环境可能让人们感到开心或不快，可以引起人们的兴趣、喜悦和满足感，也可以引起不适、不安或不满意。

在本章中，我们将从四个方面探讨环境这一因素。首先，我们要了解环境的感知特征；其次，我们要探讨建筑设计与环境影响之间的关系；再次，我们要分析与环境相关的空间安排和个体差异；最后，我们还要介绍环境因素对沟通行为的影响，例如吸引力、色彩、照明、温度和气味。

环境的感知特征

我们可以通过多种方式感知周围环境。对环境的看法会影响我们的交际行为。通常，我们营造环境的方式取决于刻意影响他人观点的需求。克纳普描述了六种环境的感知特征：正式（formality）、温暖（warmth）、私密（privacy）、熟悉（familiarity）、约束（constraint）和距离（distance）。

正式

回忆一下你熟悉的教堂和圣殿。这些特定环境是否具有共同的特征？一般来说，教堂、犹太教堂和寺庙的建造和布置方式会营造一种正式感。与许多其他场地一样，教堂看起来越正式，在其中进行的交流行为就越正式。也就是说，如果我们认为环境是正式的，我们的交流行为可能就不会太放松，而是更加形式化、经过谨

| 以上的建筑或物品传递了怎样的信息?

慎思考,并且更加程式化。

　　特定环境会产生更具正式感的氛围,这绝非偶然。我们越希望人们遵守规则和规范,就越会努力营造出一种正式的环境。你肯定见过家里"非生活功能"的正式感较强的房间,它更像一个用于表现的房间,而不是一个可以放松和与他人互动的地方。在遇到仪式感较强、比较正式,甚至会令人感到不舒服的会面时,才会在这种类型的房间里接待客人,例如与生气的邻居会面、与陌生的销售人员交谈、与熟人一起等待参加葬礼等。

　　许多美国男性都知道要在"非生活功能"房间里等待其约会对象下楼,这才是第一次晚间外出约会时应该有的感觉。在此之后，如果双方继续约会，年轻女孩的父母进一步了解男生之后，最终可能会邀请他进入更轻松和不那么正式的房间。实体场所环境带给我们的感觉越是轻松随意，我们就越希望以轻松、开放和吸引人的方式与人交谈。

温暖

环境也可以使人产生温暖或寒冷的感觉。回顾一下银行大楼或法院大楼冰冷坚硬的大理石墙。相比之下，家庭的书房或厨房则会给人以温暖。环境可以影响心理上感到温暖的程度，即感到舒适和放松的程度以及想在该环境中逗留的时间长短。温暖的环境往往会鼓励人们之间的互动。房间的颜色、灯光和纹理可以起到促使人们放松交流，甚至不愿离开的作用。另一方面，我们也可以通过"冷却"场所环境，从而使人们保持孤立，避免交流。控制餐厅环境的温暖程度，这也是麦当劳、温蒂汉堡、汉堡王和塔可贝尔等快餐连锁店经营制胜的法宝。因为这些餐厅都需要顾客快速周转，所以它们的场所环境必须感觉足够温暖，才能达到吸引顾客的目的，但也要有适度"冷感"，这样顾客在吃完大汉堡或墨西哥卷饼后就不会留下来久坐不走。

当然，也不是所有的快餐店都是如此。在参观一家大城市的快餐店时，我们就注意到店里的装饰异常迷人，座位比大多数同类餐厅都舒适。提高餐厅的温暖感很可能是他们应对激烈竞争的方式，但是，管理层仍然希望顾客周转加快（温暖的环境自然是无济于事）。解决问题的办法就是在墙上挂一个大牌子："店内用餐限时15分钟。"控制餐厅的温暖程度的效果可能很难比这更低了。

私密

对环境封闭或狭小（即只能很少人进入）程度的判断依据是环境的私密程度。

当人们觉得自己谈话的内容，他人如果不刻意听就不容易听到时，私密感就比较强。把一个小而私密的餐厅改成宽敞的环境，部分常客可能就不会继续来就餐了。许多餐厅曾经门庭若市，但为了获得更高的客流量而进行扩建，直到繁忙景象不再，它们才意识到问题的所在。与快餐连锁店不同，有些餐厅愿意将顾客留在店内。高级的餐厅提高利润的方式并非依靠高客流量，而是要吸引那些持续逗留并愿意继续买单的富裕客户。顾客停留的时间越长，他们购买的饮料就越多。让客户流连忘返通常意味着能为顾客提供一个可以在亲密的氛围中进行私密交谈的环境。人们经常会根据对亲密互动环境的需求选择餐馆和酒廊。雇用一支吵闹的乐队会严重破坏这种私密环境，餐厅老板恐怕很快就会破产。

熟悉

环境的第四个感知特征是熟悉或不熟悉的程度。不熟悉的场所环境常常会使人们感到不安，因为人们不知道在不熟悉的情况下会发生什么，所以在交流中往往相当谨慎、深思熟虑，而且趋于保守。对环境不熟悉往往促使我们想要了解在这一环境中怎样表现才算恰当。因为不确定陌生场合的规范和仪式，我们往往会做出许多适应性行为。

想象一下你开车长途旅行，在开上州际公路后就设置巡航控制模式。几个小时后，你感到有点饿了，想要找个地方停下来。如果你和很多人一样，就会因为不熟悉而错过几家餐馆。你想放松一下，所以不必对自己要求太高。过了一会儿，你就会看到一个十分常见和熟悉的景象，两个金色的拱门在向你发出召唤。你似乎已经尝到巨无霸汉堡和薯条的香味了。你很清楚接下来该怎样做，甚至可以猜出洗手间的位置在哪里。

大多数连锁餐厅、酒店、便利店和加油站都希望你能做出这样的决定。它们知道大多数人在旅行中都想避免麻烦。当你走进这些店面时，它们会竭尽全力让你有宾至如归的感觉。如果你知道你可以信赖连锁店,虽然你知道这些连锁店的食物、房间或其他便利设施并不是最好的,但是因为可以信赖,所以你还是更有可能在这些店里消费,而不是去开在街对面的其他餐厅或酒店。你是不是也曾经站在熟悉的连锁店门前,心里却觉得这与你的期望不符?如果你的回答是"是的",那么你应该能体会意外遭遇陌生环境时的沮丧甚至气愤。假日酒店就曾用一次主题为"没有惊喜"的广告活动来解决这一问题。该活动向人们展示其他酒店不寻常的环境,同时展示假日酒店设施的一致性,并以"假日酒店没有惊喜"的广告语作为结束。

约束

约束的感觉与轻松随意地进出相反。如果可供使用的空间很小,受约束的感觉就会随之变强。如果得到了一个小空间,却发现很难离开(而且这个空间没有私密性),我们就会感到非常约束。坐在拥挤的地铁车厢里的时候,虽然离你要下车的车站还有45分钟,但因为车厢十分拥挤,你可能就会提早起身往车门处移动。

许多人表示,如果意识到某种情况只是暂时的(例如乘坐地铁),那么自己可以提高对这种情况的容忍度。有时约束感具有持久性,例如坐在飞机上等待起飞长达数小时。拥挤的教室有时也给学生带来类似的感觉,尤其是在这样的教室里上课的时候,就像被困在飞机上的人一样,学生们觉得能尽快摆脱这种环境的可能性很小,甚至几乎为零。在第7章中,我们讨论了拥挤的概念。从本质上讲,约束的环境往往会导致刺激过载、行为受限和监视增加,这些也是促生"约束"这种心理不适感的因素。

距离

环境因素还可以使人产生距离感。距离感知会使我们因为受到距离远近的影响而做出不同类型的反应。实际上，对环境中距离的感知取决于其他非言语暗示。我们可以通过远离他人来建立物理距离。一个多人同时存在的较大的场地会要求我们更大声地说话（当然，我们谈话的私密性会随之降低）。即使在物理距离上与人相距很近，我们也可以创造心理距离，例如在拥挤的地铁或电梯里，我们可能会背过身去避开他人或回避对方的凝视，用以制造一种非现实的距离感。不过，这种转身的行为可能也是一种文化现象。例如，作者发现，在泰国，人们在电梯上与在其他拥挤环境中的行为相似。在曼谷，人们并不在乎拥挤，他们不必大喊大叫或按喇叭就能让其他汽车停到自己面前，他们走在拥挤的街道上，彼此并不会碰撞，也不会互相责骂。

我们与组织的权力中心是否接近、如何接近，也会影响其他人对我们拥有的权力的看法。也就是说，我们越接近权力中心，就会被人认为越强大。即使只是行政助理，但在总统隔壁办公也会被人认为是有权势的人物。如果两个办公室之间还有一道比较私密的门，那么这个人的权力就更大。

建筑与环境

建筑物、景观、墙壁、隔断、房间和楼梯的位置都会以某种方式对人们的沟通互动产生影响。通常情况下，新的购物中心、办公楼甚至住宅在开始设计之前，建筑师和工程师就已经考虑到了感知特征的影响。

花几分钟尝试一下以下活动：如果你可以设计自己的家，那么你会考虑哪些环境特征？客厅在什么位置？卧室在什么位置？你会选择什么颜色来装饰你的家？家的外部是砖、木、铝壁板还是石头？内墙会安装护墙板、贴墙纸还是刷涂料？内部是开放式设计还是封闭式设计？窗户会是什么样子的？现在就想一想你的答案，再

第 8 章　环境与场所

我们利用并操控环境来传递信息

说一说你为什么做出这样的选择。

　　建筑物的设计旨在向看到它的人和进入其中的人表达某种感受并留下某种印象。过去的银行是用石头建造的，墙壁和地板是用大理石砌成的，立面上还经常有高大的花岗岩柱子，这很奇怪吗？银行老板试图向公众传达什么信息？他们想给人留下持久、稳定和安全可靠的印象。你能在脑海中想象出这样的画面吗？20 世纪 30 年代初，一家人卖掉农场，将全部家当装上卡车，开往大城市去寻找一种新的生活方式。然后，他们把车停在看上去非常不可靠的，今天常见的免下车银行前。这样的银行甚至会被卡车撞翻，里面所有的钱都撒了出来。如果你是这个家庭的一员，把毕生的积蓄都存入一个用气吹起来的箱子，你会觉得安全吗？

现在我们来看看建筑物吸引力评测（见表8-1）。完成测试题并对照分数查看你的偏好。建筑设计不仅会影响人们的行为，还会影响人们对这些建筑的拥有者的印象。

你有没有想过，为什么几乎所有法庭都会使走进其中的人们感到敬畏？正是建筑设计让我们意识到在这个司法大厅里做出决定的严肃性和重要性。地位和权力在法庭上表现得十分明显，抬高的法官席使法官在所有对话中的支配和控制地位清晰

表8-1　　　　　　　　　建筑物吸引力评测

> 提示：完成以下关于环境和沟通的测试。在每句陈述旁边记录你的选择：（5）非常同意；（4）同意；（3）中立或未定；（2）不同意；（1）强烈反对。
> ＿＿＿1. 我真的不喜欢沉闷、黑暗、笨重的建筑。
> ＿＿＿2. 我喜欢干净、开阔、通风的建筑。
> ＿＿＿3. 我更喜欢古老、黑暗、厚重且有历史的建筑。
> ＿＿＿4. 如果工作区域有丰沛的阳光，我的表现会更佳。
> ＿＿＿5. 我真的不喜欢开放、通风、阳光充足的建筑。
> ＿＿＿6. 我不喜欢新的现代建筑。
> ＿＿＿7. 如果不得不在黑暗的建筑物中工作，我会非常烦躁。
> ＿＿＿8. 在干净、清晰、开放的建筑物中，我会非常警惕。
> ＿＿＿9. 如果不得不在有很多窗户的新现代建筑中工作，我会非常烦躁。
> ＿＿＿10. 在光线微弱的建筑物中工作，我会非常警觉。
> ＿＿＿11. 在恶劣的环境中工作时，我不能很好地完成任务。
> ＿＿＿12. 在有吸引力的建筑物中工作，我通常能很好地完成任务。
> ＿＿＿13. 在没有吸引力的环境中工作不会影响我的工作成果。
> ＿＿＿14. 工作环境里有很多干扰，我仍然能够很好地完成任务。
> ＿＿＿15. 我喜欢在有吸引力的建筑物中工作。
> ＿＿＿16. 在平平无奇的建筑物中工作不会影响我的工作效率。
>
> 评分：第1步：计算带下划线题目的总得分。
> 　　　第2步：计算不带划线题目的总得分。
> 　　　第3步：按照以下公式计算：
> 　　　　　　　　AAM = 48 − 第1步得分 + 第2步得分
> 总分数应在16到80之间。
> ・大于50代表看中建筑物吸引力；
> ・小于40代表不很看重建筑物吸引力。

可见。控辩双方，甚至立场相对的律师也会小心划定能让所有人都尊重的领地界限。只有在咨询台的范围内，律师才能自由、公开地与其委托人交谈，不受对方的干扰。

布鲁诺（Bruneau）研究了教育机构办公空间的建筑设计。他的研究兴趣主要在于办公室设计如何控制空间主人和客人之间的交流。随着办公室所有者地位的提高，其设计对客人的行为控制也越加明显。主人的地位越高，客人在到达目的地前需要经过的办公室越多。这项研究发现，学生在教师和行政人员办公室之间走动过快似乎是严重违反规范的，而且大多数办公区域都有规定的移动路线。

从布鲁诺和其他许多人的研究中可以清楚地看出，人们使用建筑设计来控制进入其环境的访客的移动和交流。当我们进入某个场所，发现很难决定自己应该往哪走，其原因可能是建筑师的失误，也可能是由于我们以前从未进入过这个环境。如果可以的话，回想一下你第一次进入宿舍、邮局、警察局、医院、教堂、犹太教堂或大型酒店大堂的情景。你后来再遇到同样的环境时，是否就感觉容易许多？

建筑评论

有一位研究人员对建筑师进行调查，询问他们什么是重要的沟通，得到的答案是"传递情感和居住者的印象"。例如，我们会根据是频繁换房子还是住豪宅来对一个人做出相应的判断。杰克逊从建筑师的角度提出三个问题。首先，这是一座怎样的建筑？其次，这座建筑代表什么含义？尤其是银行，旨在说明钱存在这里是安全的，而监狱则旨在表明囚犯无法从这里逃脱。再次，杰克逊讨论了建筑物的外观如何与其用途目的相适应。例如，如果出租一栋旧写字楼并将其下层改为餐厅，往往会加装遮阳篷，用以表明它不再只是一座写字楼，而是一个让顾客可以安心就餐的地方。

空间布局

我们出于互动的目的布置环境的方式可以传递出许多信号。在本节中，我们将以三个具体问题来讨论空间布局。首先，我们将讨论桌子的形状会带来哪些影响；其次，我们将介绍座位安排与工作情境和性格差异的关系；最后，我们还将讨论办公室布局及其与专业交谈和社交互动的关系。

桌子形状

图 8-1 中有三种不同的桌子形状。圆桌的特点是圆形，各个侧面没有明显的区别。因此，圆桌会议常常被认为是与会者之间平等和团结的象征，但圆桌会议也有关于权力和支配的特殊意义。尽管亚瑟王用圆桌来表达骑士之间的团结和平等，但他仍然通过骑士的座位位置传递权力的信息。位置离国王越近的人，其权力也越强大。不要被圆桌会议所表现出的表面平等所误导，即使在民主社会中，在圆桌上有地位的人也是有权势之人，他不太可能被同桌的其他人视为平等者，也不要期望他平等对待其他人。

方桌很简单，正方形或接近正方形。因为方桌有四个相等的边，所以传达出地位和权力的平等。然而，突出的挂角和明确的侧边也暗示互动者之间的分离。正方形传达出平等但不统一的观念，所以方桌非常适合竞争或谈判类的对话互动。

圆形桌　　　　正方形桌　　　　矩形桌

图 8-1　三种不同的桌子形状

矩形桌子经常出现在公司和商业环境中，这种桌子传达的信息类似于方桌。也就是说，有四个独立的边，代表着沟通对象缺乏统一性。然而，其中两条边很短，另外两条边通常是短边的两倍或更长。短边之一通常被认为是桌子的头部，特别是在另外一个短边空缺的情况下。在矩形桌子上，权力的中心在头部，随着位置越来越远而逐渐减弱。坐在头部的人通常控制着桌上的互动，并被团队视为领导者。较长的椭圆形桌子，其效果与矩形桌子相类似。

座位安排

座位选择对我们有什么影响？有研究表明，一个人对座位的选择可能取决于几个方面。即使是在选择座位看似非常随意的课堂上，研究人员也已确定学生们在选择座位时其实是非常谨慎的。我们要完成的任务属性、沟通的关系类型，甚至性格特征等因素都会影响我们选择坐在他人的什么方位。下面引用的研究由萨默提供。

任务属性。萨默对年轻人的就座行为很感兴趣。他让被试想象自己在四种不同任务情境中与一位同性朋友坐在一张桌子旁：

- 对话：课前坐下来交谈的几分钟；
- 合作：坐在一起准备同一个考试；
- 协作：坐在一起准备不同的考试；
- 竞争：比拼首先解决系列难题的能力。

萨默给所有被试看矩形和圆形两种不同形状的桌子。图 8-2 是矩形桌的布置，图 8-3 是圆桌的布置。被试要在其中指出哪种座位布局可以代表对话、合作、协作或竞争的关系。人们在矩形桌子进行对话的情况下，最可能选择角落座位布局（桌 1B）或短距离对面座位布局（桌 1A）。在圆桌会议上，63% 的被试选择桌 1 的布局。

对于合作来说，人们在矩形桌里选择 2 号的布局，在圆桌里 83% 的被试选择 1 号的布局。显然，不管桌子的形状如何，合作者都会选择并排坐。

在同一张桌子前准备不同考试的情况下，对双方来说似乎都需要相当大的空间。在矩形桌前，43% 被试选择桌 3A 的布局，32% 选择桌 3B 的布局。在图 8-3 的圆桌布置中，相对座位布局的桌 2 和桌 3 为双方提供了最大的空间，有 51% 的被试选择了这个选项。

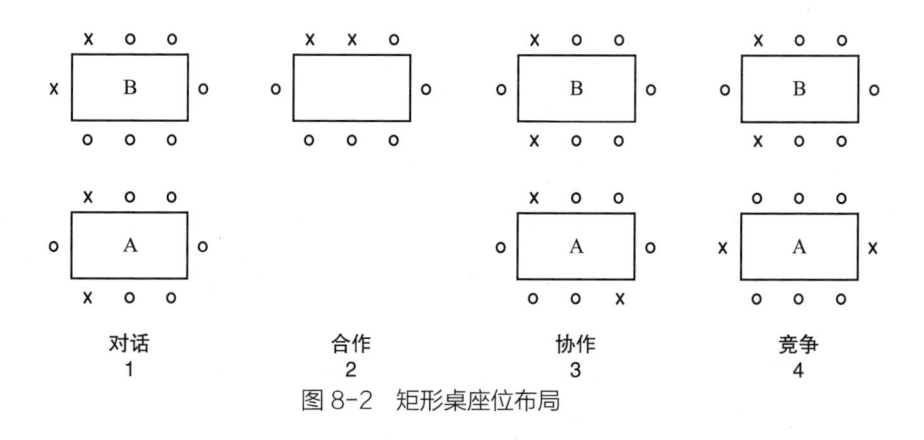

对话	合作	协作	竞争
1	2	3	4

图 8-2 矩形桌座位布局

对于竞争任务，只有一种座位安排是被试的主要选择。无论桌子是矩形还是圆形，大多数被试都选择彼此相对的座位布局。41% 的被试选择图 8-2 中的桌 4A 布局，63% 的被试选择图 8-3 中的桌 3 布局。可能是处于竞争的态势，双方觉得有必要让其"对手"处于众目睽睽之下。选择距离更近的座位，如矩形桌的 4B 布局，而不采用矩形桌的 4A 布局，可以更好地控制和支配对手。但是也有一项研究表明，这样的情况可能只适用于美国学生。库克（Cook）对一组英国学生和其他人员中重复了萨摩的研究，结果被试在竞争情况的选择是矩形桌的 4A 布局，在彼此之间留有更大的距离。克纳普曾经解释说，对于萨摩实验的被试来说，与对方面对面，但是彼此距离更近，这样的位置关系"不仅有机会看到对方的动作，而且可以用各种手势、身体动作和眼神来扰乱对手"。

```
    x   o           o   x           o   x
  x       o       o       x       o       x
    o   x           x   o           x   o
  对话              协作              竞争
  或               或               或
  合作              竞争              协作
   1                2                3
```

图 8-3　圆形桌座位布局

亲密程度。双方关系的亲密性质似乎也会影响我们对座位的选择，或者说我们的座位选择可能暗示着关系的亲密性。库克在研究中发现，在餐厅或酒吧里，非常亲密的朋友最喜欢并排的座位。但是，在酒吧就座时，同性朋友或一般性的异性朋友会选择坐在角落的座位。萨摩发现，关系的亲密程度可能是我们选择座位的主要决定因素。另一方面，他得出的结论是，个人讨论的话题可能对此影响不大。根据萨摩的说法，"对交流私密性的定位显然是由人与人之间的关系性质决定的，而不是由谈论的话题决定的。一对讨论天气的恋人也可以进行亲密的交谈，但如果是动物学教授在一个有 300 名学生的大教室里讲到性问题，尽管话题私密性很强，但这个讲话显然不具有私密性"。所以，座位靠得更近也意味着更亲密的关系。

性格差异。性格特征和其他个体差异也会影响我们对座位选择的偏好。研究表明，如果不同性格的人可以自由选择，他们就会喜欢不同的座位。例如，选择坐在班级前排的学生对学校和学习更有热情，他们也更热衷于阅读，更重视创造力和想象力，更专注于自己的生活目标，并且比其他人更愿意独处。

相比之下，喜欢坐在教室后面的学生不太可能成为领导者和组织者，他们看不到受其他学生欢迎的价值，对取得好成绩不太感兴趣，并且通常对学校不满意。还有第三类学生，他们选择坐在窗边，可能更不喜欢上学或学习。当然，也有一些学生不太在意自己的座位。

支配地位。支配地位与座位的选择也有关。研究人员观察到，在支配力指标上得分高的人倾向于在餐桌上选择坐在桌子头部或两侧的中间。在任何情况下，占主导地位的人选择的位置都是互动的核心，并且能够与在座的其他人进行明显的目光接触。人们发现，那些非常愿意沟通的人，以及那些发现沟通本身就是一种愉快体验的人，其行为与具有支配性人格者非常相像。毫无疑问，这些人中有许多既占主导地位又非常愿意沟通，但有些人只是喜欢成为沟通行为中心的群体中的一员。

领导素质。与支配地位密切相关的是领导素质。研究表明，领导者会选择与占主导地位的人相匹配的座位。领导者更有可能坐在矩形桌子的尾部，而坐在角落里的人对团队的贡献就比较小。虽然人的性格在很大程度上决定其是否选择成为领导者，但所处的位置也可能起到一定的作用。座位的位置可以而且也的确会决定沟通交流的顺序。此外，沟通的流畅性也会影响到谁将脱颖而出成为沟通的领导者。

在一项针对五人决策小组的研究中，五人中有三人被安排坐在矩形桌子的一侧，另外两人坐在另一侧。结果表明，两人一方更能影响其他人，而且这两个人比另外三个人说的话更多。在大多数情况下，领导者将出现在两人中的一方。

拉索（Russo）的研究指出了几个受环境布局影响的变量。她对友善健谈的人选择座位的偏好特别感兴趣。图8-4是拉索提出的五种不同座位安排。毫无意外，拉索发现最友善的人喜欢A座位布局，有敌对心理的人则倾向于选E。从亲密友好程度、熟悉和促进交谈的程度对五种座位布局进行比较，B的布局比C更显亲密友好，也更有益双方谈话，C的布局比D亲密感更强，D比E更具亲密感。

性格内向和性格外向的人也会表现出诸多差异，他们选择座位的偏好就是其中一个主要不同。内向的人倾向选择更难被人看到、与他人物理距离较大的座位。我们猜测，在图 8-4 中，极端内向的人会更喜欢 D 的座位安排，而不是其他任何选项。在 D 的座位布局中，两人之间既保持了可能的最大距离，又可避免 E 布局中会遇到的直接目光接触。相反，外向的人倾向于选择与他人相对的座位，如 C 和 E 中的布局。而极端外向的人还喜欢坐在与他人靠近的座位，所以他们会把 C 视为理想的选择。

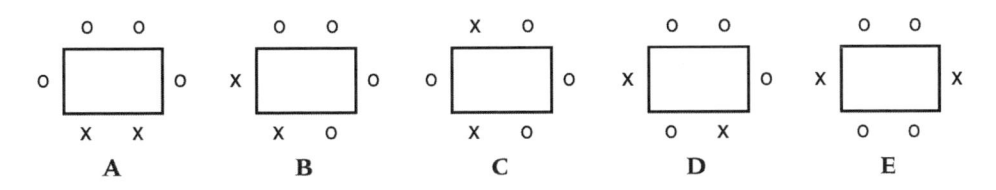

图 8-4　拉索提出的五种矩形桌座位布局

办公空间的安排

近年来，关于如何布局办公空间从而在工作中获取成功和控制权的研究很多。早在 1979 年，《消费者报告》(*Consumer Reports*) 杂志的编辑们就编写过一本书，其唯一目的就是指导那些力争职业晋升的商务人士如何布置自己的工作区域，借此获得事业上更大的成功。作者强调，办公家具的尺寸和摆放位置通常是传递办公空间所有者或使用者个性信息的主要方式。他们认为，改进办公室需要细心和周密的计划，并提出了含有两个步骤的规划过程：

- 制订一个具体的计划，展现空间使用者的个性和风格；
- 逐一检查办公空间里的每个因素，观察分析其怎样才能彰显使用者的个性，通过做出物理的调整改变来表达希望传递的个性特点。

自《消费者报告》出版以来，科达（Korda）等人一直主张，人们可以通过对办公室的布局装饰来传达权力关系。事实上，科达更重视办公空间的布置和使用，而不是空间内物品的质量或大小：

> 权力不在于你的行头和装备是什么，而在于你如何使用自己所拥有的物品。世界上所有的皮革、铬、玻璃和昂贵的艺术品都无法取代真正深思熟虑的权力方案。一个空间很大的办公室是没有意义的，但如果安排访客必须穿过办公室才能到达目标办公桌，并且在所经通道上尽可能多地摆放物品，办公室的空间就是有价值的。

科达等人认为，将空间较大的办公室分为压力区和半社交区两个不同的区域是很常见的。根据科达的说法，虽然并不成文，但不同区域会适用不同的沟通规则。

压力区或商务区位于办公桌中央，果断的决策、艰苦的谈判以及艰难的讨价还价正是在这个区域完成的。科达解释说，如果办公室的主人引导来访者离开这个区域，进入半社交区，那就意味着他可能对严肃的业务讨论不太感兴趣。半社交区主要用于"延迟或安抚访客"。

同样，泽亨哈夫特（Zweigenhaft）对学术环境中教师办公室的布置做了相关研究。他对不同级别的教师怎样借助办公家具的摆放来管理自己与学生的交谈互动很感兴趣。泽亨哈夫特要求老师们画出他们的办公室目前是怎样布置的草图。这项研究的结果表明，大多数高级别教师（副教授和正教授）会让办公桌隔在自己和到访的学生之间，而只有不到一半的助理教授和讲师会让办公桌处在同样的"隔挡"位置。这项研究还得出了一个更有趣的结果，是关于学生对教职员工看法的。学生对不以办公桌为"隔挡"的教师会有更积极的看法。学生们认为这样的老师更愿意鼓励不同的观点，更愿意对学生个体给予特别的关注，并且不太会表现出过度的偏袒。

我们与几个校区的同事互动的结果表明，学生的感觉很可能是准确的。年轻的同事们倾向于将学生视为与自己更相近的人，并且认为可以愉快地与之打交道。更多资深的同事则表示，在办公室里与学生互动的过程中，他们有更多不好的经历，他们常常觉得学生来办公室通常都会抱怨。这里面的原因很可能是，随着教师年龄的增长，学生会认为他们与学生的共同点越来越少，这样的教师不是理想的互动目标。因此，学生们不太可能去老教授的办公室进行非正式的沟通。学生与教师在办公室里的沟通互动更有可能与学生面临的问题有关，并可能形成一个恶性循环。与学生的互动很少有愉快的经历，这在学生和教师之间形成了某种障碍。随着这些障碍的增加，愉快的沟通可能性会进一步降低，周而复始，逐渐恶化。

其他环境因素

除了空间安排，人们发现其他环境因素也会对人与人的交流行为产生影响。在本节中，我们将要讨论的是环境吸引力、色彩、照明、温度和气味对人际互动的影响。

环境吸引力

无论房间的装饰是漂亮还是丑陋，往往都会以多种方式对人的行为产生影响。马斯洛（Maslow）和明茨（Mintz）进行的一项关于房间吸引力影响的研究被视为经典，被广泛引用。这项研究选择三个房间来进行实验。第一个房间布置得很漂亮：有两扇大窗户、巨幅窗帘和地毯、米色的墙壁，还有间接的头顶照明。第二个房间布置得很丑陋：墙壁灰暗，头顶上只有一个灯泡，灯罩还很脏，房间里的家具给人的印象是这个房间就是一个储藏室。第三个房间选取了教授的办公室,代表中等或平均水平。被试分别处于这三种环境中对相同的人脸照片进行评分。研究人员对噪声、气味、座位、时间和被试做了严格的控制。

这一研究的结果表明,与其他两种情况相比,处于漂亮的房间的被试对照片的评价要高出很多。这个发现十分有趣,也在意料之中。但令人意想不到的是,处于丑陋环境里的被试和实验者都尝试了多种形式的逃生。丑陋的房间使人们感觉单调、头痛、敌意和其他负面感受。另一方面,漂亮的房间往往会引起很多积极反应,包括继续锻炼的愿望以及对舒适、重要性和享受的看法。

| 环境创造氛围

过去 30 年的其他研究表明，这项经典研究的结果并非偶然。即使只是暂时的住所，人们对其必须居住其中的环境的吸引力也有很强烈的反映。如果办公室有吸引力，并且人们可以自由选择，人们就会在办公室里停留更长的时间。如果是在有吸引力的地方等人，人们就可以等待更长时间而不会抱怨。如果是在有吸引力的地方与人交流，人们就会觉得交谈的对方也有吸引力。学生们在有吸引力的教室里学习，能比在缺乏吸引力的环境里学到更多知识。

色彩

环境中的色彩对人们的互动沟通重要吗？对色彩的研究表明，如果一个人感到沮丧或仓促，周围墙壁的色彩可能就是导致这一情况的原因之一。例如，红色是最令人兴奋的颜色，其次是橙色、黄色、紫色、蓝色和绿色。按照许多非言语行为专家的说法，色彩在整个历史上都具有象征意义。潘通色彩研究所（The Pantone Color Institute）强化了色彩可以影响个人反应的观点。其代表指出，许多科学家开展色彩动力学（研究人们观察色彩时发生的生理效应）研究，结果表明，某些色彩会影响视觉、听觉、呼吸和循环。表 8-2 中是常见色彩及其被赋予的象征意义。

表 8-2　　　　　　　　　色彩及其含义 *

红色	兴奋、幸福、活力、活泼、愤怒、动怒、敌意、反抗、罪恶、血腥、欲望、能量、皇室、乐趣
蓝色	冷静、平静、愉快、温柔、可靠、尊严、真实、庄严、务实、柔和、安宁、接受
黄色	兴奋、乐趣、大胆、荣耀、快乐、光明、清晰、光亮、柔和
橙色	活跃、也许不愉快、兴奋、令人不安的刺激、痛苦
紫色	庄严、控制、要求的绝对化、冷静、平静、体贴、智慧
淡紫色	平静、尊重、冷静、宁静、平和、接纳
绿色	凉爽、宜人、春天或夏天、新鲜、吸引力、安全、和平、安宁、柔软、清爽、清洁、食用蔬菜

续前表

灰色	可靠、冷静、平静、务实、可靠性、标准、忠诚、坚固、稳定、有点乏味
黑色	悲伤、强烈、控制、权力、伤心、死亡、效力、力量、命令、统治、男子气概、腐朽
棕色	失望、悲伤、情绪低落、中立、谦逊、保护、接受
白色	纯洁、清洁、美德、水晶、婴儿期、天真、快乐、女性气质、冷淡或中立（取决于色调）、亮度

* 每个标准颜色都有多种色调，这里我们只讨论标准色及其相关含义。

显然，操纵环境中的色彩可以在很大程度上控制环境激发出的情绪和基调。半个多世纪以来，医生们一直用色彩让精神错乱的患者感到放松。同样，餐厅和酒吧老板也会使用色彩来刺激或影响顾客的情绪。关于色彩影响的一个更有趣的经典研究是凯查姆（Ketcham）关于色彩与学生课堂成绩关系的研究。凯查姆以幼儿园儿童为研究对象，选择了三所学校进行实验。第一所学校的墙壁该粉刷但没有粉刷；第二所学校的墙壁以标准机构风格粉刷，即浅黄色墙壁和白色天花板；第三所学校的墙壁以色彩动力学原理为指导，走廊被漆成明亮、欢快的黄色调，朝北的教室漆成浅玫瑰色，朝南的教室则漆成蓝色和绿色等冷色调，教室的前墙被漆成比侧墙更暗的颜色，美术室则采用中性灰色，以免干扰其中色彩缤纷的作品。凯查姆对每所学校的观察持续了两年。根据凯查姆的说法，结果很明显。多彩学校中的学生在社交习惯、健康和安全习惯、语言技能、算术、社会研究、科学和音乐方面表现出的进步最大。第一所学校（该粉刷未粉刷的学校）的学生进步幅度最小，第二所学校学生的进步勉强好一点。当我们第一次与一大群公立学校教师讨论这项研究的发现时，其中一位教师感慨："过了这么久，为什么美国这么多学校仍然被漆成一个个丑陋的房间？"这真是个好问题。

照明

与环境色彩密切相关的是照明。很显然,如果没有照明,色彩也就无关紧要了。而且,照明本身可能也是带有色彩的。某些彩色灯光与特定的情绪反应相关,这已经得到了验证。红灯常与危险相关,浅黄灯与满足相关,淡绿与仁慈相关,绿色与死亡相关,孔雀蓝与凶险相关,橙色与温暖和兴奋相关,蓝色与安静相关,紫罗兰与精致相关,薰衣草与思念相关。

行为不仅受照明色彩的影响,还受其强度的影响。高亮度的金色和粉红色灯光可以营造出节日气氛,而柔和的灯光,尤其是蓝色灯光,往往会营造出阴沉的气氛。过度的蓝色和柔和的灯光实际上会让人昏昏欲睡。

也有一些研究关注明亮和昏暗照明对人的影响。其中一项研究让被试在光线明亮和昏暗的房间中分别待上一小时,被试可以做任何自己喜欢做的事。每个房间里有四名女性和四名男性,两个房间的大小也相同,都是 10 英尺 × 12 英尺。结果表明,人们在两个房间里的交流情形完全不同。在灯火通明的房间里,人们议论纷纷;在昏暗无光的房间里,几乎所有的谈话在大约 30 分钟后就都停止了。

有人认为明亮的灯光和昏暗的灯光对亲密感和放松感的影响不同。昏暗的灯光让人流连忘返,因为其环境更让人放松,然而极亮的灯光可能会让人产生疲劳或逃避的欲望。实验表明,昏暗的灯光加上非亲密关系之间的亲密问题,使人在沟通中产生犹豫,目光接触减少,并将显著缩短注视时间。

温度

对环境温度的研究得出了这样的结论,62 ℉ ~68 ℉ [①] 或许是室内环境的最佳温

---

① ℉ =32+℃ × 1.8。62 ℉ ~68 ℉相当于 16.67℃ ~20℃。——译者注

度。克纳普对此前的研究做了很好的总结。他指出亨廷顿在20世纪初提出了一个看似奇怪的理论，即室外平均温度在50 ℉~60 ℉之间优于70 ℉以上的室外温度。根据克纳普的说法，专家们提出天气对人类行为具有以下影响：

- 单调的天气更容易影响人的精神；
- 在季节变化方面，晚冬、早春和秋天人的脑力劳动的水平最高；
- 蓝天持续时间过长会降低人的工作效率；
- 理想的平均温度应该是64 ℉左右。

麦克莱兰（McClelland）在其《成就社会》（*The Achieving Society*）一书中指出，似乎在年平均气温在40 ℉~60 ℉之间的社会中，人们追求成就的动机最为强烈。麦克莱兰还指出，当日常气温或季节性温度变化至少在15 ℉时，人们追求成就的动机会明显提升。还有其他研究显示，温度和攻击性相关。相较于低温环境，人们在高温环境中更有可能采取攻击性行动。例如，攻击性行为很少发生在寒冷天气中。

上述研究似乎都表明一点，相比较高的温度，较低温度对人类行为的影响可能更加积极。温度高可能导致我们对他人做出消极负面的反应。生活在北方气候中，许多人都抱怨天气寒冷并渴望夏天，人们可能并不知道其实这才是最理想的环境条件。我们对温暖室温的渴望可能也会对我们的行为产生同样的负面影响。

格里菲特（Griffitt）和维奇（Veitch）的一项经典研究通过观察室温和房间密度的影响验证了上述观点。低密度的环境是每个房间平均有4名被试；高密度的环境是每个房间平均有14名被试。实验将高密度和低密度环境分别调整至两种温度条件（93.4 ℉和73.4 ℉），并要求所有被试完成几份问卷，其中也包括对假想陌生人的态度评分。研究结果表明，与其他任何条件相比，高温高密度房间中的被试对陌生人的喜好度、个人积极反应的程度较低，对陌生人的积极情感反应都比较低。

气味和味道

空气中充满了能够传递各种信息的气味和味道。气味可以传递记忆、恐惧、爱、支配和兴奋，甚至可以唤起对另一个人的强烈感觉。如果有人在交谈互动时闻到难闻的气味或散发出难闻的味道（例如放屁），我们可能就会立刻结束谈话并对他人产生非常不好的想法。

在过去的 20 年里，研究人员和学者们开始认识到气味在交流过程中的巨大影响。对气味和味道以及我们如何对其进行感知和处理的研究被称为嗅觉学（olfactics）。我们的嗅觉通常会在不知不觉中帮助我们形成对他人的看法。

气味的重要性

气味在我们的文化中非常重要。据估计，在 1998 年，美国公众在除臭剂上的花费超过 30 亿美元。仅仅为了闻起来好闻就花了这么多钱！世界上没有其他国家在这项需求上的花费能接近这一数值。事实上，许多其他国家人士更喜欢天然的身体气味，而不是人为制造的气味。温特（Winter）指出，在美国文化里，"我们知道，社交时我们不能有口臭，也不能有腋下出汗或明显的生殖器气味。你可以告诉别人他该理发或洗脸了，但如果你说他们身上有气味，那真的是在侮辱他们"。嗅觉会影响我们与他人交流的方式以及我们对他人的看法。

研究清楚表明，动物都有自己的气味，也可以闻到其他动物的气味。猫和狗有独特的气味，甚至可以用气味标记自己的领地，防止其他动物进入。猫的气味腺体靠近胡须根部，当它们用脸颊摩擦某个人的腿部时，就会留下它自己的气味。其他动物通过在目标周围小便来标记领地。狼、熊和许多其他动物会在领地周围留下气味,以防其他动物进入。大象用排便的方式来标记领地,那是一种非常强烈的气味。

我们都有一种个性化的气味,有些人称之为嗅觉特征(olfactory signature)。像动物一样,人类也有自己的气味,这让我们与众不同。我们尝试喷不同的香水或古龙水,也会使我们与他人有所不同。

大多数生物都有信息素(pheromomes),这是一种能吸引其他动物交配的化学分泌物。但截至目前,我们尚未从人类身体中分离出任何信息素。信息素这一术语起源于希腊语"pherein"和"horman"。动物在被其他动物吸引时会散发出气味,而人类在处于兴奋状态时会对气味更加敏感。

一般来说,人类可以识别至少4000种不同的气味。有的人能识别多达一万种气味。人们对气味的敏感度不同,对特定气味的评价也不同。例如,这个人认为某种气味令人愉悦,那个人可能就感觉它非常难闻,还有另一个人甚至根本没有注意到这种气味的存在,这种情况并不少见。不幸的是,还有一种情况也很常见,就是当一个人觉得某种气味令人愉悦时,也期望他人对该种气味有相同的感受。

不仅个体对气味的反应不同,有证据表明,气味在一定程度上还会受到性别的影响。女性和男性对气味的感知可能就不同。

气味是无形的信息。与其他口头和非口头信息一样,气味传递内容也取决于接收者的感知方式。气味是强有力的信息,通常能够决定沟通对话是开始、继续还是终止。我们对周围的气味是否有所感知,这可能会触发我们对他人的反应。接下来我们来谈一谈对吸引力和触觉与环境气味和味道的关系。

气味与吸引力。一些流行著作表明,性伴侣之间的吸引力与气味存在联系。

乔治敦大学味觉与嗅觉诊所罗伯特·亨金（Robert Henkin）博士发现，25% 的嗅觉障碍患者对性失去兴趣。他不确定原因，但他表示当动物和昆虫的嗅觉受损时会发生类似的事情。《新性爱圣经》(*The Joy of Sex*)一书作者亚历克斯·康福特（Alex Comfort）认为，女性的头发、乳房、皮肤、腋窝和生殖器等区域的自然气味，综合到一起的气味可能比其美貌更有价值。

一些研究人员试图探究雄性和雌性是否会分泌某种东西，比如吸引彼此的动物信息素。有些人认为，男性尿液和汗液中发现的一种化学物质 α- 雄烯醇可能影响其个人吸引力。男性尿液中含有雄性激素雄甾酮，这可能有一定影响。另一些研究人员对女性生殖器散发气味吸引男性的可能性展开研究。但截至目前，这方面的研究还很有限，也没有定论。在这一点上，对人类信息素的研究也还没有发现，在交流能力方面，人类与动物荷尔蒙有丝毫相似之处。

然而，找到这样一种元素的愿望似乎很强烈。例如，伯顿（Burton）提出有证据支持雄性信息素可能吸引雌性的观点。他引用以下故事作为证据："一个年轻人在吸引女孩方面非常成功。跳完舞后，他会用夹在腋下的手帕为舞伴擦额头的汗。显然，他的体味起到了催情的作用，这个年轻人声称他的技术非常成功。"这显然是男性人类信息素可以吸引女性的一个差强人意的例证。在我们还没有掌握更有力的证据之前，目前还是应该认为信息素是区分我们与其他动物生命的因素。

如前所述，我们使用各种人为制造的气味来吸引他人或使自己更具吸引力。美国文化是世界上最注重气味的文化之一。但是，在其他文化中，嗅觉也是一种非常重要的交流方式。正如霍尔所指出的：

> 嗅觉在阿拉伯人的生活中占有重要地位，不仅是设置距离的一种机制，而且是复杂行为系统的重要组成部分。阿拉伯人说话时总是面向对方呼吸。然

而，这种习惯不仅仅是举止不同的问题。对阿拉伯人来说，好闻的气味令人愉悦，也是一种相互交流的方式。闻到一个朋友的气味不仅是美好的，而且是令人向往的，因为对他人呼吸的行为表示拒绝是一种羞耻。与此相反，美国人接受的教育是不能对着别人呼吸。如果有谁对着他人呼气，肯定会为此感到羞耻。

美国人不惜花费数十亿美元以气味增强对他人的吸引力。香水行业通常雇用气味测试员审核即将上市的气味。这些人比常人对气味更敏感，可以分辨出更多气味的吸引力。在香水行业里，"鼻子懂行"。所有香水公司都有一个目标：传递出其香水产品的信息。想一想你的浴室或化妆包就会发现古龙水和香水传递的各种信息。香水和古龙水行业绝对知道如何与美国公众沟通，这些行业通常将气味与性感、兴奋感、吸引力和生活联系起来。

部分研究人员认为香水和吸引力相关。然而，这种关系即使存在，也一定是非常复杂的。例如，为具有吸引力、穿着华丽的女人可能不必像穿着朴素的女人那样喷很多香水。美国小姐要靠喷香水才能被认为有魅力吗？一个无家可归的人喷上古龙水就会有吸引力吗？相关研究还不足以给出确定的答案，但我们有理由相信，香水和古龙水的影响并不像广告商试图说服我们的那样。

如果某人的气味不讨喜，我们就不会被其所吸引，这是我们文化里的标准。然而，对这个人是吸引的气味，对另一个人可能就是冒犯。过于强烈的香水和古龙水会刺激某些人的感官，而其他人则反倒会被这种气味吸引。我们有必要记住，要遵守我们文化的规范和习惯，让自己散发出有吸引力的气味。人们对难闻气味的反应是非常消极的。美国西南大学某教授很少洗澡，常年坚持穿羊毛外套，他很少把夹克拿去洗衣店洗，而是每年仅有几次将其挂在室外晾晒，他的理由是"羊毛会自我清洁"。最终,学生们开始抱怨,教师们也感到被冒犯。在开会时,一些教师拒绝坐在他附近,但感觉还是不能直接指出其气味的问题。一位同事开始在教授的邮箱里放几罐除臭剂,起到了一些作用。教授增加了洗澡的次数,并开始使用除臭剂,但不要指望这些微小的措施能奏效。大多数让别人闻起来很臭的人,自己并不以为然,而且他们的想法通常很难改变。

气味与触觉。想象一下这样的情景:一位老人躺在医院的病床上,看上去疲惫、虚弱。他闭着眼睛,呼吸很浅。当你伸出手去触摸他的手臂时,他深吸了一口气,然后呼气吹到了你的脸上,同时缓慢起伏。你会去碰他吗?会不会无意识地抽离?很可能你还会跑开。

人们都会接近有吸引力的人和事物,所以,如果某个人看起来很不高兴或者有口臭和体味,我们就不太可能想要触碰他们。气味会导致一些父母在婴儿呕吐或弄脏尿布时拒绝触碰孩子。在疗养院和医院,有魅力的患者会得到医护人员更多更好的照顾。在社会上,有魅力的人会得到更多的接触。吸引力与气味有关,比起身上气味不吸引人、令人不快或带有恶臭气味的人,那些身上气味吸引人、令人愉悦并感到美好的人更有可能与他人发生肢体接触。

医院的气味独特,这一点简直可以说臭名昭著。通常情况下,工作人员和医生对这种气味并不敏感,但医院里的气味会让患者感觉不舒服,也会让来访者感到恐惧。许多医院都试图使用其他气味掩盖医院气味来改善医院的氛围,但必须要注意,不能引起过敏。

气味与环境。我们的环境充斥着各种气味,这些气味会影响我们的嗅觉,例如,空气污染、香烟烟雾、浓香水、香味卫生纸、香味内衣、香味庭院喷雾以及香味家居和地毯清洁剂。

F 非言语沟通经典入门：影响人际交往的重要力量

| 某些东西比其他东西更好（难）闻！

在我们的文化环境中充满了各种气味，有些气味比原来更糟。市场上很难买到无味产品，如果有的话，通常要比其他产品贵10%~15%，我们必须付更多的钱来防止制造商加入香水。奇怪的是，一些无味产品实际上带有天然的气味，但因为人工增加了其他气味，闻起来倒没有了气味。

我们中有很多人患有与气味相关的过敏或呼吸系统疾病。我们周围的环境中有如此多的气味，过敏专家可能需要花几天的时间，经过几种类型的测试才能确定一个人的过敏原以及气味的发出位置。在这种文化中，我们对气味非常敏感，甚至可能会对气味产生剧烈反应。1979年（联邦政府禁止在国内航班上吸烟之前），美国东方航空公司1410航班上发生了一场吸烟大战。因为吸烟的乘客污染机舱内的空气，吸烟的乘客和不吸烟的乘客双方争论不休，双方都强调自己对空气享有权利。不吸烟者不希望他们的空气被烟雾污染，而吸烟者则想继续吸烟，随后双方发生了冲突，飞机不得不中途迫降。这看起来很可笑，但在某种意义上是个很严肃的问题。我们每个人都认为自己应该有权控制我们所处空间内的空气，当空气被不良气味侵入时，我们愿意为获得清洁的空气而战。人们被难闻的气味激怒的故事屡见不鲜。回想一下前文讲到过的内容，污染也是领土入侵的一种形式。当我们的空气被污染时，我们的领土也就被污染了，而我们对此进行回应的方式很可能就是斗争。

需要记住的是，并非所有人都喜欢相同的气味。一种气味对这个人来说是好闻的，对那个人来说可能就很臭。我们必须对周围的人保持敏感，注意调整自己的气味以及利用环境气味影响他人。有些人在家里喷洒消毒剂并使用强力地毯清洁剂来掩盖宠物的气味，但这会让访客觉得你家里很臭。

我们被环境气味所包围，这些气味会向我们传递与他人有关的信息。我们会对环境气味做出反应，甚至可以根据他人环境中存在的气味来对其人做出判断。

气味及其影响。气味显然是与他人互动的一种方式。我们可以利用气味增加彼此之间的沟通，也可以利用气味阻止他人与我们沟通。因此，气味是非言语沟通过程中一个强大但无形的组成部分。

第一，气味可以用来增强两人之间的吸引。人们会被散发出宜人气味的人吸引。给自己身上增加一点好闻的气味可能会吸引他人，也可能会排斥他人。怎样做才好，你一定要小心。

第二，气味也会影响食物的吸引力。通常情况下，气味是产生风味的主要因素，有时品味实际上只扮演次要的角色。因此，我们的味觉体验在很大程度上取决于闻起来是否愉快。气味难闻的食物可能永远没人品尝，更不用说要吃掉它。我们认为某些东西味道不好，因为它闻起来就很糟糕。

人们年轻时的味觉往往都很好、很灵敏。随着年龄的增长，人们的味觉能力会逐渐下降，因此许多老年人会对以前喜欢的食物失去兴趣，而小孩子们会讨厌刺激性奶酪和辛辣的食物。

气味在我们品尝和选择食物方面起到重要的作用，但还有其他因素也必须认真考虑。除气味以外，我们的期望、个性、食物色彩和质地以及摄入频率也会影响我们对食物的偏好。

第三，气味和味道可以唤起人们回忆过往的人、事，以及环境的意义。嗅觉是帮助形成意义和回忆过去事件的最佳感官之一。嗅觉失灵患者无法察觉某些气味和味道，也就无法形成对人、事、物的某些意义和记忆。

第四，我们每天都在进行所谓的气味适应，这意味着我们每次进入新环境时都会调整自己的嗅觉。例如，当我们走进一家巧克力店后，会立即吸入巧克力的怡人香气。气味适应使我们感觉好闻的气味停留更长的时间，防止难闻的气味逗留。

第五，我们体验到的所谓气味记忆，是一种由气味和味道触发人们回忆与该气味相关的事件的现象。例如，我们可能会想起父母家中的气味以及随之唤起的美好回忆。嗅觉失灵、嗅觉适应和嗅觉记忆对于寻找意义和唤起记忆非常重要。

第六，气味和味道可以用来教导学生了解他们周围的世界，还可以用来刺激聋哑学生的学习。温特指出，当研究人员将一长串单词与匹配这些单词的气味相互匹配时，学生们就可以长时间记住这些单词。美国盲文研究所和珀金斯盲人学校就使用可以刮开闻一闻的标签和用盲文编写的学习工具。

第七，气味和味道近期也成为医学界关注的科学问题。通过嗅觉诊断疾病并不是一种新技术，而是一种已经长期实践的技术。一些患者的气味与特定疾病有关：黄热病闻起来像肉铺，维生素 C 缺乏病和天花有腐臭味，伤寒闻起来像刚出炉的面包，白喉有一种很甜的气味，鼠疫有一种苹果味。许多疾病在当下的美国已不存在，但人们仍然应该意识到气味在诊断疾病方面的重要性。例如，根据最近的研究，医生可以确定患者患有哪种类型的酒精中毒，患者吞下毒药的种类，以及患者是否处于糖尿病昏迷状态（通过丙酮的气味）。以上这些均可以帮助医生做出诊断。

总之，环境因素在人类沟通交流中很重要。无论是吸引力、色彩、灯光、温度，还是气味和味道，这些因素都会影响我们对他人的反应、我们的情绪状态和我们的感知。如果我们能了解在特定情况下存在的环境因素，就可能会更好地理解在该情况下发生的交流。

第 9 章

接触与交流

Nonverbal Behavior in Inerpersonal Relations

非言语沟通经典入门：影响人际交往的重要力量
Feiyanyu goutong jingdian rumen:yingxiang renji jiaowang de zhongyao liliang

触觉交流（tactile communication）是最早出现的交流形式，可能也是人类最基本的交流形式。原始的生命形式几乎完全依靠触觉与周围环境互动。触觉敏感性是人类与他人接触的首要且最重要的形式。婴儿甚至在出生之前就已经被养育和爱抚，而且待在母亲的子宫里通常很有安全感。母亲不间断的心跳给孩子提供了一种舒适的生活节奏，可以抚慰婴儿，带给孩子满足感。

视觉、听觉、嗅觉、味觉和触觉是人的五种感官。视觉、听觉、嗅觉和味觉都只位于人体的特定部位，只有触觉遍布全身。我们的触觉起源于皮肤底层，那被称为真皮。真皮层布满微小的神经末梢，这些神经末梢会向大脑传递有关皮肤接触事物的信息。如果我们感到冷、热、疼痛，神经末梢都会就此进行交流。身体的某些部位会比其他部位对触摸更加敏感。例如，人体最不敏感的部分是背部的中间，最敏感的部位是手、嘴唇、脸、脖子、舌头、指尖和脚。身体的这些部位与他人频繁触碰，在触碰的过程中我们会不断收到信号，了解他人对我们的感觉。

在前一章中，我们了解了人们是怎样利用空间方位传递信息的。人类的体距行为（proxemic behavior）可以向我们传递多种涉及关系、态度和感受的信息。体距现象可能是与交流相关的所有非言语中最重要且最有争议的现象之一，我们把它留待本章再做讨论。触觉学（haptics）是对触觉行为的类型、数量、用途和结果的研究。触摸和身体接触是内含丰富而强大的交流工具，对动物和人类的生存和发展至关重要。

第 9 章 接触与交流

触摸的重要性还在于它是我们传递情绪和感受最有效的方式。身体的接触代表喜欢和接受；拒绝接触则可能会传递出怨恨、敌意、愤怒或不信任等各种负面的情绪。触摸他人有助于满足我们对亲密关系的需求，你能想象在没有抚摸的情况下建立起一段浪漫关系吗？

阿德勒（Adler）和汤（Towne）在其关于人际交往的著作中强调触摸对生活至关重要：

> 触摸不仅是最早产生的与他人接触的方式，它对我们的健康发展也至关重要。在 19 世纪和 20 世纪初，每年都有许多新生儿死于当时被称为"消瘦症"（marasmus）的疾病。在一些孤儿院，新生儿死亡率接近 100%。即使是在最富裕的家庭、医院和其他一些机构里，孩子们也经常死于这种疾病……因为没有得到足够的触摸而导致死亡。

其他学者也强调了触摸在亲子关系中的非凡作用。即使是父母无意识的感受也会通过触觉被孩子接受，有时还会造成混乱和冲突。许多专家认为，缺少触摸可能最终导致无数交流方面的问题，例如语言和符号识别学习能力的衰退。

霍尔认为，将人与其文化背景相联系，对触觉的研究是其中不可缺少的一部分。他惊叹许多研究"未能把握触觉的重要性，尤其是主动触觉。他们不明白'让一个人与其生活的世界保持联系是多么地重要'"。霍尔的观点非常重要。我们触摸的方式、次数以及用途在很大程度上是文化规范的结果。

在本章中，我们将以多种方式讨论触摸对交流过程的影响。首先，我们要讨论触觉与生命成长。之后，我们还将介绍触摸的功能和规范，尤其是我们所处这个社会里的规范。

触觉与全生命周期

在动物和人类的全生命周期中,触觉刺激是一种非常必要的互动形式。在本节中,我们将讨论人类发展过程中触觉的本质。许多关于触觉的早期研究都是针对动物种群进行的,为触摸对生长和发育的影响提供了很多见解。

动物与触摸

我们在前文中提到,对于许多基本的动物生命形式,触觉交流即使不是唯一的交互方式,也是主要的方式。想一想蜜蜂和蚂蚁等社会性昆虫之间的交流,它们的交流高度依赖触觉。这些昆虫通过触角传递信息,保证它们的微型社会能平稳运行。通常,大多数动物物种的触摸信号都与可以通过气味检测的化学信号是相互结合的。

在动物物种里,有两个重要的触觉现象,轻抚(gentling)和舔舐(licking)。这些是成年动物在其后代出生后与之接触的方式。轻抚行为是对动物新生儿的抚摸和触摸。舔舐在动物界中用于清洁后代。舔舐在刺激新生动物的生理功能方面也起到了重要作用,可以极大提高其生存的概率。

心理学家哈里·哈洛(Harry Harlow)和他的同事用猴子做了一项关于触摸对动物影响的著名研究。哈洛对母猴与其后代之间的身体接触很感兴趣。在严格控制实验室条件的情况下,研究人员观察到,与母亲分离的幼猴喜欢附在笼子的纱布垫上,并且几乎将身体完全依附在上面。取下垫子后,哈洛和同事注意到幼猴变得很暴力。他们还发现,在裸露的金属丝网围栏中饲养的幼猴在出生后的前几天很难存活。

在后来的一项研究中，研究人员将两个替身妈妈与幼猴关在笼子里。一个替身妈妈是用毛圈布做的，头后面有一个灯泡可以散发热量。另一个替身妈妈是用金属丝网材料制成的。两个替身妈妈分别用瓶子进行一半的"哺乳"工作。小猴子可以平等地接触两个替身妈妈，并且可以随心所欲地与任何一个替身妈妈共处。结果有些出乎意料，即使是在金属替身妈妈哺乳的时候，幼猴依然更喜欢毛圈布替身妈妈。研究人员得出结论，毛圈布替身妈妈的吸引力是由触觉舒适感产生的。哈洛和同事们惊讶地发现，由触觉舒适产生的亲情和爱意似乎远远超过幼猴对喂奶的需求。至少在某些情况下，触摸可能比食物更为重要。

人类的成长阶段

孩童。触觉对动物非常重要，对人类的成长和发展同样也很重要。克纳普和霍尔对触摸在人类交流中的重要作用是这样表述的：

> 触觉交流可能是最基本或最原始的交流形式。事实上，触觉敏感性可能是第一个发挥作用的感觉过程。在胎儿时期，孩子开始对母亲搏动的心跳振动有所反应，这种振动会影响孩子的整个身体，并被羊水进一步放大……从某种意义上说，我们对生活将是怎样的第一次感受就是来自触觉。

这些表述以及其他专家的观点的含义就是，生命早期阶段的触觉交流可能为人类后天发展的所有其他交流形式奠定了基础。正如我们在本章开头所指出的，婴儿时期的触摸对于随后发展语言学习能力、符号识别能力都是十分必要的。

在世纪之交，婴儿的"消瘦症"（现在通常被称为"发育迟缓"）被确定为缺乏触觉刺激的结果。然而，直到多年后，医学界才接受触摸作为一种治疗方法。第二次世界大战结束后不久，在欧洲发生了一个生动的案例，说明触摸对婴儿生存的重要性。孤儿院婴儿的死亡率非常高，尽管他们吃得很好，并且在技术上得到了很好的照顾（由于婴儿众多而工作人员很少，婴儿得到很多工具性触摸，但很少有表达关怀的触摸出现）。当年长的妇女（其中许多人丧偶或没有孩子）被雇用，她们会抱着或摇着婴儿给他们喂食，结果婴儿的死亡率几乎下降为零。抚摸、抱抱、摇晃和照顾婴儿确实挽救了他们的生命。此外，与参与照顾孩子们之前相比，这些年长妇女（其中许多人在战争中失去了整个家庭）的生活状态也越来越好了。

人们在婴儿期得到的触摸比生命中的任何其他时期都多。母亲与婴儿之间的触摸频率和持续时间在婴儿四个月龄至两岁之间达到顶峰。在此之后，触摸持续减少。尽管实际上男婴在前六个月比女婴受到更多触摸，但在此之后，女婴则会比男婴得到更多触摸。这表明，早在孩子出生后的第一年，父母就开始将对孩子的触觉行为社会化，以符合成年人对性别角色的期望。鼓励男孩远离父母玩耍，而女孩通常会因为相反的做法而得到奖励。

随着孩子从婴儿进入童年后期，其给予和接受触摸的频率似乎开始稳步下降。威利斯（Willis）和霍夫曼（Hofman）从幼儿园到六年级的儿童中发现了这种趋势。一旦进入青春期，身体接触的次数就会下降到小学早期观察到的一半左右。这些学者同时指出，即使是青少年也会比成年人更频繁地相互接触。简而言之，随着年龄的增长，孩子们体验到的触摸会越来越少，但即使如此，也会比余生各个阶段经历的触摸更多。然而，也有部分学者认为，青春期还伴随着一个潜伏期，在此期间身体接触会大大减少，一旦性变得重要，身体接触就会急剧增加。

成年人。当人类成年后，触觉行为变得更加受限。成年人的大部分接触行为仅限于问候和告别。此外，似乎触摸变得更受规则约束。大多数社会，甚至所有社会环境都要求成年人对其触摸行为的频次和类型高度负责，我们的文化要求成年人在与他人进行身体接触时要谨慎行事。在成年时期，文化对人们的触摸行为规范具有强制性，违反这些规范会产生广泛的社会后果。对于人生的这个阶段，各种文化之间差异变得更为显著。许多研究非言语交流的学者都认为，我们的社会对成年男性之间的身体接触有特别的限制。

> 有一个关于触觉敏感度的有趣概念就是，女性比男性对触觉更敏感。研究人员假设之所以如此，是因为女性的指尖通常较小。他们首先测量了50名男性和50名女性的指尖尺寸，并进行"触觉分区定位任务"测试。他们发现触觉（至少在手指上）随着指尖尺寸的减小而改善。由此得出结论，并通过大多数女性指尖比男性小这一事实解释了性别间的差异。

如今，参与照顾儿童和他人身体的女性比男性多很多，她们不太可能对触摸产生负面情绪。与大多数男性不同，女性的触摸行为更频繁，例如沐浴、擦拭、扑粉、亲吻、穿衣、脱衣、提物、携带、梳理、喂食、拥抱、抚平、爱抚和安慰。同样参与此类日常抚摸行为的男性对抚摸可能就不那么害怕或焦虑。

随着青少年进入成年阶段，触觉交流逐渐让位于其他形式的交流。成年人可能因缺乏与他人的身体接触而感到沮丧，所以寻求各种替代方式就变得很常见。莫里斯指出，成年人经常通过持证触摸者（licensed touchers）的服务来满足因在社会生活中身体接触减少而导致的身体需求。我们聘请男女按摩师、理发师和美容专家，有时甚至可能会增加看医生的次数，仅仅是为了获得更多身体接触的机会。

许多美国成年人非常渴望触摸，以至于他们可能会求助于各种不同的替代方式。有些使用替代品，例如狗或猫。此外，我们中的一些人"吮吸拇指或抽烟，用和婴儿奶瓶一样大小的瓶子喝水，遇到困难时拥抱自己……都是在试图找回婴儿般的舒适感"。这种渴望触摸的倾向在我们的文化中仍然存在。

替代触摸是成年人满足触摸需求的一种方式。家中的宠物用于满足成年人日常舒适度的需求可能比带给孩子们快乐更为重要。最初为孩子买的宠物，渐渐变得更像是妈妈或爸爸的宠物，这种情况并不少见。通常的解释是孩子在照顾宠物方面疏忽大意，所以长辈被迫介入。但人们可能想知道，孩子的疏忽和长辈的照顾究竟哪个发生在先。

随着人类年龄的增长，触觉行为频次的下降还会继续。在大多数情况下，性接触在成年的早期达到顶峰，到老年时期已经开始减少。一项调查老年人触摸行为的研究发现，触摸的管理规则在这个年龄段可能比其他任何年龄段都更加严格。一项针对住在老年公寓的老年人做的研究得出了以下结论：触摸老年人远离生殖器区域；老年人与异性工作人员之间的接触受到严格限制；任何触摸行为的发起者通常地位较高；身体有缺陷的老年人较少被触摸。研究人员指出，在这些机构中，有严重缺陷的男性受到的影响最少，因为大多数工作人员都是女性。或许有人质疑这种缺陷究竟意味着触摸行为的缺乏还是过多。毫无疑问，在我们的文化中，老年人是所有年龄段中最缺乏身体接触的。晚年严重缺乏触摸是老年人孤独感日益严重的主要原因。

触摸的类型

莫里斯对触摸他人和触摸自己做了区分，他从实际观察中得出结论，认为总共有"457种身体接触"。莫里斯还提出，两个人之间可能发生的公共接触主要有14种类型。他将这些称为纽带符号（tie signs），因为这种接触表明两人之间存在某种关系。表9-1是莫里斯提出的主要触摸类别。

我们的触摸行为通过多种方式发挥作用，触摸方式和频次因不同人际关系具有不同功能。我们重点讨论专业功能、社交礼貌、友谊温暖、亲密情感和性兴奋这五类触摸行为，每一类都有不同功能。

表 9-1　　　　　　　　　莫里斯对主要触摸类型的分类

类型	描述
握手	通常可以通过观察空闲的手来了解双方之间关系的亲密程度或期望的关系程度
身体引导	触摸在这里是指一种替代行为。引导对方身体的一方往往是互动关系的主导者
轻拍	当成年人轻拍另一个成年人时，通常代表一种居高临下的姿态或是一种与性有关的表现。有一个例外众所周知，就是在团队取得成功后的祝贺行为（通常是拍屁股）
手臂搭靠	这种形式的触摸在身体虚弱时可能会被用于支撑身体，但也经常被用来表示某种亲密关系。抓住对方手臂的人通常不太可能是关系的主导者
肩抱	这种半拥抱往往用于浪漫关系中，也用于表示男性之间的好友关系
完全拥抱	这种姿态有时被称为拥抱，经常出现在情绪激动、体育赛事、浪漫、问候和告别时。在某些仪式上，拥抱也用于显示比握手更亲密的关系
牵手	当大人牵着孩子的手时，目的是支撑、让孩子靠近或保护孩子。作为成年人，牵手（因为双方都在做同样的事情）暗示着关系中的平等。牵手在异性关系中经常出现，但同性牵手也并不少见，尤其是在群体之中
腰部环抱	当参与者希望表现出比牵手或肩抱更亲密的关系，但仍可保持灵活度时，经常用这种方式取代完全拥抱
亲吻	亲吻的位置、力度、持续时间和开放程度有助于在特定时刻表明关系的亲密程度或期望的亲密程度
摸头	鉴于头部区域非常脆弱，让别人抚摸头部表明一种信任且通常是亲密的关系
碰头	两个人碰头时，无法以正常方式看到其他正在发生的活动，因此这种形式的触碰通常被认为是双方同意将世界其他部分拒之门外的表现，尤其适用于恋人
爱抚	这是与伴侣的浪漫信号。与任何其他信号一样，爱抚也可以在非亲密关系中用于欺骗他人对双方关系深度的判断
身体支撑	父母经常通过抱、举或让孩子坐在他们的腿上来支撑孩子的身体。成年人也可以在玩耍时或感到无助时寻求这种支撑
模拟攻击	这是以非攻击性方式进行表面上具有攻击性的行为，例如，打手臂、弄乱头发、推、捏、咬耳朵等。我们有时允许甚至鼓励朋友做出这样的举动，以显示我们之间的接纳程度。对于希望向儿子表达爱意的父亲来说，爱抚可能会有些尴尬。这些模拟攻击的触摸则可以代替爱抚行为

专业功能触摸

我们都接受过内科医生、脊椎指压治疗师或牙医的检查，也都有过理发的经历。在此类互动过程中，专业人员必须触摸患者才能彻底检查。这些身体接触在其他情况下可能显得非常亲密、不适宜，但我们通常都会接受医生的探查，甚至是必要的戳刺。同样，我们也会接受理发师帮我们做头型。在这些情况下，触摸行为都属于非个人层面。

专业功能触摸是非个人化的、类似商务的触摸，用于完成或执行某些任务或服务。专业接触不仅发生在医疗环境中，试穿鞋子、拜访发型师或与他人兑换货币时，也可能会发生这种情况。触摸也用于运动领域。克奈丁格（Kneidinger）、梅普尔（Maple）和特罗斯（Tross）对大学体育运动员在比赛中的触摸行为做了研究。他们发现女性在比赛中相互触摸的行为更多，男性在客场比赛中触摸行为更多，女性在主场比赛中触摸行为更多，女性在负面事件发生后触摸行为更多。这些情况的共同点在于，触摸是双方交互目的的附带行为。

社交礼貌触摸

社交礼貌触摸可以传递有限形式的人际关系。这种形式的触摸，其对象不仅仅是作为一个物体被触摸，而是为了承认对方的社会角色而发生身体接触，就像打招呼一样。然而，社交接触也要遵循严格的文化规则。我们发现不同文化对于怎样才是适宜的社交接触可能存在很大差异。在美国文化中，握手是一种被广泛接受的承认他人的方式。然而，人们握手的时间长短所能传递的不止于礼貌，所以在握手的同时说声"你好，很高兴见到你"还是很重要的。在其他文化里，我们可以看到肩抱、亲吻两颊，还有亲吻脸颊同时亲吻嘴巴的表达方式，其功能都是相同的。社交礼貌触摸是一种可以削减双方地位差异的触觉行为。

友谊温暖触摸

友谊温暖触摸可以让他人知道我们关心、重视他,并且对他感兴趣。这种形式的触摸可能是最难解释的,无论是对于被触摸者还是对于外部观察者来说都是如此。其中一个原因在于,友谊触摸的双方关系往往非常亲密,容易与亲密关系和性吸引相混淆。另一个原因在于,这种类型的触摸通常是某种关系所独有的。在这种独有级别的人际关系中,互动者往往不仅是出于职业或社会的原因而接触。此时,双方是作为人而不是物体相互接触,双方彼此认识,而不是深夜路过的陌生人。

与任何其他类型相比,友谊触摸中存在更多的跨文化差异。例如,在我们的文化中,表达友谊与温暖的触摸就要小心对待,因为我们是一个以非接触为主的社会,似乎有许多不成文的规则限定了何时才适合以这种方式进行触摸。在这种文化中,亲密朋友单独相处时,他们之间的友谊接触比起其他文化要少得多。这是因为我们的文化倾向于将私下的触摸与亲密和性行为联系起来。在一个开放的公共区域,比如两个相隔数月或数年之后在机场相遇的朋友,这种接触可能更为合适。如果后来两人单独在一起,这种接触就显得不太合适了。在其他一些文化中,无论公共场合还是私人场合,男性之间的接触比北美地区男性或女性之间的接触都要多得多。

亲密情感触摸

在爱人和配偶之间的亲密关系中,触摸具有更重要的特征。亲密情感触摸可能包括抚摸脸颊、搂腰、拥抱、亲吻,以及许多其他形式的可以表示个人之间特别亲密联系的接触。亲密情感触摸的沟通价值很高,可以表达关怀、爱、情感和依恋。亲密情感触摸往往伴随着许多其他非言语暗示,从而确保其意图明确。我们还使用亲密情感触摸来满足所爱之人对触摸的需求,即使我们自己感到不便。

F 非言语沟通经典入门：影响人际交往的重要力量
Feiyanyu goutong jingdian rumen:yingxiang renji jiaowang de zhongyao liliang

| 近，非常近

亲密接触可以传达一些最重要的人际信息。这种触摸可以补充并验证我们的口头信息，如"我爱你""你对我来说很特别"和"你是我生命中非常重要的一部分"。应该记住的一点是，亲密接触不一定就意味着性行为，性并不是让两个人亲密的原因。这种困惑导致许多夫妻对他们的特殊关系感到不满，其中一个人可能不明白频繁的性接触并不能满足另一个人的需要。

性兴奋触摸

如上所述，性兴奋通常等同于亲密触摸。简单想一想，你可以在不亲密的情况下与某人发生性关系吗？性兴奋触摸是最强烈的触摸形式，也可能是最具交际性的。许多心理咨询师认为，有效的性交是交流的终极方式。如果他们指的是理想的性交行为，那么我想他们或许是正确的。

触摸规范与交流

什么是正常触摸？答案取决于许多因素。尤其是当我们来自不同的文化背景，年龄、性别也各不相同的情况下，你我对"正常"的概念理解也会不同。正常的触摸是高度个性化的，这使得该领域的研究变得非常困难。

西德尼·朱拉德（Sidney Jourard）的研究在该领域内被引用得最为广泛。在其对人类触摸行为的一项研究中，他设计了一项身体可及性调查，并以未婚美国大学生作为研究对象。调查对象分为几种不同的人物形象。被试需要回答被重要他人（例如父母和密友）触摸身体各个部位的次数，以及他们触摸别人这些部位的次数。毫不意外的是，朱拉德的调查揭示出手、手臂、肩膀、背部和头部最常参与触摸。其他有趣的结果包括：研究中的男性触摸母亲的次数少于被母亲触摸的次数；认为自己没有吸引力的人（男性和女性）表示他们身体的所有部位都很少被触摸；与新教和天主教女性相比，犹太女性与男友的接触更少。

多年以后，一组研究人员进行了与朱拉德类似的研究（Jones，1999），其目的就是了解触摸规范是否随时间发生了改变。在被试与父母和同性朋友之间的身体接触方面，他们的研究得到了与朱拉德大致相同的结果。然而，此次研究与朱拉德的研究结果出现了两个主要差异：男性与女性朋友在从胸部到膝盖等身体部位的接触次数有所增加；女性更频繁地触摸男性朋友的胸部、腹部和臀部。据分析，这些差异反映了我们文化的变化，并在年轻人的行为中有所体现。

研究人员指出，可以为触摸绘制一幅图。研究揭示了触摸的18种不同含义，共分为七种类型：积极影响（情绪）、嬉戏、控制、仪式、混合、任务相关和意外触摸。最后，研究人员都明确表示，我们的文化中存在非脆弱身体部位（nonvulnerable body parts，NVBP），包括手、手臂、肩膀和上背部。研究人员也指出了其他身体部位属于脆弱身体部位（vulnerable body parts，VBP）。如果你不确定哪些部位可以触摸，就请仅触摸手、手臂、肩膀和上背部。

触摸规范还取决于人际交往发生的情境类型。在某些情境下，触摸可能比平时更加频繁，这些情境包括：

- 试图说服别人而不是被人说服；
- 从别人那里获得"担心"或"关心"的信息，而不是对其表达这些信息；
- 参与深入的对话，而不是肤浅和随意的对话；
- 发出兴奋和热情的信号，而不是接收这样的信息；
- 给予而不是寻求建议；
- 发出而不是接到命令；
- 在社交聚会当中，而不是在办公室等专业场合。

如果这些情境的限制对你来说习以为常，就表明你已经吸收和适应了文化规范；如果你对此还不是很熟悉，那么你可能就会发现自己的触摸行为（或没有触摸行为）向他人传递了一些非常消极的信息。

文化差异

一个人发出或接受触摸行为的频次和类型是否正常，不仅取决于情境，还取决于其归属的文化。根据阿盖尔（Argyle）的说法，有几种类型的触摸行为在西方文化中十分常见。表9-2总结了阿盖尔研究得到的触摸类型和经常触摸的身体区域。

研究表明，与其他文化背景的人士相比，北美洲人、英国人、德国人、芬兰人和日本人之间的身体接触较少。北美洲人士通常被称为非接触类型。朱拉德的一项研究发现，来自不同文化背景的成年人每小时的触摸频次差异很大。他的研究结果表明，在咖啡店里观察时，圣胡安的成年夫妇每小时触摸180次；在巴黎，每小时110次；在伦敦，每小时0次；在佛罗里达州的盖恩斯维尔，每小时2次。

尽管与大多数其他文化相比，北美洲人并不经常接触，但至少有一项研究表明，我们比日本人进行身体接触更频繁。巴恩罗德（Barnlund）使用与朱拉德类似的技术进行了一项研究，要求美国人和日本人分别指出他们不同身体部位发出和接受触摸的次数和频率。结果表明，美国人在几乎所有部位上都比日本人对其伴侣有更多的触摸。

我们的刻板印象认为文化要么是接触类的，要么是非接触类的。其中一种刻板印象就是所有拉丁美洲人都有频繁的身体接触。然而，研究表明，即使在拉美文化中，触摸的亚文化差异也很明显。例如，舒特观察了巴拿马、哥斯达黎加和哥伦比亚三种拉美文化，发现南方文化中的触摸行为数量较少。在这项研究之前，有些人认为存在一种全球性的触摸模式。人们相信，离赤道越近的地区，人们的触摸行为越多。尽管这是一个有趣的推测，而且许多地区的文化习惯都符合这种模式，但舒特的研究表明触摸模式其实更为复杂。

表 9-2　　　　　　　　　　触摸类型的分类

类型	身体部位
拍	头、背
打	臀、手、脸
击	胸、脸
掐	脸颊
抚	头发、脸、上身、膝盖等
摇	手、肩膀
亲	嘴、脸颊、乳房、手、脚等
舔	脸等
持	手、手臂、膝盖等
搀	手、手臂
抱	肩膀、身体
挽	手臂
拉	手
踢	腿、臀
梳	头发、脸
挠	几乎任何部位

性别差异

一般来说，如果触摸亲密的朋友或爱人，通常就没有"禁区"。然而，在我们的文化中，男性和女性的触摸行为又有所不同，我们通常认为女性会比男性有更多触摸行为，这是一个普遍而一致的观察结果。更有趣的是，两种性别对触觉的感知不同。与男性相比，女性对身体部位是否可以被触摸有更加明确的界限。女性认为用手挤压是爱和友善的表现，她们并不认为挤压自己的胸部是一种嬉戏。另一方面，男性并不那么关心他们身体的特定部位。男性不太可能对特定类型的触摸赋予特定含义，但更关心他们接收到的触摸类型，而不是接收触摸的身体区域。女性可能会进行更多自我触摸以满足其需求，若与抗拒触摸的男性结婚，这些女性可能会经常发生性行为，以便得到拥抱。表9-3是关于男性、女性及触摸行为的一些结论。

表9-3　　　　男女接受被触摸的身体部位

与自己的关系	接受被触摸的身体部位
异性好友	女性：所有部位 男性：头部到膝下的所有部位
同性好友	女性：头部、脖颈、臂膀、手、上背部 男性：后脑勺、臂膀、手、膝下、上背部
异性陌生人	女性：没有任何部位 男性：后脑勺、肩膀、臂膀、手、胸部、背部、大腿上部、膝盖
同性陌生人	女性：臂膀、手 男性：后脑勺、肩膀上部、上背部、臂膀、手

触摸恐惧

在这一节中，我们来看看触摸恐惧（touch apprehension）这个概念。安德森（Andersen）和他的同事们提出了一种类似的概念，称为回避触摸（touch avoidance），大部分关于触摸恐惧的信息都是基于这两位研究者的早期研究。

你有没有这样的朋友，他们可能经常触摸你和其他人，忽略了个人空间或触摸规范？我们把这种人称为可触摸者。触摸者不断进行触摸行为，有时别人会告诫他们："不要再摸啦！"不管在何种情况下，也不管对象是谁，这些触摸者都会对人做出触摸动作。他们对其他人的触摸规范似乎毫无意识，似乎也不知道自己无休止的触摸会令被触摸者感到厌烦。

还有另一个极端，你身边有没有一些朋友很少触摸别人，被别人触摸时也不能体会到对方想要传递的信息？我们称这种人为不可触摸者。他们非常清楚自己触摸或被触摸的对象、时间和地点，同时，与谁互动、在何种情况下互动对他们却是无关紧要，这些人总是避免触摸。他们被称为回避触摸者。

你是一个积极的身体接触者还是触摸恐惧者？这是否取决于对象和所处的情境？完成表9-4所示触摸恐惧测试，你的得分就是你的情况分类。需要了解的是，这个结果仅代表你的看法，而不是其他人对你的看法。

触摸恐惧是一种特有的行为模式。当一个人很少或从不主动触摸并且更希望其他人不主动触摸他时，这个人很可能具有触摸恐惧症。有关触摸恐惧的研究很少，然而，有资料表明，通常男性比女性对来自同性的触摸更觉害怕。另一方面，与异性接触时，女性比男性更害怕身体接触。触摸行为也与宗教信仰和年龄有关，例如，新教徒比其他人更倾向于回避触摸。此外，年长和已婚的人往往会高度回避异性。大约20%的北美洲人对触摸感到恐惧。

不恐惧触摸的人更有可能主动与他人接触，在被他人触摸时也不会感到不自在，这些人通常更健谈、外向、开朗、善于交际，不易被社会规范束缚自己的触摸行为。回避触摸者（高度触摸恐惧）比正常人更有可能拒绝别人的触摸，也更不太可能触摸别人。这些对触摸高度恐惧的人可能不那么健谈、更害羞、情绪脆弱，以及社交孤僻。

表9-4　　　　　　　　　触摸恐惧测试[1]

提示：根据你对触摸和被触摸的感受来完成下列测试。请在题目旁边的空白处标明该项陈述对您适用的程度：（5）非常同意；（4）同意；（3）不确定或中立；（2）反对；（1）强烈反对。

____ 1. 我不介意别人为表示友谊而拥抱我。
____ 2. 我喜欢触摸别人。
____ 3. 我很少搂着别人。
____ 4. 当我看到人们拥抱时，我感到很困扰。
____ 5. 人们不应该因为被触摸而感到不舒服。
____ 6. 我很喜欢被他人触摸。
____ 7. 我希望我可以通过触摸别人来自由地表达我的情绪。
____ 8. 我不喜欢触摸别人。
____ 9. 我不喜欢被别人触摸。
____ 10. 我觉得被别人触摸很愉快。
____ 11. 我不喜欢拥抱别人。
____ 12. 拥抱和触摸应该被禁止。
____ 13. 触摸他人是我性格中非常重要的一部分。
____ 14. 被别人触摸让我不舒服。

评分：第1步：计算带有下划线题目的总得分。
　　　第2步：计算没有下划线题目的总得分。
　　　第3步：按照以下公式计算：
　　　总得分 = 42 + 第1步总得分 − 第2步总得分。
总得分应在14到70之间。
　　　大于53：接受触摸者；
　　　小于31：回避触摸者。

索伦森（Sorensen）和贝蒂（Beatty）让研究助理接近并触摸被试，以研究这些被试随后形成的感知。使用安德森和莱博维茨（Leibowitz）开发的触摸回避测量法来识别接受触摸者与回避触摸者，他们发现前者始终对触摸他们的研究助理给予更积极的反馈，而后者始终给予消极反馈。该研究还发现了性别差异，一般来说，女性的触摸比男性的触摸更容易被他人接受。

---

[1] 英文版原书中并没有带下划线的题目，疑原书有遗漏。——译者注

触摸的交流功能

触摸与情绪

触觉交流是我们交流情感的有效方式之一，亲密性与触觉密切相关。与亲密性的其他线索一样，我们发现喜欢的人之间会发生更多触摸行为，而不喜欢的人之间会发生更多回避行为。与其他亲密的暗示一样，触摸往往会增加人际吸引力。

当人们变得更加情绪化时，人与人之间的触摸往往也会增加。对机场里的人员的观察发现，当谈到问候和告别时，60%的观察对象会进行触摸。其他研究也表明，触摸使我们能够更好地区分他人的情绪。

身体接触可以传达各种人际关系态度。触摸可以表示性兴趣、从属关系、友善，甚至是攻击性、不尊重或厌恶等消极态度。但是，应该指出的是，传递的具体情感信息可能在很大程度上取决于个人。回想一下之前关于性别差异的讨论。什么可以被视为嬉戏、友善、爱或性，取决于个人的性别以及触摸的区域和触摸的类型（例如轻拍、抚摸或挤压）。一般来说，我们倾向于将抚摸与爱、温暖、性欲联系在一起，而轻拍通常被认为是顽皮的。

触摸与地位

亨利（Henley）根据相关文献提出了关于触摸与地位的三个一般性结论。

- 在特定的角色关系中，个人对触摸和被触摸存在一定期望。例如，个人希望触摸下属多于触摸上级，希望被上级触摸多于被下属触摸。
- 触摸取决于情境。
- 触摸与支配相关。具体来说，占主导地位的人更有可能发起触摸行为。

与亨利的结论一致，据观察，主动发起触摸行为的人更有可能拥有更高的地位，所以我们会期望触摸的发起者是教授而不是学生，是经理而不是流水线工人。

触摸与自我亲密

你有没有发现，在受到创伤时，你会试图通过自我抚摸来安慰或安抚自己？莫里斯认为，这些自我亲密行为代表一种心理需求，人们通常通过这种方式在危机时刻进行自我安慰。这些行为与此前讨论的自适应行为非常相似，通常在我们感到紧张、孤独、害怕或沮丧时最为普遍。根据莫里斯和其他学者的说法，自我触摸包括屏蔽动作（例如捂住耳朵或嘴巴）、清洁动作（例如擦拭、摩擦、挑剔、抓挠）和自我亲密（例如拥抱自己、握住自己的手、自慰）。

亲密的自我抚摸可能表明需要或希望被他人拥抱。触摸是人类强烈的需求，如果其他人不能满足我们，那我们可能就不得不自己来满足自己的这种需要。

触摸剥夺的影响

在本章最后，我们将讨论的问题可能是人类及其互动中最尖锐的问题之一。在本章中，我们提到了身体接触影响交流的多种方式，然而，触摸剥夺的影响远远超出社交本身。缺乏触摸会对语言和阅读技能、符号识别能力的正常发展产生负面影响。此外，也有许多人认为，在生命早期被剥夺触摸会导致各种健康问题，包括皮肤病和过敏。

皮肤饥渴症（skin hunger）是一种强烈的身体触摸需求，就像饥饿是一种强烈的食物需求一样，这是由心理或身体健康以及身体接触不足造成的。触摸剥夺不仅会导致心理问题，还会给承受压力的能力带来负面影响。海特（Hite）对西摩·莱文（Seymour Levine）的工作进行报道，他研究了三种触摸条件对新生大鼠样本的影响。第一种情况,允许幼鼠与母亲进行身体接触;第二种情况,啮齿动物被完全剥夺触摸;第三种情况,对幼鼠进行电击。一段时间后,被剥夺触摸的一组动物样本身体虚弱、患病,而被允许与母亲进行身体接触的老鼠健康并且活力充沛。

最令莱文吃惊的是,受电击组老鼠的情况竟然与保持与母亲接触组一样活泼健康!这些发现可能暗示了一个相当惊人的结果。对正常的生物发育而言,"不良"触摸是否比完全无触摸还好?听起来有点牵强,但这些戏剧性的结果至少说明触摸剥夺肯定是不好的。

第 10 章

时间

Nonverbal Behavior in Inerpersonal Relations

非言语沟通经典入门：影响人际交往的重要力量

时间学（chronemics）是关于我们怎样感知、使用、研究、构建、解释时间信息以及对其做出反应的学问。摩尔、希克森和斯塔克斯指出，时间学研究是"非言语交流的重要领域，因为我们通常都会把自己的主动行为和反应行为按照时间序列来安排"。北美洲人士对时间的重视体现在一言一行之中，时间的非言语元素在我们的生活中随处可见。

| 大本钟已经在英国伦敦报时超过 150 年

美国人是围着时间表运转的，我们大部分的交流，言语的和非言语的，都是按照时间表运转的结果。我们对时间表的热衷体现在生活的方方面面。例如，我们的学校、教室和公司里都有时间表，几乎没有哪个机构不以时间表为尊。我们的工作场景有时间表，我们为他人和自己安排约会，在特定的时间吃饭，在特定的时间睡觉，在特定的时间度假。如果错过了那个时间，就会错过假期，因为要优先安排其他活动。我们根据工作环境中人或事所需的时间来设置它们的优先级。

我们的口头语言明确把时间当作一个支配因素。来看看我们有多少关于时间的日常用语。"时间不多了。""还要多久？""午饭是什么时候？""我没有时间。""我会抽出时间做这件事。""时间溜走了。""时间都去哪了？""我需要更多时间。""时间花得很值。""今天我浪费了很多时间。""我希望能有更多时间。""我能延长截止日期吗？""这次你做，下次我做。""时间就是金钱。""我就是抽不出时间。"

时间已经成为言语和非言语交流的一部分。从这个意义上说，时间支配着我们做什么、何时做，而我们是时间的下属。

时间取向类型

霍尔曾指出，我们应该研究自己的时间取向。他说："人们做的事情各不相同（写书、玩耍、安排活动、旅行、饥饿、睡觉、做梦、冥想和执行仪式），在有意或无意之间，这些会表达出不同的时间取向，也会对时间取向有所影响。"在本节中，我们来回顾一下霍尔提到的心理、生理和文化三种时间取向及其对沟通的影响。

心理时间取向

心理时间取向是指人们对时间的感受、思考或感知是怎样的，以及这些方面如何影响人们的日常沟通和生活。不同个体和文化在心理时间取向方面有所不同。心理时间取向又分为三种不同情况：过去取向、现在取向和未来取向。我们在此将逐一讨论。

过去取向的人非常看重过去，回忆过去并珍视过去发生的事情。他们的座右铭可能是"记住过去"或"当好事后诸葛亮"。奉行过去取向理念的文化倾向于在过去事件的背景下看待新的情况，他们习惯用历史来塑造现在。这些社会尊重老年人，听取长者关于过去的想法和观点。传统的中国文化就是一个以过去为取向的社会，他们以长者的话语作为指导。美洲原住民部落也非常重视过去和传统，他们付出了巨大的努力将长者的智慧传递给年轻人。一般而言，不管一个人生活在哪种文化中，随着年龄的增长，都会越来越重视自己从经验中所得到的知识。

现在取向的人们活在当下。他们的座右铭可能是"及时行乐，死而无怨"。他们活在当下，为当下而工作、上学、投资。在一些贫穷的国家，人们以当下为取向很容易理解。如果你连下一顿饭从哪里来都不知道，思考遥远的未来就没有多少意义。在这种文化环境里，年长者可能会比在注重过去的社会环境里得到的尊重少很多。有些年轻人会说："他们知道什么？他们生活在黑暗时代。"有些学生对老师、孩子对父母也是这样的看法。因为过于注重当下的组织文化，美国企业正受到越来越多的批评。人们指出，美国企业的许多商业决策为了增加即时利润而损害了公司的长期福祉。

未来取向的人们是以未来的情况来决定今天的行为。未来取向者的座右铭可能是"明天转眼将至，务必做好准备"。未来取向者相信，明天是值得我们努力追求的。例如，他们努力工作是为了让孩子有一个更好的生活、玩乐和工作的环境。注重未来的人根据他们头脑认知中的未来做出决定。许多人说，这是大多数移民来到美国时都认同的想法。它代表了一种节俭和具有建设意义的生活方式，许多人将此视为美国成功的原因。

时间取向的差异会使沟通中产生许多差异。我们来假设一种情况，几位分别秉承过去、现在和未来取向的公司高管坐在一起商讨如何销售一种新产品。这种新产品名为"时间"，是一种可以让伴侣陷入爱恋和亲情的气味。那么讨论可能会是这样的：

　　过去取向的高管：让我们看看过去的广告宣传活动，看看有什么可以学习利用的地方。也许我们应该和格温女士商量一下，她在30年前公司创立时就在公司工作了。有些老广告活动真是经典，正是它们推动公司发展成为今天的模样。

　　未来取向的高管：我认为不需要与格温女士商量，我们应该看看未来人们想要什么。互联网就是未来,我们可以制作最受欢迎的网站广告。这也是未来广告的趋势。

现在取向的高管:你们两个等一下。我们需要的是现在能够卖得出去,谁关心明年?如果我们现在不卖出"时间",明年我们就没工作了!找一个当下最受欢迎的人做我们的代言人,我们需要一个有吸引力的人来推销我们的想法。

由于时间取向不同,假想情境中的这几位高管们可能永远无法达成一致,产品可能永远无法推出。他们不同的心理时间取向看重不同的时间阶段,时间取向不同,基于不同的时间取向就做出了完全不同的假设,因此他们无法进行有效的决策沟通,对时间的不同看法使得他们对什么是好的决策有着不同的定义。人们需要意识到这种差异,以及它给沟通带来的影响。一个人或一种文化心理时间取向可以决定交流沟通的成功概率。

生理时间取向

生理时间取向是指人们的身体怎样感受时间,对时间做出反应,以及时间对于身体健康的影响。生物节律就是生理时间取向的一种常见表现,包括三个周期:生理周期、敏感周期和智力周期。生物节律的长度各不相同。一个人的生理周期平均约为 23 天,敏感周期平均约为 28 天,智力周期平均约为 33 天。生物节律从出生开始,直到死亡为止,每月都与我们同在。根据生物节律理论,一个人的能量在所有三个周期的前半段最高,在后半段最低。

在生理周期的第一阶段,我们的身体最强壮,能量最高。这一时期,我们能够在较短的时间内完成更多的工作,而且感觉良好,即使耗费很多精力也不感到疲劳。在生理周期的第二阶段,我们整个人处于低谷,没有太多能量,要花费很多时

> 这项研究针对一个人对时间的感知与如何将感知传递给他人这两者之间的关系。时间手势可以表示过去、未来，以及"加快速度"等，通常伴随语言出现。作者讨论了他们所谓的横向时间手势，"其中时间被概念化为从身体左侧移动到右侧"，分析了这些手势中的五种形式：放置（即将手置于身体周围某处，以此示意某个事件或时间）、指向（用手指向某个以手势比画构建出的代表某个事件或时间的可见区域）、持续时间标记（以手势示意的两个事件之间的时间长度，或某个单一事件的过程）、桥接（以手势表示两个存在先后顺序的事件之间的过渡）和手动演示（以手代表时间，以手的动作演示时间的变化）。作者认为，这些手势都与特定的文化相关。

间试图获得足够的能量去做某事。

在敏感周期的第一阶段，我们有积极的情绪，对事物持积极态度，与人相处得也很好。在敏感周期的第二阶段，我们不太积极，不太开心，对他人的态度也不够好，脾气暴躁，甚至可能会对他人发脾气，我们要花费很多时间来增强自己的情感能量。

在智力周期的第一阶段，我们非常机敏，能够专注地对信息做出反应，更好地处理信息、检索信息，对信息的应用也很好。在智力周期的第二阶段，我们处理信息的速度降低，检索信息感到困难，机敏程度和注意力集中程度也都有所降低，我们甚至需要强迫自己才能集中注意力。在这一阶段，我们的智力水平处于低谷，要花时间尝试重新蓄力，才能提高我们的智力水平。

生物节律理论的支持者认为，每个人都有一些关键的时间节点，那就是我们的周期转换的日子。当敏感周期转换时，可能表现为情绪低落；当智力周期转换时，可能表现为难以处理信息；当生理周期转换时，可能会感觉精力不足或疲劳。

一些人不遗余力地记录他们的生物节律，以便可以更好地规划自己的生活，避免在关键时候犯错。虽然人类确实存在生物周期，这是一个科学事实，但并没有足够证据可以证明掌握生物周期就有助于更好地规划沟通。

基于生物的时间取向，我们认为有一个更重要的区别需要得到明确，那就是在夜晚生物活性更高和在早上生物活性更高的人之间的区别。这种差异被委婉地称为"猫头鹰"和"麻雀"的不同。

我们大多数人的时间取向很容易确定，与此相反，大多数人很难确定自己的生物节律。此外，大多数人可以对熟人的时间取向做出相当准确的判断，这种区别已经成为一些社会科学研究的对象。我们用来确定时间取向的自我检测表被称为时间取向量表（measure of time orientations，MTO），如表10-1所示。在这个量表上圈出你的答案，并根据说明计算得分。MTO的平均分是48分，如果你的得分比48分高得多，那么你可能表现出更多的"猫头鹰"倾向；相反，如果得分比48分低得多，那么你可能表现出更多的"麻雀"倾向。猫头鹰在下午和晚上表现最佳，而麻雀在上午表现最佳，这个简单的区别对企业和学校有广泛的影响。

通常我们都期望大多数人遵守朝九晚五或朝八晚五的工作时间表，"猫头鹰"们往往就会因此而受到惩罚。"猫头鹰"们早上很难正常工作，到了中午他们才开始真正有能力工作。换句话说，在上午8点到11点之间，他们并不能发挥出最佳水平。"猫头鹰"们是一群喜欢在晚上工作或上课的人，在上午，他们不想做任何重要的事情。他们已经意识到，自己在上午的效率很低，这是一个生物学事实。即

表 10-1　　　　　　　　　时间取向量表

说明：以下是一系列关于时间取向的问题。答案没有正确或错误之分，请如实回答，可以帮助你确定自己的时间取向。
SA = 非常同意
A = 同意
N = 不确定
D = 不同意
SD = 强烈反对

S	D	N	A	SA	
1	2	3	4	5	1. 我非常讨厌早起。
1	2	3	4	5	2. 我喜欢下午上课。
1	2	3	4	5	3. 我喜欢上午上课。
1	2	3	4	5	4. 我上午状态最差。
1	2	3	4	5	5. 我很喜欢早起。
1	2	3	4	5	6. 我不喜欢下午上课。
1	2	3	4	5	7. 我上午很易怒。
1	2	3	4	5	8. 我下午很机敏。
1	2	3	4	5	9. 我下午很易怒。
1	2	3	4	5	10. 我上午很机敏。
1	2	3	4	5	11. 我上午考试的结果经常不理想。
1	2	3	4	5	12. 我一般下午考试成绩理想。
1	2	3	4	5	13. 我一般上午考试成绩理想。
1	2	3	4	5	14. 我下午考试的结果经常不理想。
1	2	3	4	5	15. 我喜欢晚上很晚学习。
1	2	3	4	5	16. 我喜欢上午很早学习。

评分：第 1 步：计算第 1、2、4、7、8、11、12 和 15 题的总得分。
（总分数应该在 8 到 40 之间，否则肯定是出现了计算错误。）
第 2 步：计算第 3、5、6、9、10、13、14 和 16 题的总得分。
（同样，总分数应该在 8 到 40 之间。）
第 3 步：将第 1 步总得分加上 48。
第 4 步：将第 3 步总得分减去第 2 步总得分，就是你的 MTO 分值。（你的分数应该在 16 到 40 之间，否则肯定是出现了计算错误。）

使喝上几杯咖啡，"猫头鹰"们的心脏也不会跳得很有力。这种文化中的时间取向对"猫头鹰"们有什么影响？我们强迫他们在上午 7 点或 8 点上学上班，在他们眼睛刚开始睁开，耳朵刚开始能够辨别声音的时候，就给他们施加重负，难怪许多"猫头鹰"在学校表现不佳，很难从事常规工作。

我们有机会观察数百名"猫头鹰"学生和公司员工,并与他们进行交谈,他们中的绝大多数都说在下午工作完成情况更好。学生们表示,在下午他们的专注力和记忆力有所提高,在下午完成作业或考试成绩会更好,在下午上课的老师也更受到他们的喜欢。他们还表示,下午上课的老师也更喜欢他们。我们认为,这应该只是因为老师不喜欢在课堂上睡觉的孩子。"猫头鹰"学生经常在上午课上睡着,如果他们没法保持清醒,就不能正常工作。因此,上午上课的老师对这些"猫头鹰"学生的态度肯定不如下午上课的老师。一到下午,小"猫头鹰"们就已经准备好回答问题并积极回应老师。

相比之下,"麻雀"在上午会发挥出最强的实力。"猫头鹰"早上刚起床,而"麻雀"正处于一天中的高峰期。"麻雀"在上午6点、7点或8点上班或上学,思维十分清晰,而此时的"猫头鹰"则几乎没有任何思维能力。然而,"麻雀"孩子在下午的表现会不如上午,他们在下午不那么专心而且更加疲惫,在下午考试和写作业也会受到影响,而且,这些"麻雀"很难上夜校。

正如我们所见,这会对人的沟通产生深远的影响。上午,"猫头鹰"老师难以应付叽叽喳喳的"麻雀";下午,"麻雀"老师又难以招架细心的"猫头鹰"。"猫头鹰"主管很难管理活泼的"麻雀"员工;"麻雀"主管也难以招架细心的"猫头鹰"员工。我们的时间取向决定了自己在一天中不同时间的沟通效率,大多数人已经学会在上午9点到下午5点之间很好地工作。我们称这些人为"斯普罗尔斯"(sprowls),他们既不是"麻雀"也不是"猫头鹰"。大部分人都是这样的时间习惯,但其中至少有20%是"猫头鹰",20%是"麻雀",这意味着五分之二的人不是"猫头鹰"就是"麻雀"。很多企业才刚刚开始认识到时间安排的影响,已经有许多公司实行弹性工作时间,允许员工个人在特定范围内确定其工作时间。这样做的企业产量有所提升,员工士气也得到提高。换句话说,"猫头鹰"可以与"猫头鹰"轮班,"麻雀"可以与"麻雀"

轮班，而且还有很多"斯普罗尔斯"可以守住中间。也有很多学校想让孩子们参加与其生理时间相关的课程，这应该会提高学生的产出和教师的士气。大学生的优势在于，他们通常可以在第一年之后选择一个符合自己生理时间取向的时间表。

我们的生理时间取向会影响我们与他人的交流，影响我们如何看待他人以及他们如何看待我们。如果我们知道自己在什么时候能力最强，就可以修改自己的日程安排，以便更好地利用时间。如果我们能弄清楚对方的生理时间取向，也可以策略性地选择最适宜的与他人交谈的时间。聪明的学生一定懂得不要在早餐桌上向"猫头鹰"父母要钱。

时间取向的生物学影响不仅渗透了人们的日常生活，还会决定人们对一年中不同时间的反应。患有季节性情感障碍（seasonal affective disorder，SAD）的人通常在春季、夏季和秋季表现较好。由于冬季白天较短且日照时间不足，他们无法很好地应对长夜漫漫的冬季。当白天时间更长时，他们能发挥出最大的潜力。

文化时间取向

文化时间取向是指特定的文化如何感知和利用时间。了解不同文化的时间取向并非易事。霍尔提出了三种不同的文化时间系统：技术时间、正规时间和非正规时间。我们先来了解前面两个系统，稍后再学习第三个。

技术时间（technical time）与人际交往的相关性最小。它是指对精确且符合逻辑的顺序计算得出的时间进行精确、科学测量。技术时间的一个典型例子是美国国家航空航天局（NASA）跟踪时间的方法。它是一种非常有序且科学的计时方法，并不具有人际关系功能和情感。

正规时间（formal time）是指一种文化记录时间的方式，例如，我们记录日、月、年等。正规时间不像技术时间那样科学，但也较为精确，因为各种文化都有传统的跟踪时间的方式。农民按照季节更替种植劳作，住在海滩附近的人按照潮汐规律时间生活工作。每种文化都有自己的跟踪时间的方法，而且由于文化差异很大，不同文化对时间的使用也各不相同。

霍尔总结了时间的七个维度，可用于区别正规时间与其他时间类型。这七个维度是排序、循环、价值、有形性、综合性、持续时间和深度。他指出，分析这些维度有助于区分正规时间与其他时间类型。

排序是指将一系列事件的顺序固定下来的一种时间形式。例如，"一周之所以是一周，不仅因为它有七天，还因为每一天有固定的顺序排列"。霍尔指出，事件的顺序可能因文化而异，因此，关于事件顺序的交流可能会导致一些误解。例如，有人认为星期一是一周的第一天，也有人认为星期天是第一天，还有人说星期六才是新一周开始的日子。

循环针对的是北美地区希望时间以循环形式流转的需求。我们把日子分组，组成周、月、年等单位。这些时间单位循环往复，但每个单位的时间容量都是有限的，最终还要回到起点重新开始。世界上有一些文化是不遵从循环时间的。例如，普韦布洛印第安人（pueblo indians）的理念是，只有时机成熟时才会发生某件事情，因此他们会等待时机成熟。他们不以周期性的时间为基础做事，但是，只有他们知道怎样选择时机，外来访客很难理解其中奥妙。

接下来的三个组成部分都是美国人非常重视的：时间的价值、有形性和综合性。价值是特定文化对时间的重视程度。有形性是指某种文化对时间作为商品的认识和想法。综合性是指某种文化对时间的积累和集合（例如 60 分钟为一小时，24 小时为一天等）的需要或渴求。霍尔认为，美国文化非常重视时间以及时间的使用和花费方式。我们认为时间是一种宝贵的商品，应该以明智的方式加以使用。最后，我们集合时间、使用时间，并以此决定如何将其他元素融合到我们的文化里。霍尔指出："我们对所有事物的融合，几乎都是受到我们自己看待事物方式的驱动。"。因此，我们很难与那些对时间重视程度不同的人交流，也很难与那些认为时间不是商品，不像我们一样认为时间应与事件相联系的人交流。我们常常因为无法适应他人而对时间本身、时间与文化的融合产生误解。

在我们的文化中，持续时间通常用时钟来衡量，但在其他文化中，持续时间可能并不那么重要，例如，欧洲传统认为时间就是发生在两点之间的某事或某物。霍尔对持续时间的定义如下：时间就是当玉米成熟或绵羊长大时发生的事情，是具有一定特征的事件序列。换句话说，不同文化对时间长短有不同的看法。在任何文化中，对小孩子和成年人来说，持续时间的含义肯定也是不同的。

最后，霍尔回顾了时间的深度。他认为时间的深度就是从过去转换到现在的那一刻。美国人觉得现在深受过去的影响。每次举行总统选举时，政治家和民意检测专家都会利用过去的情况预测当下的结果；股票经纪人试图根据过去的趋势预测未来的金融走向；体育迷试图根据过去的比赛成绩预测当前和未来的比赛结果。在大多数情况下，根据这些过去事件并不能完美地预测以后发生的事情。

总而言之，正规时间的组成对我们利用并感知正规时间以及与周围人交流的方式起到一定的决定作用。我们不能假定周围其他人和我们自己一样重视时间，如果我们常常抱有这样的假设，很可能会发现事实并非如此。还有一点必须记住，儿童通常要到12岁左右才能很好地掌握其所在文化环境中正规时间的方方面面，这个年龄的孩子通常已经形成或正在形成有关时间的文化规范观念。

现在，我们开始讨论文化中的第三种时间系统——非正规时间（informal

time)。这是最难理解,也最难习得的一种文化时间取向。这种类型的时间因文化而异,是特定文化背景的休闲时间。非正规时间通常是无意识的,并由其所处的应用环境和条件决定。例如,当我们说"将在一分钟内到达"时,我们的意思可能是"一会儿"或"一小会儿"。这些非正式、不成文的时间表述不准确,也缺乏逻辑,故而对于人们,尤其是对儿童来说,是最难学习和理解的。对于来自其他文化背景的人来说,当我们说"一分钟后"时,可能真正意味着的是一天后。你可以拿出一些时间,列出你自己曾经用过或听他人用过的、非正规的闲暇时间陈述。

非正规时间系统存在八个持续时间级别:即时、很快、短暂、中等时长、长时间、很久、非常久、永远。我们该如何准确地表述这些持续时间?一位主管多次与其秘书沟通,表示需要立即寄出一封信。履行这个职责的秘书很清楚主管的意思,因为他们在一起工作了五年。"立即"对这位主管来说就是"昨天",但"立即"对其他人可能意味着"一会儿""不久"或是"明天"。

"永远"这个词的含义非常不准确。当某个学生说:"我以为那堂课永远都不会结束了。我觉得要永远在那里待下去了。"他们想表达的意思是什么?时间长得可怕,还是无聊至极?可能两者都有。他们对这些意思的表达方式就是说"永远"。"我会永远爱你"是什么意思?对某些人来说,这意味着"直到死亡将我们分开";对其他人来说,这意味着"就今晚"!我们对非正规时间的使用,不仅相同文化背景的人感到困惑,来自其他文化背景的人们也无法理解。需要记住的是,非正规时间对于儿童来说也是非常难以理解的,所以与那些无法理解非正规时间表达的人们打交道,我们需要格外耐心。

守时性

长期以来,守时(或不守时)造成了我们文化中许多沟通的问题。当我们说希望某人守时的时候，即使我们不需要他们早到，但至少希望他们可以准时。守时不是非正规时间的一种形式，但通常被非正式地使用。人们似乎会对准时的含义感到困惑。儿童不明白准时或守时的重要性，在迟到几次并被大人告知要准时或守时之后，他们才知道什么是守时。我们观察儿童离家上学或放学回家，发现大多数孩子都漫不经心，他们的母亲或父亲却在家里焦急地等待着。孩子如果迟到，妈妈并不会明白是什么原因，因为时间对小孩子来说意义不大。到六岁左右，大多数美国儿童都知道今天是星期几，如果到六岁还没有掌握这些知识，也会在入学时进行学习。到八岁时，孩子们通常可以通过手表或时钟来判断时间，并了解季节及其含义。大概所有人都还记得自己小时候在父母或兄弟姐妹的帮助下为上学做准备。那时候他们最大的担忧之一就是怕你会迟到，他们可能会催促你"快点吃饭"，叮嘱你"不要错过校车"，或者告诫你"快点吧！老师不喜欢迟到的孩子"。这就是守时观念的习得过程。

霍尔指出，有两种看待守时的方式，即"错置时间点模式"和"扩散时间点模式"。时间点是人们期望他人到达社交活动地点的时间。假设时间点是晚上8点，习惯"错置"时间点的人会在约定时间之前到达。也就是说，他们将在7:30到7:57之间到达约定地点，大多数会在7:55左右到达。习惯"分散"时间点的人会在7:55到8:15之间到达。这些人不像其他人那样认为时间是固定的，所以他们到达的时间较为分散。对于那些期望他人"准时"到达的人来说，这可能会令人不安，有时，超过指定时间到达会被视为一种侮辱或不尊重。影响人们选择哪种时间点模式的因素包括社交场合的类型、提供的食物或饮料、相关人员的状态以及个人处理时间的方式。很少有人在与美国总统会面时迟到，不过，总统可能会迟到，但谁也不会多想。

试图打破非正规时间规则可能会导致人们在某些时候犯下有趣的错误。本书作者们曾受邀参加一个据称时长为两小时的社交聚会。他们不想成为第一个到达的人，就故意迟到一会儿，期待自己可以错过聚会开始时的正规会面，在到达后仅与熟悉的朋友进行交谈。这个聚会大约邀请了两百人，所以如果比指定时间晚到30分钟应该可以很快融入人群。但当他们晚30分钟抵达聚会时，虽然没有人表现出惊讶或不安，但是他们很快就发现，自己错过了鸡尾酒、龙虾和蟹肉等开胃菜。他们到场的时间很"准时"，并聆听了30分钟的欢迎辞。

人们根据自己对时间点模式的选择和准时程度来对彼此做出判断。对于大多数美国人来说，在没有正当理由的情况下迟到15分钟以上几乎是不可原谅的。很多老师都认为如果学生迟到的借口不是危及生命的问题，老师会毫不妥协地让他们补交作业；企业通常会以迟到为由扣除员工的工资。在这种文化环境里，想要给他人留下积极的印象，即使不能提早到场，也必须始终保持准时。

多向和单向计时制

即使我们总是做到准时，非正规时间还有两个方面将决定我们怎样使用时间。霍尔将其称为单向计时制（monochronic time）和多向计时制（polychronic time）。单向计时制是我们文化中的常态，强调一次处理一个活动安排，包括工作分工和及时完成，也意味着一次做一件事。因此，在一般的美国文化中，人们认为事情应该有秩序、有安排和有组织，以便一次处理一件事，几乎不存在灵活的空间。

多向计时制是许多拉美文化的常态，强调多人参与且对事件的顺序和时间安排不那么死板。奉行多向计时制的人在工作中相信自己可以同时处理多件事。在拉丁美洲的部分地区，通常会有多个商务会议同时在同一个房间里举行的情况，会议由很多人参加。负责人经常在组与组之间穿梭并办理业务。

在今天的文化中，许多人可以进行所谓的一心多用。这种现象源自允许同时"打开"多个链接的个人计算机的普及。在这种技术的陪伴下长大的年轻人似乎可以毫不费力地将使用计算机的能力转移到其生活的其他方面，即他们可以在多向世界中运作。然而，在同种文化中，老年人很难应对计算机上的多任务处理，更不用说将其转移到生活的其他部分了。一旦适应了单向计时制或多向计时制，人们就很难适应转变。此外，对来自"其他"文化背景的行为，人们的容忍度往往非常低。

上述时间导向的差异会造成严重的沟通问题。如果有人期望美国企业高管在同一个房间里同时与多个团体会面并进行业务磋商，他们一定会感觉受辱。在美国人看来，这种情况令人不解、恼怒，甚至受到侮辱。拉丁裔或拉丁美洲人士则认为单一的商业惯例过于死板，他们无法理解美国企业高管对同一房间中只有唯一会议的要求，他们喜欢很多人一起参与。一些阿拉伯文化对商务会议也有类似的时间规范。由于时间取向不同，北美洲人士、阿拉伯人和拉丁美洲人的商业交流往往会让人感到不安和压力。

正如霍尔指出，时间显然会说话。事实上，时间的话语权太过强大，以至于人们会因为时间取向不同而误解他人。我们期望他人的想法与自己所处时代中理想的时间取向相符，但往往事与愿违。我们必须学会了解其他人的时间取向，才能成为更有效的沟通者。

利用时间的影响

从上述讨论中我们可以清楚地看出，时间会影响我们的交流和对他人的看法。我们如何利用时间或被时间利用，可以决定很多事情。

第一,时间可以告诉他人我们的地位。地位较高的人往往被允许有更多的时间偏差。他们可以早到或迟到,但其他人不能。例如,老师可以让学生等自己,学生却没有可以上课迟到的特权。

第二,时间可以表达欣赏。研究表明,我们与一个人相处的时间长短可以表明我们对他的好感程度。当然,这是指我们选择花费的时间,而不是我们约定与他们一起度过的时间。人们通过被允许的时间偏差可以感知我们对他的感受,如果我们不断强调"我只有几分钟的时间",那么别人最终将会明白这一点。但父母们必须注意不要这样对待孩子,应该让孩子们感受到自己很重要,足以令父母保证陪伴他们的时间。

第三,研究表明,时间可能是医患关系中的一个重要变量。医生花在患者身上的时间长短与患者是否愿意继续维持医患关系有关。患者与医生交谈的时间长短则可能影响到在医生的心目中认为患者是否关心或重视他。医患之间的实际沟通时间与患者认知中时间是否足够没有多大关系。匆忙进出或离开医生办公室可能会让人觉得医生没有在患者身上投入足够的时间。改善医生对非言语行为的使用和解读对于有效的医患关系至关重要。时间是一个可以用来改善这种关系的变量。

第四,对时间的使用可以传递我们的文化取向。从人们怎样利用时间以及对时间的重视程度,可以看出一个人的文化教养。如果能了解他人的时间取向,我们也可以学会理解他们。

第五,时间可以传达我们的个性和背景取向。例如,研究人员发现了一些关于 A 型和 B 型人格的有趣结果。具有 A 型人格(好斗、急躁、敌意、成就导向和抓紧时间)的学生比具有 B 型人格的学生更容易在考试中作弊。此外,A 型人格学生比 B 型人格学生日常更容易遇到问题。似乎 B 型人格者有时间意识但不会被时间驱使；而 A 型人格者会被时间驱使，也经常驱使他人。

第六，莱文发现，在 36 个生活节奏最快的城市里，心脏病发病率也最高。莱文根据行人的步行速度、银行柜员找零的时间、邮政职员解释普通邮件、认证邮件和保险邮件三者之间区别所需的时间，以及人们是否戴手表等来定义速度。这 36 个城市（从 1 到 36）速度更快、佩戴手表的人更多、冠心病发病率更高。这些城市包括马萨诸塞州的波士顿、伍斯特、斯普林菲尔德，纽约州的布法罗、纽约、罗彻斯特，犹他州的盐湖城，俄亥俄州的哥伦布、扬斯敦、坎顿，罗德岛的普罗维登斯，密苏里州的堪萨斯城、圣路易斯，得克萨斯州的休斯敦、达拉斯，新泽西州的帕特森，加利福尼亚州的贝克斯菲尔德、旧金山、奥克斯纳德、圣地亚哥、弗雷斯诺、圣何塞、萨克拉门托、什里夫波特、洛杉矶，佐治亚州的亚特兰大，密歇根州

| 最终时间总会比我们的寿命更长

的底特律、东兰辛，印第安纳州的印第安纳波利斯，伊利诺伊州的芝加哥，宾夕法尼亚州的费城，肯塔基州的路易斯维尔，田纳西州的诺克斯维尔、查塔努加、纳什维尔、孟菲斯。当然，这些城市有许多共同点：拥有主要的公路和高速公路系统，人口庞大且多样化，拥有大型企业和主要公共交通系统，以及每天超负荷的刺激措施。

最后，计时可以通过教授习得。掌握计时可以使我们成为更好的沟通者。什么时候是请假的好时机？了解你老板的时间取向，然后找出一天中最好的提问时间。时间是沟通过程中最关键的组成部分，如果你不知道如何安排沟通时间，你可能就是一个低效的沟通者。

第 11 章

两性之间的非言语交流

Nonverbal Behavior
in Inerpersonal Relations

从非言语的角度来看，女性和男性与同性和异性朋友的交流活动对研究者和实践者来说都具有丰富的价值。男性和女性使用其特有的非言语信号的方式有助于他们发展各自独特的性别身份。

两个四岁的小孩走在街上。两人身高接近，穿着相似，头发的长度也一样。人们看不到他们的脸，只能看到他们的背影。一个孩子大摇大摆地走路，双臂摆动，迈着大步；另一个孩子虽然摇摇晃晃，但整个身体都在平稳地摇摆。你能说出这两个孩子的性别吗？如果你说第一个是男孩，第二个是女孩，那么你注意到了大多数男性和女性在行走过程中的非言语行为存在的差异。早在三岁甚至更早，男性和女性的行为就存在明显的非言语差异。男性会表现出典型的男性行走方式，而女性也会表现出典型的女性行走方式，就如这两个四岁的小孩。

除此之外，男性和女性还在其他许多非言语行为方面存在差异。本章中，我们就来谈谈这方面的问题。我们将关注三个方面。首先是生理性别（sex）和社会性别（gender）的区别。其次是男性和女性如何发展出不同的非言语行为。最后，我们就要了解这些不同的行为如何对沟通产生影响。

概念定义：生理性别和社会性别

生理性别是男孩和女孩、男人和女人之间的生理和遗传差异。换句话说，这是我们与生俱来生理意义上的性别。在解剖学上，生理性别通过男性和女性性器官的不同得以体现。

社会性别是心理、社会和文化意义上的概念，表示人们认知中的女性和男性的恰当行为。这些行为表现或许能够代表一个人的生理性别，但也有可能不能够代表这个人的生理性别。换句话说，并非所有男性都符合人们对男性的刻板印象，也并非所有女性都符合人们对女性的刻板印象。有些男性会有女性化或敏感的一面，而有些女性也会有男性化或自信的一面。本章将重点关注女性和男性在非言语方面的（可能属于生物学范畴）性别差异，了解女性化和男性化行为之间的非言语性别差异。

男性和女性非言语行为的发展

现有研究针对男性和女性通常发展出不同非言语行为的原因提出了三种理论解释，认为产生上述现象的原因是遗传、向年长的男性和女性模仿，以及在特定文化中为特定行为做出的调节或强化。

遗传。部分学者认为遗传学对男性和女性非言语行为发展的不同没有影响，但我们不同意这种观点。生物学研究表明，男性和女性遗传了不同的骨骼结构和体型，我们甚至可以通过一具已经被埋葬数百年的骨骼来确定其性别，这些骨骼差异对于某些非言语行为的表现至关重要。体型和结构等遗传特征通常无法发生显著改变，但往往会决定我们的行走方式、手势和姿态，也会影响我们的非言语行为，例如微笑。我们身体的某些特征对许多非言语行为起到决定性作用。例如，普通女性的乳房通常比男性大，这一差异就会影响女性的姿势；男性的肩通常比女性宽，这一差异也是男性姿势的一个决定因素。遗传学为男性和女性非言语行为的某些差异发展提供了完整的解释。当然，这一事实并不否认其他影响因素的存在。

模仿。如果向父母询问他们的孩子如何发展非言语行为，很多人会将其解释为模仿。我们的许多行为是通过观察他人并参照其行为而习得的，这就是模仿。孩子们会非常细心地观察他们的父母、兄弟姐妹、老师和同龄人。小男孩和小女孩通过观察周围环境中的其他人并模仿其行为来学习如何表现得像"大"男孩和"大"女孩。小女孩可能会试图效仿母亲，而小男孩可能会试图效仿父亲。

用模仿解释男女非言语行为差异的实践表明，儿童会观察他人的行为并试图效仿。这个理论当然有助于解释为什么一种文化中的儿童会在成长过程中习得该文化中成年人的典型行为，另一种文化中的孩子会模仿其文化中不同的典型行为。这也至少对同一文化中女性和男性非言语行为不同的现象做出了部分解释。研究尚未证实模仿是女性和男性非言语行为发展的主要原因，但是，模仿可能对这一过程起到较为明显的作用。

强化或调节。另一种关于男性和女性发展出不同的非言语行为的流行解释是强化或调节。强化理论的基本前提是，被强化或调节的行为会增加，而没有被强化的行为会减少。如果榜样鼓励孩子像男人或女人一样走路或穿着，孩子可能会继续这种行为；如果孩子在走路或穿衣服方面的行为没有得到加强，这种行为可能就不会继续。我们都生活在一定的文化环境当中，也会对儿童的恰当行为进行强化，对其不当行为给予惩罚。小男孩往往因为玩洋娃娃而受到惩罚，但小女孩通常不会；小女孩可能因为玩卡车而受到惩罚，但小男孩通常不会。

尽管强化在女性和男性的非言语行为发展中起到重要作用，但这并不是一个决定性的原因。男女两性的行为差异并不是由单一的原因导致，尽管这可能有悖人们的期望。上述三种解释，即遗传、模仿、强化或调节都具有一定的说服力，但每一种解释都不能排除另外两种的有效性。这些因素很可能都对女性和男性非言语行

第 11 章　两性之间的非言语交流

为的发展产生影响，至少到目前为止，任何一种解释的贡献程度都是未知的。

相异和相似的特征：困境

对女性非言语行为与男性非言语行为做区分并非易事。必须首先了解女性和男性的特征，这些特征对两种性别的特定非言语行为表现起到决定性作用。

许多学者认为，在理解不同非言语行为之前，我们必须先了解社会文化对男性和女性不同性别角色的期望。这种角色期望主要是一种文化功能，只能随文化而变。描述美国文化的学者认为，美国社会对女性的期望具有被动性特征，而对男性的期望则是主动性特征，这意味着我们的文化期望女性更灵敏、能够对他人做出积极的反应、善于情感表达和支持他人，相比之下，期望男性果断、独立、自我肯定、自信和坚定。

梅拉比安认为，这种文化背景中的男性被期望在社交中更具主导性，而女性则应在社交中表现得更具顺从性。他的结论是，女性通常比男性拥有更令人愉快、低支配性和更亲和的社会风格，男性在社交风格上则更具攻击性和主导性。与之类似，亨利和埃金斯（Eakins）认为，女性和男性非言语行为差异的原因是，在该文化中，男性通常处于主导地位，女性处于从属地位。社会期望下属（女性）表现出顺从（扮演下属角色），而上级（男性）表现出支配性行为（扮演上级或自信的角色）。其他学者很快注意到，研究性别差异如何影响交流方式是一项艰巨的研究任务。他们指出，许多学者认为男性和女性之间的差异并不像以前认识的那样强烈或明确。需要注意的是，我们并不是在提倡这种刻板的性别角色认同（毕竟，本书其中一位资深作者也是一位女性），相反，我们提供这些信息的目的是希望确定这些刻板印象的来源。许多人（包括女性和男性）可能都希望这种刻板的典型规范可以逐渐消失，但只有当文化发生巨大变化，或者这种刻板行为在日常生活中出现失调的时候，这种刻板的规范才有可能消失。而目前，这一切都还没有发生。

男女沟通行为之间的显著差异似乎建立在女性和男性恰当的社会角色之上。男性往往更自信，女性则是反应积极的。多年前，伯纳德（Bernard）指出："女性应该抚慰他人，给予安心的微笑和无声的鼓励。"无论我们是否认同，在当下这种文化环境里，仍然存在强烈的文化和社会偏见，即女性是支持配合者，男性是自信决策者。刻板性别角色（自信或是积极反应）可以解释非言语行为的性别差异。本章接下来的内容就将对这种由文化定义的男女差异导致的两性非言语行为差异进行讨论。

| 男性和女性的坐姿不同并不奇怪

外形与吸引力

在这个社会中，无论生理性别如何，身材和外表具有吸引力的人都会比没有吸引力的人获得更高的评价。这个社会不重视没有吸引力的东西，尽管"情人眼里出西施"，但对男女之间吸引力的研究仍然得出了几个结论。如前所述，在一般人看来，有魅力的人更善于交际、更外向、更讨人喜欢、更聪明、更快乐，而吸引力不足的人不善于交际、不够外向、不讨人喜欢、不够聪明，也不太快乐。

在文化上，女性可能必须满足比男性更高的吸引力标准才能被认为是可信的。埃金斯发现，在进行有条理的谈话时，男性和女性的吸引力存在显著差异。该研究让两个女人和两个男人就辩论的优点发表具有说服力的演讲，每个人都进行两次演讲。第一次演讲被设计得更具有吸引力，第二次演讲显得平平无奇，但着装保持不变。具体安排是这样的：第一个支持辩论陈述其优点的演讲，有理有据，说服力很强，第一个反对辩论陈述其缺点的演讲，逻辑混乱、僵化教条；第二个支持辩论的演讲缺乏逻辑，教条主义明显，而第二个反对辩论的演讲却是论据充分，很有说服力。评分者是一群大学生，他们已经完成了对演讲者态度的前测，并将在演讲之后再对演讲者进行后测。

结果显示，演讲者的吸引力差异确实会影响听众对演讲观点的接受程度。

正如预期的一样，两位逻辑清晰、论证充分的演讲者，当其形象更具吸引力时，其演讲的说服力也更强。另一个有趣的结果是，在吸引力较弱的女性和男性之间，说服力也存在差异，无论他们的演讲表现如何。男性的吸引力平平只比魅力十足的说服力稍逊一筹。但是吸引力对女性的影响就存在很大的差异，吸引力平平的女性演讲者，其观点接受度明显降低。事实上，在其中一个录像版本中，一位女性发表支持辩论的演讲，表现出色，但其吸引力不佳带来的影响之大，以至于另一位吸引力较强的女性以逻辑不足、结构不当的演讲进行回应，对听众却产生了更大的影响。无论女性还是男性，似乎都更愿意接受一个缺乏吸引力的男性的观点，对同样缺乏吸引力的女性却不能做到同样的包容。男性对缺乏吸引力的女性的态度最为消极。

请注意，缺乏吸引力确实会对男性演讲者产生负面影响。男性和女性演讲者之间的差异只是一个影响因素：两者都会因缺乏吸引力而使说服力受到限制，但女性尤其如此。另有一些研究仅依据照片对个人可信度进行评级。这些研究也发现，尽管讲话者的性别不同，但在可信度方面，有吸引力的人会比吸引力不足的人获得更高的评级。虽然相关研究仍然十分有限，不足以得出准确的结论，但在埃金斯的经典研究中，他认为"与装扮不佳的女性相比，外形不佳的男性表达的观点更容易被人接受"。这样的判断在今天依然准确吗？答案是肯定的。不仅女性受到社会（女性和男性）更严厉的评判，而且关于女性的第一次对话观察可能也会关注她的外表或着装，而不是她的能力。同样，这种女性要有吸引力才会被接受和信任的社会倾向至今依然存在，并且还很有市场。但有趣的是，在世人面前，过于漂亮的女性可能比不够漂亮的女性遭受更多痛苦。例如，超级迷人的女性可能会同时被男人和女人视为"性对象"，而不是"可信赖之人"。因此，对于女性来说，"如何穿衣，如何打扮，以及自己的外表向他人传递了怎样的信息"，这些非言语困境一直存在。因此，我们可以得出结论，无论生理性别如何，都应该始终努力给人留下良好的第一印象，女性尤其如此。在过去的40年里，社会文化在这方面并没有太多改变。

着装风格变化很快，其变化通常发生在特定穿衣风格对交流产生影响之前。但至少可以得出一个结论，人们应该根据场合决定着装。如果某个场合需要穿着商务套装，那就穿与生理性别相匹配的衣服；如果某个场合需要正式着装，那就穿他人认为你应该穿的衣服。如果某人选择不遵守其生理性别的着装规范，可能就会遭到某些群体的嘲笑甚至排斥。想要被他人视为可信且善于交际，一个人的穿着必须与其性别文化角色相符，才能获得他人的信赖，被认为是善于社交的。

动作和手势

早在学龄之前，儿童就会表现出符合生理性别的身体动作和手势。在学前班，小女孩与小女孩配对时的身体动作比与小男孩配对时更加明显。与小男孩在一起时，小女孩往往表现得害羞，动作也比较拘谨。行为上的性别差异在学龄前儿童中较明显，他们从很早就表现出与青年男女相似的行为特点。

在伯德惠斯特尔的经典著作中提到了对幼儿的一些研究，他的结论是，性别角色分化在很小的时候就开始了，并举了一个例子：

一名女婴……到15个月大时，已经掌握了部分运动系统的功能……南部中产阶级女性。她已经可以将骨盆前倾和股骨内接触姿势结合起来，这与拍摄记录下来的22个月大的男孩双腿张开、骨盆后倾的姿态形成鲜明对比。

与女性交流时，男性倾向于使用更具支配性或命令性的手势和动作。同样，与男性伴侣相比，女性倾向于使用更顺从或接受的手势。多项研究结果表明，女性在与男性交流时可能倾向于做出以下动作：占用更少的空间、收缩身体、在说话或倾听时歪头、比男性更频繁地整理或玩弄自己的头发、双手放在膝上或臀部、拍打双手、交叉双腿、交叉脚踝、让出空间、目光向下、多眨眼、坐姿时腿脚并拢。男性在与女性交流时可能倾向于做以下行为：频繁凝视、指点、占更多空间、保持头部挺直、伸展双手、双腿分开站立、坐姿时双腿伸直、脚踝分开、膝盖分开、频繁触摸下巴、使用更大和更多的手势、更多的腿脚运动，并向远处伸展手臂。

在女性与男性的互动中，男性更多使用主导手势，而女性则更多使用顺从手势。这些行为模式似乎不仅仅是异性之间的反应，因为在与同性互动时，这些表现在两性身上也都有所体现，只是在某种程度上不那么极端而已。这种在男性和女性手势和动作中观察到的情况可能部分是由遗传倾向导致的，但在很大程度上还是由两性在社会中扮演的角色、文化刻板印象以及对男女的一般看法决定的。从本质上讲，每种性别都倾向于学习与其文化相适应的生存技能。

面部表情和眼神

男性比女性更倾向于掩饰或隐藏自己的情绪。似乎我们的文化允许女性做出各种面部表情，当男性有同样的表现就会被惩罚。在某项研究中，向男性和女性展示事先选择的幻灯片，以唤起他们的情绪和显著的面部表情。幻灯片中包括烧伤受害者、快乐的孩子、风景和性相关图像。研究人员通过观察被试的面部表情，判断他们表现出的情绪。研究人员发现，根据女性的面部表情对其情绪进行准确编码更加容易，而男性似乎内化或隐藏了自己的情绪，他们并不把情绪表现在脸上。研究人员认为，这是因为我们的文化告诉男性不应该在公共场合哭泣或流露情绪。因此，男性学会内化情绪反应，而女性仍然可以通过面部表情自由表达自己的情绪。

我们大多数人都听过这句歌词："当你微笑时……整个世界都对你微笑。"[路易斯·阿姆斯特朗（Louis Armstrong）的《当你微笑时》（When You're Smiling）]。好吧，这句歌词只是部分事实。女性已经认识到，在我们的文化中，无论她们快乐与否都应该微笑。研究表明，男女在寻求他人认可时都会流露出更多笑容，但总体而言，女性比男性微笑更频繁。如果女性和男性彼此认识，双方在互相问候时，女性比男性笑得更多，微笑和大笑的次数也多于男性，而女性微笑的目的是为了掩饰焦虑或紧张。研究还表明，即使在个人独处时，女性的微笑也比男性多。女性为什

第 11 章　两性之间的非言语交流

么更经常微笑？对此最好的解释或许就是，能积极做出反应是一种适应环境的方式，而我们的文化期望女性反应敏感迅速。微笑是友谊和理解的国际通用标志，因此，女性习惯于更频繁地微笑，因为这种交流方式是社会文化对她们的期望。

孩子们对男性和女性微笑的反应不同，原因是男性主要是在被逗乐或高兴时微笑，而女性即使在传递负面信息时也会微笑。因此，孩子们可以将男性的微笑理解为一种友善的表达方式，但他们可能必须了解全部情况后才能正确理解女性微笑的含义。为什么女性即使在表达负面信息时也会频繁微笑？是社会让社会化的女性在传递负面信息时也通过公开或社交的微笑。无论沟通情况如何，社会的期待都让女性更频繁地向公众或社会微笑。这一点只要观察各个总统及夫人在公开露面的视频，看他们怎样接收信息就可以看出来。两种性别的反应存在差异，这并不是说这些夫妻的表现可以代表所有女性和男性的交流行为，他们只是比其他夫妇更容易被观察到，他们的生活受到公众的广泛关注。总之，女性习惯于表现出愉快和积极反应的一面，而不是做出一副苛刻的表情。微笑是女性学会在传递负面信息时使用的

| 男性通常比女性更倾向于掩饰自己的情绪

一种社交讨好行为。因此，在责骂孩子时，女性也比男性的微笑更多。

"眼睛能说明一切"这句老话在一定程度上是对的。本书的作者就有一个朋友，她很少与朋友和熟人进行眼神交流。在我们的文化里，与一个四处张望却不看向自己的人对话交流是令人沮丧的。作者的这位朋友在教学时很少看向她的学生，学生们也同样感到沮丧，并认为她是一个反应迟钝的老师。一般来说，她的这种行为表现无论对于女性还是男性来说都不典型。如果有人在谈话时不看你，你会觉得自己好像不是谈话的一部分。男性和女性的眼神行为功能相似，而他们对眼神行为的使用数量、频率和持续时间也有所不同。

研究表明，与男性相比，女性在谈话中会更多地注视对方。女性与女性之间比男性之间的目光接触时间长。一般而言，女性注视谈话对象的时间比男性长。与面部表情一样，对这种行为的主要解释是女性认为这是建立和维持人际关系的一种方法。

社会期望女性具有亲和力，眼神接触和凝视能显示出亲和倾向。另一种解释是，对女性的刻板印象是处于从属地位，而对男性的刻板印象是处于优势地位。处在从属地位的人应该给予上级更多关注，但处在优势地位的人却不必效仿这种行为。当女性和男性彼此相距较远时，就会出现不一样的情况。男性与女性均会在距离增加时更多地看向对方，这只是一种减少物理距离的尝试，但这种尝试往往会优于近距离情况下的情境需求。

在人际交往过程中，女性注视对方的情况更多，男性则是盯着、瞪着对方的情况更多。与盯着自己看的男性交谈时，女性会目光下移，这似乎与上文中的内容相矛盾。如果女性看向对方更频繁，注视的时间更长，那为什么她们比男性更频繁地下移目光？答案很简单，女性的大部分眼神行为都是相互凝视，即使打破相互注视，也会比男性进行更多的眼神交流。女性往往还会在对方看向别处时匆匆瞥一眼对方的脸，因为在女性与男性的互动中，女性常常是倾听者而不是讲话者，她们注视对方更频繁，因为目光接触与注意力密切相关。在一段关系达到相互熟悉的阶段，男性通常是首先与女性建立眼神交流的一方，很少有相反的情况发生。同样，男性通常被视为发号施令者，女性则被视为顺从回应者。

因为男性期望女性做出亲和的行为，所以对抗、反对的表达被视为是负面和消极的。海泽尔和蒙格兰（Mongrain）发现，在对抗中，对某个问题持反对态度的女性会做出更多消极的非言语面部表情。当做出这种消极的面部表情时，男性会以类似的厌恶和焦虑表情进行反击。在另一项研究中，李（Lee）和瓦格纳（Wagner）让女性谈论积极或消极的经历。当实验者在场时，女性较少谈论其情绪，她们夸大了自己表现出的那些积极情绪，并减少了消极情绪的表达。因此，女性似乎有一种只能公开表达积极情绪的自我认知。

当然，对话互动的一个主要目的是确定你是否喜欢另一个人以及那个人是否喜欢你。雷（Ray）和弗洛伊德（Floyd）用八分钟互动（类似快速约会）研究这个问题。研究人员观察和寻找被试的非言语表达行为（动作和发声），外部观察者也对互动双方对彼此的好感进行评价。他们发现自己的同僚、伙伴和观察者得到了相似的结果。因此，尽管大多数人并没有就如何确定是否喜欢受过"训练"，但人们仍然非常善于此道。

斯特格兰兹（Sternglanz）和德保罗（De Paulo）试图确定陌生人（如上述案例）、亲密朋友或普通朋友之间是否能够分析彼此的情绪表达。研究发现，朋友之间比陌生人对情绪表达的分析更好，但有趣的是，普通朋友比亲密朋友善于分析彼此的表情。虽然我们分析表情的能力很好，但当我们非常了解某人时，往往会更多地掩饰自己的情绪。

与女性选择男性的道理一致，赖宁格、韦德和格拉默调查了男性在酒吧里的行为。他们发现，成功男性与普通男性有着不同的肢体行为。成功男性"会在尽可能大的空间范围内观察，注视的目标变化更多，注视其他男性但并不介意对方是否回应，忽视身边的一些变化"，而且他们的目光也更短暂而直接。

麦克安德鲁（McAndrew）和沃纳（Warner）针对男女大学生进行了研究。学生们被随机配对为同性（男男、女女）或异性（男女）二人组，并被要求在保持沉默的情况下相互凝视，时间越长越好，这样重复两到三次。学生们要首先完成梅拉比安唤醒量表（Mehrabian Arousal–Seeking Scale），然后才会参与注视测试。学生们要尽可能长时间地注视或凝视同伴的眼睛，不能移开视线，注视的时间长短会用秒表计时。实验结果采取三局两胜制，任何一名被试在对视实验中先"赢得"两局，实验即告结束，被试汇报结果。

被试根据其对视实验的表现分为"赢家"和"输家"。研究发现，在男男二人组中，唤醒量表得分较高的人在测试中100%获胜；在女女二人组中，唤醒量表得分高者获得了90%的胜利。低唤醒得分的人仅有一对在20对二人组中成为赢家，因此同性二人组中高唤醒者比低唤醒者注视的时间更长。这种非言语注视行为可以在一段关系中给予一定力量。

在异性二人组（男女）中，高唤醒者相对于低唤醒者的优势并没有持续下去。在这些组别中，高唤醒者仅在10个组别中占获胜，而低唤醒者获得了6次胜利，而女性在这些组别中获得了70%的胜利。因此，唤醒程度带来的影响可能被女性对男性的明显优势中和掉了一些。

麦克安德鲁和沃纳得出结论："实际上，从情绪唤醒的个人差异可以预测其在没有人说话时保持相互注视的能力，尤其是在同性二人组中。"高唤醒者可以在同性二人组中保持更长的凝视时间，然而，生理性别似乎对这种行为具有很大影响。

在关于注视的所有测量上，女性都比男性的注视更多，尤其是相互注视这一项。这就可以解释为什么在异性二人组中，相比男性而言，似乎女性面对的周边条件"不那么新颖和令人不安"，以至于女性更愿意保持与本组对手的目光接触。在没有性别差异的同性二人组中，寻求唤醒则成为一个更显著的变量。

女性和男性在进行眼神交流方面表现不同，这种差异在很大程度上是由对男女性别的文化刻板印象导致的。

声音

如果我们喜欢一个人的声音，就会听得更专心，更愿意听这个人讲话，也更有可能与他进行更长时间的交谈。有些人的声音比其他人更悦耳，有些口音比其他口音更悦耳。有些人觉得布朗克斯口音（纽约）刺耳且令人反感，而另一些人则觉得南方口音拖沓迟缓，听起来很沙哑。我们将人声解读为性格指标，而且正如前文所述，至少在某种程度上，声音是性格特点的准确反映。然而，女性和男性声音的主要差异是荷尔蒙所致，而不是由性格导致的，正如前文关于女性生育阶段声音变化的描述。

孩子们知道自己的声音应该像社会认为的男人或女人的声音。例如，我们的文化对声音低沉的女性反应不佳，对高音调、女性化的男性声音也反应不佳，对使用错误语法、非正式用语或带有地方口音的人也反应不佳。然而，与女性相比，我们的社会对说话时表现出这些特征的男性批评较少。女孩开口讲话比男孩更早，熟练掌握发音技巧也早于男孩。那么可接受的男性和女性声音品质是怎样的呢？

在一项令人印象深刻的经典研究中，阿丁顿对声音判断进行了最全面的检验。研究中的两名男性和两名女性模拟了九种声音特征，听众对讲话者的个性进行评价。阿丁顿发现某些声音质量对于男性和女性来说都是可以接受的。

- 女性和男性都可以快速讲话，还能得到正面的解读。
- 听众认为鼻音对男性和女性来说都是不受欢迎的特征。
- 嗓音高亢的男性被认为充满活力、女性化，并且善于审美；相比之下，声音高亢的女性被认为更有活力且外向。
- 声音洪亮的女性被认为是沉稳而活泼的；具有圆润嗓音特征的男性被认为精力充沛、自豪且有趣。
- 嗓音沙哑的女性被认为丑陋、粗鲁、无趣；嗓音沙哑的男性则被认为年长、成熟且具有良好的适应能力。
- 声音紧张的女性被认为是年轻而感性的；声音紧张的男性则被认为更年长而坚定。
- 声音平淡，无论男性或女性都不会得到积极的回应。
- 声音细弱的女性被认为在情感和社交方面不成熟，但对其幽默感的评价会增强；对男性的评价与细弱的声音没有显著相关性。
- 带有气息声的女性声音被认为是女性化的、肤浅的；带有气息声的男声则被认为更年轻、更有艺术气质。

基于以上结果很难得出确切的结论。这些声音的差异不局限于跨性别交流，无论是与同性还是异性交流，都会存在。显然，基于相同的声音特征，人们对女性和男性可能产生不同的看法。

上文已经指出了一些在异性互动情况下两性之间的差异，这些差异再次与刻板印象中的性别及其角色的区别一致。与女性相比，男性往往更有力且更洪亮。与男性交谈时，女性往往会提高音调并降低音量。

空间

早在二年级时候，孩子们就开始运用其文化中的空间规范了。与学龄前儿童相比，小学生坐得离他人更远，与他人接触更少。洛姆兰兹（Lomranz）、沙皮拉（Shapira）、巧力士（Choresh）和吉莱特（Gilat）让3岁、5岁和7岁的孩子坐在一个陌生的同伴旁边并执行一项任务。3岁的孩子比其他两组坐得更近，甚至会触碰到陌生的同伴。当孩子们进入学校时，他们开始更加了解成人的空间规范。他们发现坐在彼此的腿上不再合适，而且老师需要自己的空间。虽然孩子们通常在三年级或四年级时就掌握了自己文化中的空间规范，但男性和女性对空间的使用方式仍然不同。

年轻男孩似乎比年轻女孩需要更多空间，这可能是由基因决定的，因为在男孩体格增长大过女孩之前，就已经有了这种差异。然而，大多数父母和社会上其他成年人都鼓励男孩玩的玩具（卡车）更大，而女孩玩的玩具（洋娃娃）相对更小。玩具的类型通常决定了玩耍所需空间的大小，因此，男孩可能比女孩更了解需要更多空间，然而，不应完全排除生理影响的可能性。男孩比女孩更喜欢到户外玩耍，比女孩更喜欢占用更多的地方玩耍，而且男孩玩耍需要的空间比女孩大50%。这些明显的空间差异并没有随着男孩和女孩的成长而消失。

在一个经典论述中，皮尔西（Piercy）可能在描述表演动作时对男性和女性的空间差异做了最好的表述：

> 男人向可用空间伸展。他们四肢摊开或者双腿分开而坐，把手臂放在椅子的扶手上，将一只脚放在另一条腿的膝盖上。他们控制周围宽阔的空间。女性将一条腿放在另一条腿上，交叉双腿，或将手肘放在身体两侧，尽可能少占用空间。

她们的举止就好像自己有义务不接触、不触碰他人。如果发生接触，女性会收缩并退回。如果女人撞到男人，可能会被视为一种挑逗。女性用肘部保护性的坐姿不是为了控制空间，不是为了标记领地，而是为了保护她们身体的软组织。

这些观察结果表明，女性需要更少的空间，使用更少的空间来保护自己的身体，也更容易受到空间的侵犯。接下来我们将对女性的这些行为做进一步解释。

研究空间层面的性别差异，揭示了几个有趣的区别。女性周围的个人空间范围似乎小于男性的个人空间范围。在公共场所，女性二人组比男性二人组站得更近。然而，异性二人组距离是最接近的。研究发现，男性和女性在拥挤和不拥挤的房间里待上一小时后的反应非常不同。女性觉得这段经历很愉快，更喜欢共处的其他人，比男性显得更友好；男性则感觉这是一种不愉快的经历，不太喜欢共处的其他人，也被其他人认为不太友好。在等候室里，女性二人组比男性二人组坐得更近。在最初的互动中，男性和女性都更倾向于接近女性。

似乎女性比男性需要更少的空间，如果分配给女性的空间比较小，她们也不会很难过，这可能是因为女性更习惯于接受自己的空间被人侵犯或不得不与人分享自己的空间。在典型的家庭中，母亲会把空间让给孩子和丈夫，很少有男性会放弃空间。当一个新生儿出生时，通常是母亲放弃自己的空间和时间来陪伴孩子。女性需要较少空间的另一个原因可能是男女地位角色的差异。由于在社会中获得了更高的地位，男性可能因此认为自己应该拥有比女性更多空间的权利。

大量研究证据表明男性和女性在空间使用方面存在显著差异，因此当男性和女性相遇时，它们使用空间的方式变得不同也就不足为奇了。在一项经典研究中，西尔韦拉（Silveira）发现当男性和女性在街上相互靠近时，女性会选择让出空间。

通过对19对异性组合的观察，该研究发现其中12组中的女性选择为男性让路。在另外7组中，有4组双方都为对方让路，仅有3组出现男性主动为女性让路的情况。

通过这项研究得出怎样的结论？在典型的男女互动中，男性占据了大部分可用空间，女人可能不会争夺更多空间。尽管在涉及陌生人入侵的研究中，女性通常会选择逃离现场，但在女性与男性的互动中，女性不太可能将互动过程中失去空间的现象视为一种入侵。也许女性认为自己处于从属地位，不可以争夺空间，也许她们觉得放弃比斗争或逃跑更容易，也许她们只是不需要更多空间，所以她们可能甚至不会注意到男性占据了更多空间。无论如何，男女互动过程中关于空间的妥协通常是一个平稳的过程，不需要任何一方刻意的关注。

就占用更多空间反映支配地位而言，我们再次发现，男性在与女性的互动中占据了主导地位。然而，随着越来越多的女性获得与男性同等级别的工作岗位，也有男性进入与女性同等级别的工作岗位，传统的空间主导地位正在发生变化。例如，女主管会比男下属拥有更好且更大的空间，而男护士可能会把空间让给地位更高的女士，如女医生。因此，决定空间使用的可能是社会地位或工作角色，而不是性别角色。

触摸

可悲但真实的是，在这个社会中，触摸行为从婴儿时期就开始逐渐减少了。想一想所有与触摸相关的歌曲。我们的文化中唱了很多这类歌曲，但人们很少参与到这样的行为之中。这个社会对接触行为的对象、时间和地点非常挑剔。在许多人看来，除非是在体育比赛里，否则两个男性的身体接触是一种侵犯。如果两个男性触摸对方，人们会立即做出负面解读。早在婴儿时期，男女的触觉就存在差异。与男婴相比，女婴可以接受更多的触摸，但这种差异在两岁左右开始缩小。社会文化鼓励男孩并要求他们记住应该减少触摸行为。

与男性相比，女性似乎是更关心触摸他人或被他人触摸的类型。在一项经典研究中，赫斯林（Heslin）和阮（Nguyen）向未婚大学生询问异性轻拍、挤压、拂拭和抚摸身体的不同部位意味着什么。不同性别的回答差异惊人。男性理解轻拍、抚摸和挤压之间的区别，但不关心被触摸的身体部位。男性认为温暖、爱、性欲、快感都是同一个意思。然而，女性非常关心被触及的身体部位，并认为直接触摸手、头、脸、手臂和背部意味着爱和友善，但触摸生殖器区域或乳房是性欲的标志。因此，女性从触碰的类型和被触碰的身体部位确定是友谊还是性欲，而男性无论被触碰的是身体哪个部位，都将友谊或性欲与相似的触觉进行关联。对触碰含义感知的差异预示着女性与男性互动中存在问题。

在男女关系中，通常是男性主动发出触摸动作。女性受到的教育告诉她们，女性主动触摸可能会误导男性，使其认为自己可以接受滥交。社会共识在这方面也很清晰，允许男性主动触摸，但女性不可以。事实上，女性在接近他人时，往往会止步于身体接触范围之外。在男女关系中，通常是男方先靠近女方，先触摸女方，很少会出现相反的情况。

总之，在我们的社会消除一些关于触摸行为的文化禁忌（男性不可触摸男性，女性不可主动触摸男性）之前，我们依旧是一个典型的非接触导向社会。我们从孩提时代就习惯于不要"伸出手去触摸别人"（尽管长途电话公司曾有一则长时间播放的广告恳求人们这样做）。在这个社会中，男性和女性之间的触摸往往只会在亲密关系中出现，而这种触摸通常被视为性接触。在这个狭义范围之外的少数情况通常也是由男性触摸女性。然而，与我们在本章中讨论的许多非言语行为不同，触摸更可能发生在有意识层面而不是潜意识层面。在这个社会中，异性之间的触摸带有强烈的性暗示，以至于在双方没有意识到的情况下几乎不可能发生触摸行为。

在本节中，我们列举了许多女性和男性在非言语交流行为中的差别。表 11-1 对其中的主要差别进行了简要总结，可以作为对这部分内容的回顾。

表 11-1　　　　　　　　异性交流中的非言语行为差别

女性的主要行为	男性的主要行为
目光低垂	注视
微笑	皱眉
歪头	昂首挺胸
不指点	指点
更积极的姿态	不那么积极的姿态
占据较少空间	占据较多空间
为男性让路／让出空间	进入女性的空间
接受触摸	发起触摸
身体收缩	保持直立姿态
站立／坐下时双腿并拢	站立／坐下时双腿分开
眉目传情	主动注视
手放在两侧或大腿上	手放在臀部
拥抱	抚摸
靠近	俯身
讲话更温柔	讲话更洪亮
打断他人说话的可能性小	打断他人说话的可能性大

女性和男性对喜欢和求爱的表达

舍弗伦研究美国文化的求爱仪式及其与喜欢和不喜欢之间的关系，并对各种有关人际交往的电影进行内容分析，发现了一些与约会或求爱的相似行为模式。他将这些非言语行为称为准求爱暗示（quasi-courtship cues），并将其分为四类。

第一类是求爱准备暗示，包括诸如收紧下眼睑、提升肌肉张力、控制下巴下垂、提振精神、挺胸抬头和收紧腹部等。他的结论是，男性和女性都有求爱准备行为，毕竟没有人会被腹部松垮下垂的男性或女性吸引。

第二类是装扮行为，表现为整理头发、整理面部、整理衣服、照镜子、不扣紧（女式）衬衫、整理西装外套、提拉穿好袜子、调整领带等行为。显然，男性和女性做出以上动作也会视情况而有所不同。

第三类是位置暗示，反映在座位安排上。一个人以自己的位置、姿态等向他人表明自己只与正在交谈的对方说话，不会与任何其他人交谈。例如，以手臂、腿或身体的位置或姿态阻止其他人参与对话。

第四类是恳求或邀请行为，包括转动骨盆、挑逗性的眼神、凝视他人、跷腿露出大腿、露出手腕或手掌以及放松肌肉。

显然以上所有类别的行为都与男女的准求偶行为有关，男女两性都会利用各种暗示来吸引异性。

同样，伯德惠斯特尔认为，从男女最初的接触到完全亲密关系，按顺序排列共有24个步骤。例如，如果女性没有回应男性的目光，他就不会进行下一步。按照是否遵循步骤循序渐进，可以用"快"或"慢"对女性和男性进行标记。如果忽略或跳过某些步骤，会被标记为"快"；如果不响应某些步骤，就会被标记为"慢"。结果，在某些步骤，男性期望女性会做出减缓该步骤的过程。例如，男性希望在对女性乳房采取行动时，女性至少会稍加阻止。

也许莫里斯为我们提供的是关于求爱仪式最常见的观点。他指出，西方文化中的夫妻从最初的接触到亲密关系要经历12个步骤。这些步骤存在一定顺序，在一段关系中，男女双方通常都会遵守。这12个步骤按顺序排列如下：

- 注视身体；
- 注视眼睛；
- 语音对话；
- 手掌接触；
- 手臂抱肩；
- 手臂搂腰；
- 接吻；
- 摸头；
- 触摸身体；
- 亲吻胸部；
- 把手放在生殖器上；
- 生殖器相互接触。

跳过某些步骤或对某些步骤不予反应的人可能会影响对方对其"快"或"慢"做出判断。12个步骤中的前5个可以归为接近行为，第6个或许也可以被划入这个类别。

但是，后6种绝对是亲密行为，因此，因为接近行为往往预示着随之而来的亲密行为，所以接近常常被误认为是亲密关系的序曲。值得注意的是，虽然我们认为前6个步骤属于接近行为，但对方可能认为从第3步开始才属于亲密行为。然而，根据蒂弗（Tieffer）的说法，第7步通常是决定性的一步。她写道：

深吻会引起其他生理变化。情人的舌头在嘴里会引起唾液的分泌，唾液受神经控制（第七和第九脑神经），会对口腔中的任何刺激做出反应。大多数社会都认为湿吻比干吻更令人向往，但人们会寻求一种平衡。过于湿润的吻也是不受欢迎的（正如丹麦人所说："一个人口渴时很喜欢亲吻。"），但是干燥、紧实的吻通常被认为是不成熟或压抑的。

前文概述了舍弗伦、伯德惠斯特尔和莫里斯对男性和女性行为的研究。并不是我们对求爱行为特别感兴趣，而是因为求爱行为中的许多行为都被用于求爱意图以外的男女互动中。当然，莫里斯提出的12步骤中的前几个步骤和舍弗伦发现的几乎所有行为都发生在男女之间的非求偶接触中。这些行为每天在办公室、商店、教室、图书馆、医院，几乎任何其他女性和男性会接触到的地方都会经常出现。很明显，这些行为即使并不标志着求爱的开始，也是一种交流的邀请。如果悄悄拒绝邀请，例如简单转身离开，通常会终止不受欢迎的入侵行为。然而，有时结果并不那么容易或积极。人们对他人非言语行为的敏感度差异很大。举个极端的例子，有些行为在这个人看来是性骚扰，在别人看来仅仅是调情。人们有时对自己的非言语行为也不敏感，更无法理解他人的冒犯行为。

问题防范

如何避免男女两性在交流互动中的言语和非言语沟通问题？完全避免是不太可能的，但是，意识到这些行为的存在并了解这些行为可能有多种原因解释，这对于防范问题发生、减少问题数量大有帮助。

- 切记，意义不在言语中，也不在非言语行为里，而是存在于人们的头脑中。
- 当我们发现某人的言语令人反感时，我们可以告知，以期之后尽量避免发生同类问题，我们也可以忽略冒犯性行为并继续自己的事情，或者干脆避开那个人，未来不再与之打交道。
- 对冒犯性的非言语行为也可以做出类似的反应。如果选择对抗，有可能发生严重的冲突，人际关系将受到破坏，后果可能非常严重，双方的朋友也很可能会卷入其中。
- 事前预防胜于事后处理。恰当的非言语行为和互动指导是迄今为止发现的最好的防范系统。

非言语敏感度

我们提到过这样一个情况，即有些人会比其他人对非言语暗示更为敏感，有没有可能是一种性别比另一种性别更为敏感？

- 部分观察者认为女性比男性对非言语暗示更敏感，至少在非言语敏感性测试（the Profile of Nonverbal Sensitivity test，PONS）中，女性确实得分更高。
- 多项研究表明，女性在判断各种情绪状态方面比男性更准确。
- 许多现有研究表明，女性比男性更善于以非言语方式做出反应。例如，女性比男性更频繁地注视他人、更倾向于为他人让出空间、允许他人触摸、更善于解读他人面部表情等。
- 女性在非言语方面是否比男性更敏感？看起来确实如此，但这一差异背后的原因尚不清楚。也许男性不太敏感，因为社会文化并不鼓励他们积极反应。如果社会也鼓励男性有更灵敏的反应，那么他们可能也会像女性一样对非言语暗示更加敏感。反应能力在很大程度上取决于非言语行为，因此如果不培养非言语敏感性就很难做出反应。
- 在这个社会中，女性比男性更容易流露出情感和情绪。女性将自己的情绪外化是可以接受的，但男性则不可以。人们接受的教育认为，表现或表达情感是软弱或失败的标志。因此，男性学会了不能太轻易表达，也许这就是男性更难以识别他人非言语行为含义的原因。他们可能只是认为这种行为毫无意义，不需要解释。

在本章中，我们一直在暗示，在男女之间，更多互动由男性发起。真正的始作俑者有可能是女性吗？梅拉比安（Mehrabian）早期关于亲和倾向和接近行为的研究具有里程碑式的意义。其研究表明，女性确实比男性更具有亲和倾向，会表现出更多平易近人的行为。亲和倾向是向他人展示我们友好程度的行为。女性比男性表现出更强的亲和倾向、积极反应倾向，男性比女性表现出更强的支配倾向。但究竟是谁真正发起和控制男女之间的互动呢？

亲近性的优势

看起来更易亲近的男性和女性被认为更随和、友好。正因为如此，他们才更容易接近，也被认为更讨人喜欢。人们希望接近可爱的人，与他们交谈，甚至花更多的时间与他们在一起。

看起来更易亲近的男性和女性被认为更受欢迎。受欢迎的人通常显得更平易近人、更友善，因此易亲近会增加受欢迎程度。

看起来更易亲近的男性和女性可以更多地与他人交流。人们接近并希望与平易近人的人进行更多的交流。易亲近之人，通过其非言语行为，表现出对交流持开放态度，欢迎他人的交流行为；不易亲近之人不鼓励通过非言语信号进行交流。例如，面对一个身体呈开放姿势的人和一个双臂交叉在胸前看向地面的人，你会选择向谁询问时间？显然，我们中大多数人都会选择那个看起来更开放的人。

请注意，这种情况对于各种类型的关系都适用，这并不是男女关系所独有的。我们要再次强调这一点的原因就在于，易亲近对于男女关系的发展至关重要。当然，这一特性在男女关系中可能也有不足的一面。

亲近性的劣势

亲近性会导致更多的言语和非言语交流。然而，许多人并不希望如此。无论对象是男性还是女性，增加交流就意味着增加互动。如果一个人想减少男女关系中的交流，就应该降低自己的亲近性。

亲近性会导致误解。表示亲近的非言语行为可能会被人误判为对亲密关系的暗示。例如，经常对许多男性微笑的女性可能会被视为容易获取的目标，然而，她的行为可能只是具有亲近性。回想一些易亲近的行为，思考一下这种误解是怎样发生的。想象一下，你在一家餐馆里，发现隔着两张桌子的客人对你微笑，并有直接的目光接触。你是否会对这种行为产生误解？

易亲近的行为可能会引起他人的负面看法。例如，易亲近的男性可能会被其他男性视为女性化或幼稚，而易亲近的女性可能会被认为是随和、友好，但智慧不足。必须谨慎，不要表现得太易亲近，要知道哪些情况需要表现易亲近的一面，哪些情况不需要。显然，并非所有男女关系都需要表现得容易亲近。

双性同体

双性同体（androgyny）一词是希腊词语"andros"（意为男人）和"gyne"（意为女人）的组合。双性同体是指同时具有男性和女性特征的人。就心理性别取向而言，这样的人可以根据情况表现出积极响应的一面或是自信主导的一面，从而适应不同的性别角色。目前这个社会将女性主要定义为响应性角色，将男性主要定义为主导性角色。双性同体是那些想要在自信的同时保持积极响应的人或想要在积极响应的同时仍然保持自信的人们的最佳选择。双性同体的人在某种情况下可能是热情、富有同情心、真诚、乐于助人和顺从的，在另一种情况下则会是好胜、敢于冒险、自信、独立和支配性的。双性同体的男性可能是周末在贫困儿童之家工作的举重运动员（刻板印象中的男性），而双性同体的女性则可能是喜欢看职业足球和打台球的家政学教师（刻板印象中的女性）。

通常，双性同体之人其行为表现非常灵活，在与他人的言语或非言语交流中不会受到限制。这类人可以充分意识到并适应他人的亲和与控制需求，因此，双性同体之人可以感知他人的需求并适应他们。这类人能够识别出对方何时需要亲和行为并能够予以满足，也能识别对方何时需要果决控制并予以满足。符合性别角色刻板印象的人（仅具有典型的女性或男性行为特征）在言语和非言语交流中就不会那么灵活。他们以刻板认知的方式回应他人，对他人的需求也不够敏感。总之，双性同体之人在非言语方面可能比刻板认知中的男性或女性更加敏感和灵活。

也有许多人对双性同体进行过研究。他们的研究发现，双性同体的男性和女性比遵循社会分配传统角色的男性和女性更灵活，更能适应环境。社会规范要求女性在某些情况下应该积极回应，而且不应表现出自信的一面；类似的规范认为男性在某些情况下必须表现出自信和主导，而且不应做出积极回应。遵循这些社会规范的人符合自己的性别类型，他们的交流行为应该与我们在本章中讲到的社会规范基本一致。

然而，有些人发现这些社会规范会阻碍个人作为男性或女性的全面发展。他们认为每种刻板认知的性别角色都只代表了人的一半。不幸的是，先进的解决方案有时和问题一样糟糕，女性有时会试图扮演男性的行为角色，或者男性扮演女性的角色。这种尝试所完成的只是用人的一半替换了另一半，而新的一半通常还不如原来的好。

| 易亲近还是亲密？

有些情况需要男性做出积极响应，有些情况需要女性自信和控制。人们应该记住，传统认知角色的发展是因为其在某些方面确实有用，仍然会有需要男性表现自信、需要女性积极响应的情况。因此，人们应该努力发展一些非言语技能，提高男性的积极响应能力和女性的自信程度。无论出于怎样的需要，都不应该牺牲已经发展成熟的技能。与符合性别角色刻板印象的人相比，双性同体之人更有可能在不同情境下表现得恰当和得体。要做到这一点，必须具有评估具体情境的能力。如果情境需要坚决果断，那就要果断行为；如果情境需要积极响应，那就要快速反应。能力强的沟通者能够同时做出两种表现，并且足够聪明，可以做出恰当的选择。

第 12 章

主管与下属

Nonverbal Behavior in Inerpersonal Relations

主管[①]与下属关系的最典型的特征是支配—顺从的统一体，即一方感到有权力，能够掌控和发挥影响，另一方感到服从、被管理或被支配。在我们的文化以及其他文化中，可以通过观察主管与下属的靠近和回避行为来了解双方之间的关系。在很多情况下，谁是上司，谁是下属，一目了然。地位高者占有更多空间，可以更多地触碰地位低者，也是这对关系中更占主导地位的人。

地位是一个人在群体中的等级或位置。在大多数关系中，由于年龄、经验、培训、教育或其他因素，某些人通常地位较高，而其他人地位较低。梅拉比安引用洛特（Lott）和萨默的话，表明在访客场合中很容易识别出身份的高低：

> 地位和主导性差异的线索是来访者在靠近对方时，每个阶段表现出的犹豫和不适程度。如果地位差异很大，来访者必须等待许可才能做出比较明显的靠近举动，否则就有冒犯地位高者的风险。来访者会犹豫是否可以随意就座以此暗示相互熟悉，因为这一行为意味着放松和企图留下。事实上，即使被邀请入座，来访者的行为仍然与其如何看待所处情境中的地位关系相一致。如果有不止一个访客座位，访客往往会坐在离主人有一定距离的位置。然而，如果两人关系亲密或者是同事，来访者可能会在没有得到邀请的情况下就随

[①] 本章讲到的"主管"，是指经理或老板等管理者，负责监督、控制和管理他人。——译者注

意坐在一个靠近被访者的位置。

尽管我们认为人人平等,但我们也知道这不是事实的全部。几乎任何关系都有地位高低之分。例如,在师生关系中,老师通常被认为是地位较高的一方;在工作环境中,主管通常是地位较高的一方,下属是地位较低的一方。本章讨论工作环境中主管与下属的关系,着眼于上级—下属关系的显著特征,并讨论这种关系中的非言语特征。

显著特征

让我们首先关注主管与下属关系的显著特征。

第一,工作环境中的主管有权要求下属履行某些工作职责。达到主管的级别后,往往会被赋予针对一个或多个下属的合法权威。然后,合法权威或更高权限赋予主管要求下属采取某些行为甚至是服从的权利。大多数组织都有特定的工作职责,这些职责被委派给每个下属,每个下属都必须履行这些职责。因此,组织中的主管可以并且将会要求,同时期望其下属执行这些任务。

第二,由于主管的职位、头衔较高,专业知识更丰富,主管与下属的关系要求对主管给予一定程度的尊重。

第三,在上下级关系中,上级可以对下级给予奖励或惩罚。大多数组织都会给予主管一定奖励(例如奖金)和惩罚的权力,用以激励下属。例如,许多组织允许主管在下属未完成工作时扣除工资,允许主管对下属的工作质量进行评分。如果质量评价低,下属可能会被开除。因此,组织中地位较高者通常可以决定给予地位较低者的奖励或惩罚。地位较高者也许无法直接决定奖惩，但可能会参与评估奖惩。

第四，在上下级关系中，上级是掌握信息权的人。也就是说，主管不仅知道自己的主要工作，而且还负责管理其他有关单位、变化、政策等信息，下属通常需要知道这些信息才能做好自己的工作。因此，主管可以通过选择是否与下属共享所需信息来保持其优势地位。如果没有这些必要信息，工作通常难以开展或耗时乏味。因此，当主管拥有信息权时，作为下属最好和主管站在同一边。

综上所述，工作环境中主管与下属关系的四个主要的显著特征包括：

- 主管有权要求下属履行某些工作职责；
- 主管有权获得更高的地位；

在大多数情况下，可以通过观察非言语行为分辨出谁的级别较高

- 主管经常可以对下属进行奖励或惩罚；
- 主管可以选择是否与下属分享其所需信息。

这些独特的关系特征在主管—下属关系中建立起权力（控制—默认）感知。

非言语信息的作用

非言语信息的主要作用是有助于定义工作关系。手势、触碰、座位、语调，对时间、空间和物体的使用等非言语信息都有助于确定谁是老板、谁是下属，还可以帮助确定老板和下属的具体级别。科达这样描述上下级关系中的权力隐喻：

> 不一定非要有六英尺高，像个橄榄球队员的身材，但有些身体特征可以暗示力量：稳如磐石、目光坚定、双手静止、手指宽大，最重要的是坚定稳固的形象，这表明这个人就属于这个地方，即使那可能是别人的办公室或是别人的床。

在进入办公区域时，了解身份等级的到访者可以通过观察各种特征来确定人们的身份高低。许多组织中都有常见的身份象征：职位、薪酬水平、着装、办公桌或办公室的大小和位置、公司提供的汽车型号（如果公司提供公车服务）、秘书、隐私、办公家具、工作特权（如弹性工作时间、无须在工作时间打卡）和入职仪式等。

在组织中，非言语信息起到定义个人地位的作用，这有助于新人了解如何在工作场所与他人沟通。至关重要的一点是要尽量明确地位关系，这样人们才能相应地调整自己发出的信息。在沟通互动中，如果地位较高者受到地位较低者的冒犯，地位低者可能要承受可怕的后果。弗利波（Flippo）对地位相关的非言语信息在组织中的重要性是这样阐述的：

对于公司而言，许多特征都由管理层掌握，还可能引起许多争夺血战。高管们不得不测量并比较办公室的大小、窗户的数量、与总裁办公室的距离，以及秘书、停车位、公司配车等。

虽然我们用身份的象征开玩笑，但我们对自己的地位还是心存不安。每个人都想要拥有一定的地位，声称自己不需要地位的人其实是自欺欺人，我们通常是通过非言语信息向他人确定和暗示我们的地位。本节将对每种类型的非言语信息进行回顾，探讨该信息如何在主管—下属关系中传递地位或权力（控制—默认）关系。

外貌

第一印象可能就是持久的印象，通常我们主要通过衣着而非任何其他非言语因素来做出判断。卡什（Cash）、基尔卡伦（Kilcullen）和凯泽（Kaiser）都支持这个观点，即人们在面试和招聘过程中会根据衣着和外貌来对他人做出判断。

两名女性进入执行副总裁等候室，接受同一职位即执行副总裁助理职位的面试。两人同时走向秘书。应聘者 A 身穿纯灰色西装，内搭淡蓝色衬衫，搭配相称的丝袜和鞋子。应聘者 B 身穿黑红格子西装，内搭纯黑色衬衫，搭配红色丝袜和与之相配的鞋子。秘书用愉快而专业的语气对应聘者 A 说："女士，史密斯将在几分钟后与您联系，请坐。"又用冷嘲热讽的语气对应聘者 B 说："史密斯很忙，一会儿来见您。您需要在那边等待。"

哪位应聘者更有可能得到这份工作？显然应聘者 A 更有优势，因为她的着装和外表符合应聘公司的期望。应聘者 B 或许更有资格，但她华而不实的外表会影响她的机会。根据科达的说法，"所有公司商务着装的首要要素是对权力和权威的确立"。格子风格无法建立权力和权威，但纯色可以。

着装通常决定了接待方对到访者的反应。科达指出,"看起来成功和受过良好教育的人在几乎所有社交或商业交往中都会受到优待"。着装成功的下属更有可能获得成功。比克斯勒(Bixler)和尼克斯-赖斯(Nix-Rice)指出,外表不仅可以推动事件的发展,甚至可以直接转化为"冰冷坚实的现金"。他们指出,我们的外表可能会对我们的薪资有一定影响,大概会有8%~20%的浮动,这就是"从平庸的商业形象升级为精致高效形象的结果"。

公司愿意为看起来符合要求的下属付钱。这些"打扮得体的下属"不需要参加穿着合适职业服装的培训,因此可以将其他更关键的工作更早地交给他们,而不是交给那些需要接受着装培训的人。因为商务着装可以确立人的权力和地位,穿着得体的人更有可能被给予更好的工作、获得晋升和优惠待遇。我们知道,在上下级关系中,双方着装的类型往往是由组织、职位以及个人地位决定的。例如,机械师几乎一直穿着牛仔裤,但是,如果他穿着象征权力和地位的服装出现在公司聚会或活动中,他可能会成为机械部门的下一个主管。

诚然,男性和女性的风格并不总是相同,不同组织的风格也各不相同。例如,大学教授可以比IBM高管穿着更休闲,也可以比院长、校长穿着更随意。如果下属想得到应有的尊重,他们必须根据自己的角色选择着装。服装是地位的象征,如果人们不按预期着装,职业流动性可能会受到阻碍。人们会因自己的工作着装给他人留下深刻的印象。

他人会将我们的着装与社会经济地位、目标的实现和满意度联系在一起。在20世纪70年代,莫洛伊提出,在办公室的穿着可以表明你是在工作还是在捣乱。莫洛伊指出,想要在行政阶梯上攀升的女性不应该穿着毛衣,因为毛衣意味着较低的地位。柔软紧身的毛衣也被认为是性感的,很少有女性想通过性感来获得成功,一个性感的形象不会使人得到本应获得的尊重。莫洛伊还指出，对于商界女性来说，搭配裙子和夹克的造型可以表达"我是一名专业人士，希望被视为一名专业人士"。或许比男性更明显，女性必须谨慎选择自己在办公室的穿着，这主要是因为职场刚刚习惯地位较高的女性主管。因此，除非她们拥有自己的企业，否则女性应该努力适应职业商务女性的着装规范。最后，女性和男性都应该努力与组织中地位较高者保持相似的穿着，除非地位较高者的着装不同寻常、独具特色。我们与地位较高者的相似程度越高，达到更高地位的机会就越大。当我们的主管升职或离职时，我们可能就有机会得到他的工作。

男士也应该根据组织规定选择着装。每个组织都有一个要维护的形象，不符合该形象的人，除非异常聪明、无可替代，否则基本不会获得晋升机会。例如，本书作者有一个古怪的朋友，他穿着很随意：衬衫总是从裤子里露出来，通常还会解开扣子，衬衫上有午饭留下的食物污渍。此人受雇于一家大型组织，担任计算机分析师。因为他非常擅长自己的工作，其他人倾向于容忍他的奇装异服。他的专业能力非常强，以至于他人不介意他的穿着。这是一个特殊的案例。另一方面，这个朋友的妻子也非常擅长自己的工作。她总是穿着专业的商务装上班，这是因为她处于高层管理职位，很少有女性有机会获得这样的职位。因此，为了赢得下属的尊重和喜爱，她必须按照组织规定的职业风格着装。

穿着服装的颜色通常可以表示某些特征或情绪。穿着明亮颜色的人通常希望被视为具有活跃的特征；胆小或害羞的人通常会穿着比较单调的颜色，以免引起别人的注意。然而，研究表明，男性和女性应避免在工作环境中穿着异常鲜艳的颜色。比克斯勒和尼克斯－赖斯（Bixler & Nix-Rice, 1997）指出以下有关衣橱内服装颜色的指南：暖色包括棕色或黑色（黑色是每个人衣橱里的经典颜色）、驼色、奶油色、蓝绿色、李子色、橄榄色、深铁锈色、珊瑚色和番茄红色。冷色包括黑色、灰色、白色、海军蓝或皇家蓝、皇家紫、猎人绿、酒红色、粉红色和宝石红色。①

我们认为，当对穿着存在顾虑时可以选择基本款式，即纯色或经典黑色、海军蓝或灰色的细条纹以及其他基本款式和配饰。我们建议避免出现以下情况：穿着异常明亮、霓虹或花哨的颜色，带有繁复图案（如格子）的服装，不寻常的风格，配件太多，衣服太紧，短裙或休闲裤。短裙在许多电视节目中是可以接受的，但在现实世界中却不可以。短休闲裤看起来俗气，而且往往会露出袜子。

在一项调查中，博韦（Bovee）和蒂尔（Thill）指出面试官认为可能导致就业面试被拒的十大负面因素，其中有六个属于非言语因素。这些负面因素包括：

- 外表普通 *；
- 霸道、咄咄逼人、自负、有优越感、似乎无所不知 *；
- 无法清楚地自我表达，即声音、用词、语法不佳 *；
- 缺乏职业规划，即没有目的或目标 *；
- 缺乏兴趣和热情，即被动、冷漠 *；
- 缺乏自信和镇定，即紧张、不安 *；
- 不参加课外活动；
- 过分强调金钱，即只对薪水最高的工作感兴趣；
- 学习成绩差，勉强过得去；
- 不愿从底层做起，即期望过高过快。

标有 * 符号的因素涉及非言语行为的各个方面，包括外貌、动作、副言语和发声、时间、面部表情和眼神行为，这些非言语行为对于就业市场上的竞争至关重

---

① 英文版原书中介绍黑色既属于暖色调，也属于冷色调。另说黑色不是冷色也不是暖色，而属于中性色调。——译者注

要。面试者最大的失礼行为就是迟到。如果迟到了，还不如不去参加面试，组织通常对迟到的应聘者做出冷漠且不注重时间的评价。此外，组织通常将缺乏着装常识的应聘者评价为粗心、对职位不感兴趣且更难培训。

希克森、斯塔克斯和帕吉特-格里利（Padgett-Greely）建议应聘者不要表现出紧张。咬指甲、拉衣服、抓挠或抖腿和脚都会让人显得紧张。虽然非言语沟通通常是在无意中进行的，但我们需要学会注意自己给他人留下的印象，甚至可能还有其他我们没有考虑到的因素。应聘者应穿着舒适、合身的衣服，面谈时应尽一切努力避免出汗。如果应聘者感到需要打喷嚏，则应带上手帕。如果患有感冒，可能要认真考虑重新安排面试时间。虽然年度审查可能不如工作面试重要，但下属在遇到这些情境时也应考虑所有上述因素。

体型可能也会决定个人在工作环境中获得的待遇。内胚层体型的人往往不会被录用，因为其体型被认为是懒惰或不合格的体现；外胚层体型的人通常被认为是聪明的，并且可能获得更好的工作机会。然而，外胚层体型也有缺点。人们可能认为外胚型体型的人是高度紧张和焦虑的。中胚层体型最有可能被雇用并获得晋升和留任的机会，雇主将这类人视为可靠和自信的人。

公文包、手表、眼镜和珠宝等人工制品也可以表现出一个人在组织中的地位或权力。地位较高者通常比地位较低者拥有更昂贵的公文包和手表。眼镜代表智慧，如果一个人希望自己看起来更严肃、更聪明，可以选择戴眼镜。至于首饰，一定要注意不要过度佩戴，太多的首饰会影响一个人的整体形象。虽然珠宝可以当作财富的象征，但也可能表明某人对其地位没有安全感。对于职场中的男性和女性，珠宝首饰都应保持在最低限度。地位较高的人不太可能携带大量电子设备，例如笔记本电脑和手机，因为他们在开会时有人负责处理其他通信。

通常具有吸引力的下属更有可能获得好的职位和机会。在某些情况下，人们没有找到工作是因为外表缺乏吸引力。缺乏吸引力的人应该努力使自己更具吸引力，这样他们才能获得与有吸引力的同事相同的收益。

以下是我们可以确定的关于主管与下属关系中外表和着装影响的结论。

- 组织中地位越高的人，他们的着装代表的地位也越高。
- 组织中职位越高的人，他们的着装风格和外形就越有个性。
- 地位较低者必须比地位较高者更遵循组织的着装和仪表规范。
- 男性和女性的着装因组织而异。
- 越有魅力的人才越有可能获得优待。
- 缺乏吸引力的人员更有可能受到负面对待。
- 适应组织的形象和外表规范的人可能更容易被接受、被喜欢、获得更好的机会和优待。

姿势和动作

姿势和动作的类型也可以表明上级和下属之间的关系。两个陌生人相遇，观察对方的姿态，可以比较容易地判断谁身份更高，两个互动者都认为身体姿势放松的人具有更高的地位。在一段持续的关系中，也经常出现暗示相对地位的相似姿势线索。组织中地位较高者（主管）会表现出放松的姿态，地位较低者则表现出警觉、紧张、谨慎的姿态。地位更高者已经掌握了掌控权，地位较低者则正在试图控制自己的世界。

当与地位较高者交谈时，地位较低者可能会表现出更具适应性的非言语行为，这主要是因为在与地位更高的人交流时他们会感到焦虑。随着地位较高者和地位较低者彼此越来越熟悉，地位较低者的适应性可能会有所减弱，表现出过强适应性的人会被他人认为焦虑且紧张。因此，无论地位高低，尽量都不要表现出适应性行为，如咬指甲并不能表达自信或能力。

对于坐姿状态，地位较高者可以采取更放松的姿势。例如，地位较高者可以向后靠在座位上放松；相反，地位较低者则几乎需要正坐。如果地位较低者与地位较高者比较熟悉，可能会坐在更放松的位置；如果相互关系不确定，在与地位较高者进行交流时，地位较低者应当始终保持更严格、挺拔的姿势。下属的放松姿态可能会被地位较高者视为不尊重或冷漠的表现，也可能是反抗或傲慢的表现。然而，如果下属在不了解自己上级的情况下就表现出放松的姿势，通常只会传达出一个信号：作为下属，不知道哪些行为可以接受，哪些行为不可以接受。

地位较高的人在与地位较低的人交谈时，通常会抬头挺胸，地位较低的人则是肩膀下沉，在互动过程中可能还会低着头。换句话说，地位较高的人会表现出更具统治力的形象，地位低的人则表现出地位低者应有的形象。如果处于坐姿状态，地位较高的人可能会俯身靠近地位较低者。如果两人都是坐姿，地位较高的人则可能会在椅子上向后倾斜，而地位较低者可能会向地位较高者倾斜。这并不意味着地位较低的人被吓到了，这仅仅说明一方处于支配地位，而另一方表现出顺从的非言语行为。拉弗朗斯（LaFrance）和梅奥（Mayo）提出，在坐姿或站姿方面，地位较高者都会表现出与地位较低者不同的手臂位置。地位较高者坐姿时会将一只手放在膝盖上，另一只手放在椅背上，地位较低者坐姿时会双手并拢或双臂放在身体两侧。拉弗朗斯和梅奥由此得出以下总结：

> 地位较高者的姿势标志是躯干向侧面和向后倾斜，双腿交叉，手指放松伸展，头靠椅背或沙发靠背。地位较低者会身体坐直、双脚平放在地板上、双

手紧握某个物体或紧握在一起。

仔细想一想：你最后一次参加工作面试是什么时候？你是随意地坐着或站着，还是表现出很感兴趣而且很专注的样子？如果你不得不去见一位老师，解决自己在课堂上遇到的问题，你是如何坐或站的？你可能处于一种试探性的僵硬的姿势，等待老师来控制你们互动的节奏。

地位较高的人有权表现出更放松的身体姿势。地位较低的人在与地位较高者互动时通常会表现出更紧张的身体姿态，并且表现出更具适应性的行为。地位较低者在地位较高的人面前表现出放松或随意的身体姿势可能会被视为不尊重、冷漠无视或具有挑衅性。因此，在工作环境中，在确定上级可以接受的范围之前，应该保持一种可以表现出尊重、感兴趣、关注和顺从的非言语行为。

面部和眼神行为

面部行为在主管与下属关系中扮演的角色与在任何其他互动关系中扮演的角色一样重要，例如，被认为是主管的人可以比下属更自由地表达自己的面部表情。下属会学会在与主管谈话时掩饰自己的某些表情，例如，当主管在工作中引入新的做事方式时，下属要学会不表现出沮丧、无聊、厌恶或不感兴趣的表情。如果下属表现出兴趣，可能就会被要求提供某些建议，并可能影响主管的决定，看起来对此不感兴趣的人则不太可能被询问意见。所以，作为下属，面部表情的选择也可以为己所用。

地位较高的人通常会从地位较低的人那里获得更直接、更长时间的目光接触；相反，地位较低者往往只能从地位较高者获得较短的注视。地位较高者看不起地位较低者，与地位较低的人说话时常常移开视线。在与地位较低者互动时，地位较高者会对其眼神行为进行控制。他们可以控制地位较低者开始、停止、继续说话或保持沉默的时间，也可能会用稳定的目光和注视使地位较低者感到不舒服或不确定，还可能会以注视加强口头交流。在交流时注视地位较高者可以是地位较低者表示尊重和感兴趣的一种方式，移开目光也可以成为地位较低者表示尊重的一种方式。然而，如果地位较低者移开视线太久，就可能会被认为对地位较高者的讲话内容不感兴趣。因此，地位较高的人可以通过目光接触来控制上下级关系。他们觉得没有必要直视或长期注视地位较低的人；相反，地位较低的人更愿意直视和更长时间地注视地位较高的人。

声音

一个人可以使自己的声音听起来更有权威和控制力。例如，在地位较低的人群中，声音自信者比声音细弱、低沉的人更可能得到晋升和优待的机会。无论男性还是女性，自信、成熟、活跃和外向的声音品质都代表着权威；声音沙哑、有鼻音、发牢骚和不健康的声音则代表着能力不足。权威的声音也意味着更高的信誉和地位；能力不足的声音则意味着较低的信誉和地位。众所周知，人们会因为声音不合适而被某些职业岗位拒绝。一个声音尖细刺耳的人不会成为可靠的体育播音员，一个声音沙哑、低沉的女人可能也不会是一个好的接待员。

在与地位较高的人沟通时，地位较低者的声音可能显得焦虑，会比在正常情况下出现更多填充停顿和未填充停顿。地位较高者与地位较低者交流时，听起来更加自信和权威。随着焦虑的减弱，地位较低者表现出的不流畅以及填充停顿、未填充停顿都会有所减少。

在讨论声音时，必须始终考虑对沉默的使用。在主管与下属的关系中，沉默可能有许多不同的含义。一般来说，下属的沉默表明他正在认真倾听上级的讲话，也可能意味着他知道最好不要打断主管。在大多数主管—下属的关系中，下属通常比主管沉默的次数更多，但也存在例外，例如，如果下属向主管提出一个新想法，则说话内容可能比主管更多，主管的沉默可能表示他或她正在考虑主管提出的想法。

在工作关系中，很少能通过主管的声音质量来对其做出判断，但或许可以通过下属的声音质量。听起来无聊且懒惰的下属可能会被认为是消极的。沉默可以用来改善上下级关系。下属的沉默可能表示尊重或感兴趣，然而，过于沉默也可能意味着胆小或害羞。

空间

也许比其他非言语行为更为重要的，是空间的使用对主导角色与服从角色的划分起到决定性作用。研究表明，组织中地位较高者侵入地位较低者人际空间的可能性较大，反之则可能性较小。组织结构中存在着非正式规则，即主管侵入或进入下属的工作区域或个人空间是可以接受的。

在组织中，主管负责了解下属的工作表现，因此被赋予侵入下属领地和隐私的权力，他们甚至可能通过站得距离更近而侵入其人际空间。

乔根森（Jorgenson）在一家公司中发现，虽然地位平等或不平等的雇员站立时的距离没有明显区别，但他们确实表现出不同的身体朝向。在大多数情况下，地位平等的人会更多选择面对面，角度更直接；而地位不平等的人则与此不同。梅拉比安指出，"接近他人的特权属于地位更高的人"。他还引用了几项研究来支持这一结论。萨默得出的结论是，"高层拥有更多且更好的空间以及更大的行动自由"。他认为这不仅在我们的人际关系中十分明显，在企业和公司的物理布局中也很明显。本章接下来关于环境的部分中将对布局做进一步阐释。

触碰

主管走进下属的工作区域，停下来和几个下属聊了聊工作进展情况。当主管离开时，会拍拍每个下属的肩膀或握紧手臂。这是性骚扰还是主管的常见行为？大多数人会认为这属于后者。这位主管试图让其下属知道自己对他们的工作感到满意，而触碰是一种主要的表达方式。

近些年，无论男女，地位较高的人越来越难以接触地位较低的人。触碰始终是一种向下属表达满意的一种方式。许多主管抱怨说，他们害怕以触碰方式与下属沟通。性骚扰相关法律和政策已成为工作环境中一个棘手的问题。

如何辨别性骚扰？好吧，这就像色情片。当你看到时你认为自己可以分辨，但其实并不存在一个普适性的解释。我们来看一个案例。主管约翰走进简的办公室，在她的办公桌后面溜达，并向她询问工作的进展情况。在简答话的同时，约翰抚摸她的脖颈，告诉简："如果你明白我的意思，就可以在组织中获得更好的地位。"简说："不。"同时避开约翰的触碰。这就是一起性骚扰案件。如果约翰进入简的办公室并坐在她对面，询问工作的进展情况，并在她回答时触碰她的手臂，这可能就不是性骚扰。这大概是地位较高的人试图通过触碰来鼓励地位较低的人。

当然，这并不意味着简就会这样理解。因此，我们对主管的建议是不要采取触碰行为，除非你和下属之间存在非常稳固、积极而非亲密的关系。尽管几十年前的研究表明，地位较高的人更容易触碰地位较低的人，但时代已经发生了变化，还有许多其他直接暗示的方式可用于表示放心和友谊，触碰并不是实现这一目标所必需的。在当下的组织环境中，触碰行为可能会带来不必要的误解风险。

环境

本节从两个主要方面讨论工作环境：组织中的人员被赋予的空间或领地的大小，以及配备家具传递出的地位信息。地位较高的人为自己安排的位置可以观察到周围发生的事情，追求这种"领导位置"或中心位置的高地位者，在他人看来显得地位更高或更具统治能力。在这个国家中，你几乎可以在任何组织的单位区域内区分职位地位的高低。某个组织中的一位主管将自己的办公室设在所有下属的中间，她的办公室周围装有玻璃墙。她可以看到周围发生的每一次互动，在所有人看来拥有最高地位。我们中的许多人都不想成为中心，但是她愿意。许多其他主管的领地都受到周围办公室和秘书等屏障的保护，从而保证隐私。

地位较高的人更有可能进入下属的空间，反之则可能性较小。地位较高的人拥有侵入下属空间或隐私的合法权利，这已经成为公认的事实。所以地位较高的人经常会闯入下属的空间，而下属也不以为意。地位较高者也比地位较低者拥有更多空间的领地权利，那些拥有更多空间的人，在他人看来地位也更高。在组织中职位越高，获得的空间越大。

科达提出，"办公家具有很强的象征意义……权力的象征在于如何使用所拥有的东西，而不在装备本身"。我们认为，人们可以通过设计办公室环境来反映权力地位或亲近性，抑或两者都可得到反映。既能体现权力又能体现亲近性的办公室是最佳的环境，人们既可以承担拥有权力和地位的职务，也可以从事易亲近和需要积极响应的工作，完全根据需要而定。大多数成功的组织领导者都具备这两种品质。

学者们指出，下属应该要经过几个物体，穿过整间办公室才能见到主管，这样的办公室布置才是理想的。此外，科达指出，小型办公室想要传递权力信息，可以遵循以下准则：

无论办公室有多小，重要的是要让访客的椅子朝向你，这样你们之间就可以被办公桌的宽度隔开。虽然这样可能会对进入座位不太方便，但与访客坐在办公桌旁边的位置相比，这种位置安排可以更好地传递权力关系。如果一间小办公室非常狭窄（大多数情况下），将办公桌放在房间的前部通常很有效，这样可以最大限度减小访客的可用空间，并且至少在心理层面上增加你可以后退的区域。

我们在前文中指出，最佳办公室能够使一个人承担需要同时体现权力和易于接近的职位。科达设计了一种办公空间，同时包含半社交区和压力区，这就类似于让权力地位和亲近性同时存在于办公室。在压力区，人们完全专注于工作；在半社

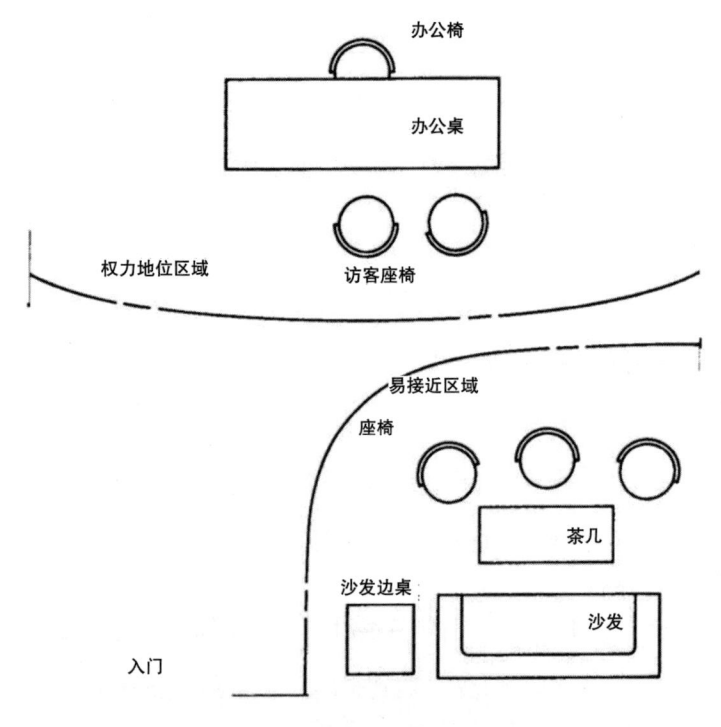

图 12-1　权力地位区域与易接近区域

交区，则更加安心和放松。图 12-1 给出了这种办公室的一个样例，既有权力地位区，又有易接近区。请注意，地位较高的人可以坐在办公桌后面，也可以从办公桌后面走出来，表现其容易亲近的一面。这间办公室最适合地位较高的人，可以在与他人沟通交流时根据需要打破或建立地位屏障。其他家具，如桌子的类型、桌子上的物品、配套家具（如椅子）、窗户和颜色，都会增强或抑制地位属性。拥有宽大而气派办公桌的人通常被认为具有更高的地位。桌子上的物品和墙上的画一样，也能代表身份特征。在大多数组织中，有窗户的办公室被认为是地位较高者的办公室。办公室里的颜色、灯光和地毯都表明其主人在该组织中的级别。组织中地位较高的人通常比地位较低的人拥有更多更好的空间，美国组织通常将此作为努力做到更好的动力或是对出色工作的奖励。例如，在大学的院系里，相较于副教授和助理教授，正教授可以提前选择办公室和家具；在进行计算机升级时，正教授会比副教授和助理优先获得计算机设备。

毫不奇怪，地位较高的人通常比地位较低的人拥有更好的领地、更多的空间和更好的家具。美国的组织往往会通过奖励办公空间和领地来鼓励出色完成工作的下属。

时间

对时间的使用可以传递个人对组织的感受和态度。通常情况下，主管会根据下属管理时间的方式对其进行评判。几年前，在我们部门当年度第一次教员会议上，部门一新成员迟到了半小时，还说因为妻子要来接他，不得不先走，所以他参加会议不能超过一个小时。大家没有说什么，但他在部门的职业生涯从那时起就已经注定了。

戈登（Gordon）指出，在面试过程中，时间可能是对应聘者进行判断的因素之一。如果应聘者面试迟到，这可能说明他对职位缺乏兴趣。戈登还指出，面试官可以充分利用时间，通过技巧来控制自己发言的停顿时间和语速，还可以控制时间让应聘者等待得更久。戈登把第一种技术称为节奏（pacing），把第二种技术称为无声的探测（silence probe）。这两种技术都能够鼓励应聘者多说话，从而为面试官提供更多可用于评估的信息。

在大多数组织中，时间都是一个受人尊敬的元素，也是评判他人的一种方式。那些行动迅速的人会受到尊重和奖励；迟到的人不但得不到尊重，而且通常会被认为懒惰而不可靠，有时还会被组织开除。时钟（无论是真实的还是虚构的）是美国人日常工作生活的一部分。在企业中，时间就是金钱，随意挥霍时间的下属可能会给组织带来巨大损失。因此，解雇或更换浪费时间的人比试图通过训练让他们懂得该如何使用时间更容易。

时间的使用与地位相关。地位较高的人比地位较低的人更容易滥用时间（迟到或要求别人准时），地位较低的人应该等待地位较高的人。如果地位较低者在地位较高者到达之前离开（尽管他或她已经迟到了），地位较低者遇到麻烦的可能性更大。霍尔指出，地位平等的美国人允许对方迟到五分钟，超出这一时间范畴才需要道歉。社会文化要求人们准时，地位较高的人是唯一允许不遵守规矩的人。

地位较高的人也可以要求地位较低的人付出更多的时间，例如，主管可以要求下属在项目期间加班，但下属不能对主管提出同样的要求。

在实行弹性工作制的组织中，下属可以根据自己的日常生活安排工作日程，地位较高的人有更大空间选择适合自己的时间安排。例如，如果一位地位较高的主管是夜猫子，他可以选择较晚的时间表；相反，地位较低的下属在拥有对时间表提出要求的权利之前，可能仍需保持朝九晚五的习惯。这在有夜班的医院、邮局和类似组织中都很常见。大多数人不想按照晚上11点到早上7点的时间表工作，所以新来的下属通常会被分配到这些工作时间。

人们如何使用时间可以传递出许多关于主管与下属关系状态的信息。地位较高的人对自己的时间和下属的时间有更大的控制权，而且可以选择更好的时间安排；地位较低者则必须适应地位较高者的日程安排，如果地位较高者提出要求，地位较低者应该投入更多的时间来完成任务。

主管与下属关系的结论

表 12-1 列出了前文讨论过的主管使用的非言语信号，我们前文中已经就主管与下属使用非言语的相关情况进行了讨论。优先者是地位较高之人或占据主导位置、权力更多之人，从属者则是地位较低之人或处于服从位置、权力较小之人。从表 12-1 可以清楚地看出，占主导地位或地位较高的人可以控制非言语信息，从而确保他们保持更高的地位。这里有一个很大的缺点，就是会影响主管和下属之间的沟通。

组织中人员之间的地位差异越大，主管与下属之间的沟通效率越低。地位差异越小，主管与下属的沟通效率越高。地位差异始终必要，但不应扩大，妨碍沟通。团结主管和下属之间的人际关系可以将地位差异降低到可控水平。

表 12-1　　　　　　主管与下属的非言语沟通关系

非言语信号	主管（地位更高）	下属（地位更低）
外表长相	纯色表示力量 看起来很成功 服装应该能树立更高的地位 可以穿着有个性的服装	看起来不够成功 以服装表示等级 着装符合组织标准 着装须表达对他人的尊重
姿势和动作	放松的身体姿态 更少的配饰 坐下时体态放松 挺胸昂头 俯身靠近他人	绷紧的身体姿态，保持警觉 更多的配饰 端正坐姿 微微低头 肩膀下垂 身体收缩

续前表

非言语信号	主管（地位更高）	下属（地位更低）
面部和眼神	面部表情更自由 对他人的注视更多，时间更久 用眼神控制发言顺序 可以盯视他人	学会掩饰面部表情（例如无聊的表情） 更多以目光回应他人，但也会先移开目光或向下看 等待上级发出发言轮替信号 不盯视他人
声音行为	听起来很权威 尽量让自己听起来更有地位和可信度。 从容不焦虑 较少出现不流畅 用沉默传递权威	听起来很顺从 听起来对上级所说的话感兴趣 容易显得焦虑 不流畅现象更明显，更多出现填充停顿和未填充停顿 用沉默表示正在倾听
空间	可以侵入下属的空间和隐私 拥有接近的特权 拥有更多更好的空间 在组织中活动更自由	谨防进入上级的空间或侵犯其隐私 等待上级靠近 空间更小、条件较差 在组织中活动自由度更低
触碰	发出触碰行为更多 合理控制触碰行为 发起触碰行为更自由	接受上级的触碰行为 不主动触碰 可适时重复触碰行为
环境	优先选择空间领地 位于中央位置、领导位置 设置障碍阻止他人进入自己领域 享有更多空间、更好家具和大办公桌	接受被分配的空间 空间较小、条件较差 空间可被上级入侵 使用剩余家具、较小的办公桌
气味	自由度更高	自由度更低
时间	使用时间更随意，可以迟到或早退 可以违反时间规范 可以自由选择最佳工作时间 可以召集临时会议	必须守时 不可滥用时间 必须遵守组织的时间规范 执行被安排的工作时间表 必须参加计划外的会议

团结是一种有助于互相形成信任等良好看法的亲近状态。当人与人之间高度信任和相互喜欢时，就会达到紧密的团结程度，因此，随着团结程度的增强，主管和下属之间的有效沟通也会增加，地位悬殊的影响也会逐渐下降。这并不是说必须和下属成为好朋友，而是说建立一种更密切、沟通更频繁的关系有助于改善主管和下属之间的信息流动。如何增强团结程度？那就要提升喜欢和信任的程度，利用非

言语行为的亲近性是一个好方法。与下属关系密切的主管会关心他人、快速响应并努力建立起团结的状态，同时也可以保持自身的地位。让我们看看在上下级关系中易亲近特性有哪些优缺点。

工作场合的易亲近特性

亲近性的优点

研究表明，下属希望主管具有敏感、热情、乐于接纳、积极响应和直接的特点。下属认为他们可以为具有上述特点的主管更好地工作。易亲近的主管具有这些特性，更有可能在不使用强制权力的情况下让下属与其合作。合作是任何组织成功的关键，具有易亲近特性的主管可以促成更多合作。

- 易亲近的主管更乐于接纳、积极响应、果断且敏锐。
- 主管的易亲近行为能够表达对下属的兴趣和关心。下属通常会有类似的反应。相互亲近可以对双方的亲近行为起到促进作用。大多数下属永远都不会像主管接近他们那样接近主管，因为身份障碍仍然存在。主管主动接近下属，下属则更有可能采取亲近行为。
- 易亲近特性可以改善主管与下属之间的沟通。与焦虑的下属相比，放松的下属更愿意向主管表达自己的感受。易亲近特性能够让下属感到放松，并与主管相处得更自在。
- 易亲近特性可以促进主管和下属之间更积极的关系。易亲近特性明显的主管，下属会给予其更积极的评价。
- 易亲近特性明显的主管，下属认为其更有能力、更可靠，在人际交往方面也更有吸引力。

- 易亲近特性明显的主管，下属会给予其更高的工作满意度和积极性评价。

亲近性的缺点

易亲近特性明显的主管，其易于接近的行为在老板看来可能会被解读为无法管控下属或是过于容易相处，这对主管来说是一把双刃剑。怎样才能既让下属愿意接近又不被上级认为缺乏管控力呢？简单来说就是当老板在你附近时，不要表现得过于容易接近，要保持与下属之间的地位角色差异，等老板离开后才恢复你容易接近的一面。

有些下属试图利用主管的和善、开放和接纳表现，认为具有易亲近特性的主管是一个好欺负的人，可以被操纵。一定要记住，主管和善易于亲近，并不意味着就不能执行命令或训斥他人。

最后，易亲近的行为可以打开沟通渠道。因此，主管可能会面临超出其能力范围之外的沟通需求。一个高效的主管必须学会对沟通有所选择，并将非己莫属的沟通需求委托给他人。

总体来说，易亲近特性对主管和下属关系的好处多于坏处，只有过度急于求成才会导致真正的问题。

第 13 章

师生之间的非言语关系

**Nonverbal Behavior
in Inerpersonal Relations**

非言语沟通经典入门：影响人际交往的重要力量
Feiyanyu goutong jingdian rumen:yingxiang renji jiaowang de zhongyao liliang

早期关于课堂交流的研究主要集中在师生之间的言语互动上。然而，在过去的30年里，研究人员、学者和从业者已经意识到非言语沟通在课堂环境中的重要性。对师生关系来说，沟通过程中的非言语行为往往与言语一样重要，甚至有时非言语行为还更加重要。

教师的角色

演讲者

当我们将演讲视为一种教学方法时，我们通常首先想到经常安排讲座的大学课堂。当教师担当信息提供者的角色，根据结构化的议程发言时，他就是一个演讲者。在这种情况下，演讲者拥有发言权，吸引听众注意力就是他的责任。

讲座是对教学时间的有效利用，在缺乏设备的情况下也可以向最大规模的学生传递大量信息。通过这种方式，教师可以展示教科书或其他不易获取的材料，如果展示过程理想，就可以激励并激发学生的兴趣。研究表明，参加讲座授课的学生在事实回忆测试中的表现与参加讨论课的学生水平同样好，甚至更好。部分学生（如对沟通有高度恐惧的学生）更喜欢匿名性相对较强的讲座授课形式。在讲座授课中，不会影响那些害怕发言的学生专注于现有材料的能力。

讲座授课形式的缺点在于，在培养更高水平技能（应用、分析、综合和评估）

或发展心理技能方面有效性不够。学生往往是被动的，根据多项研究结果，学生的注意力通常会在15~25分钟内逐渐衰退，而在大约八周内，注意力衰退会达到80%。讲座是一种全体集中教学的方法、一种大众传播的形式，这种讲授模式的前提是必须假设所有学生的初始理解水平和学习能力大致相同。讲座的授课方式收到的反馈有限，不善于通过倾听学习的学生会处于劣势。

讲座的授课形式要求教师有效使用演讲的言语和非言语技能。学生们期望：

- 教师知识渊博，能够用通俗易懂的语言解释主题；
- 讲座的组织形式完善；
- 教师负责吸引并保持学生的注意力；
- 讲义的选择要注重趣味性；
- 教师称职、有爱心、热情；
- 教师能表现出幽默感；
- 教师展示有效的教学沟通技巧；
- 教师果断回应学生的需求；
- 教师可以作为专业方面的榜样；
- 教师可以示范即时沟通的原则。

达不到上述期望将削弱学生对教师、课程和学科的兴趣。

遵循一般规则（有研究结果支撑）有助于将演讲效果最大化：演讲者分享相关材料应不超过规定时间的一半，其余时间则可以利用与学生自身经历相关的案例作为支撑，并强调具有针对性的信息；多使用幽默、笑话之类，可以作为解释说明打破枯燥乏味的手段，重新调动起学生的注意力。学生们喜欢有幽默感的教师，幽默可以影响学生对材料的学习。如果有条件，教师还应该开发视觉辅助工具，从而增强讲座的吸引力。如果学生知道自己将要学习的内容，就会获得更好的学习效果。在整个演示过程中，高效的演讲者应该始终引导学生树立组织意识，帮助学生们将信息分类为有意义的单元。如果学生可以在课堂上记录笔记作为后续参考，他们在考试测验中的表现会更好。如果教师用图表、表格提供更多的知识要点框架，让学生能够在课堂上做好解释性笔记，这比让学生自己做笔记学到的知识更多。这种做法还能够让学生了解教师讲课的方向，清楚后续需要做哪些工作。只要你曾经经历过交通堵塞，有过不知道自己会被困多久的经历和焦虑，都会明白可以预知未来发展方向的好处。

帮助学生整理笔记的另一种策略是有指导讲座程序，即让学生在讲座前半段仅听课不记笔记，然后让学生写下自己从讲座中回忆出的内容，教师用五分钟左右的时间回顾要点并回答问题，之后学生们分成小组合作完成笔记，供小组成员共享。这个过程的好处是让学生先看到课程的全局再自己选择记录哪些内容，还可以通过鼓励小组内互助支持使班级氛围更加个性化。这种方式的缺点是每场讲座可能只能输出一半的材料内容。如果我们理解重要的是学生掌握材料的体量，而不是教师讲授材料的体量，那这一缺点就不那么重要了。

最后，教师们应该注意，不要让隐藏的理性演讲策略妨碍自己建立亲和的师生关系。提到学生姓名，结合个人轶事和其他自我披露的方式，提出问题并鼓励学生发言，使用第一人称（如"我们的班级""我们做的事"），运用幽默手段等，都有助于拉近师生之间的距离。与学生保持眼神交流、微笑、放松身体姿态、使用生动的手势、在讲课过程中在教室里走动等，也可以达成类似的效果。同时，使用生动的声音表达方式传递信息也很重要。有证据表明，这些方法对认知和情感学习非常有效，可以帮助进行个性化指导，突出重点，并通过视觉和语言提示的不断变化来保持学生的兴趣。

主持人

关于教学方法和课堂互动的研究得出结论，与单一讲授形式的课程相比，学生对课堂讨论有更大的兴趣。学生可以在讨论过程中用自己的语言阐述原理并加以应用，从而掌握课程内容。讨论还可让教师及时了解学生处理信息的方式。里士满、伦奇（Wrench）和戈勒姆（Gorham）列举了与课堂互动相关的有效教学技巧：流畅地提问、加强学生参与、提出探究性问题、解决更高层次认知目标的问题、启发发散性思维的问题、适当使用非言语交流信号以减少对教师讲授的依赖、使用互动技巧以避免无聊和注意力不集中。

与鼓励课堂讨论的主张一样普遍，许多教师发现让学生发言是一项困难且令人沮丧的任务。教师在引导课堂讨论时遇到的问题之一就是他们假设学生应是主导者，然而大多数学生并不会带着问题或观点来上课或者不愿意分享自己的想法。集体讨论成功的关键之一是教师提出问题的能力，而不仅仅是提出问题本身。此外，教师提出的问题类型对于主持任务能否成功也至关重要。

封闭式问题只有一个或有限数量的正确答案，这让学生对答案是否正确保持警觉，也很难促进讨论。"第二次世界大战是哪一年开始的？""谁能解释一下彩虹是如何形成的？"或"亲近性行为对销售职位有何帮助？"这样的问题可以阐释知识，促进理解，实现目标，虽然这可以使学生参与课堂互动，但学生还是要提供具体而准确的答案。

教育工作者们应该注意，不要让回答此类问题成为一种可怕的经历。有些学生有高度的沟通恐惧，有可能仅仅为了不被再次点名提问就回答"我不知道"，对于任何学生来说，如果在课堂上无法准确回答问题，都会在一定程度上感到尴尬。因此，**教师应避免点到那些没有表示出参与意愿的学生**。虽然只点名那些自愿回答问题的学生对更外向的学生可能是一种限制，但教师们也该扪心自问，勉强不想回答问题的学生答题，这又是出于什么动机？对于教学目标是否重要？是否也只是许多教师玩的"逮到你了"的游戏？

许多学生越来越害怕并厌恶绕圈提问或按照排列顺序提问的方式，这种方式肯定会削弱部分学生的认知学习并导致产生消极的情绪。对错误答案给予一定积极反馈，适当使用帮助提示（而不仅仅是"我在等"或"请继续"）等有助于改善封闭式问题造成的影响。

对于封闭式问题，教师仍然是与学生互动的主要焦点。最有效的方法是将焦点转移到真正的讨论氛围中，让教师退回到主持人的角色。开放式问题特别适合用于分析、综合和实践的学习目标。在立项情况下，开放式问题会激发学生之间的讨论，教师的介入只是为了结束讨论或改变讨论的重点。在课堂上的实践可能是："如果罗密欧与朱丽叶在试图自杀时没有成功，而是挺过来了，怎么办？你觉得他们会怎样？"学生回答这个问题不仅要用到自己对罗密欧与朱丽叶及其家庭的了解，还要用到涉猎过的其他戏剧中的有关见解。这个问题还会激起学生利用自己在亲子关系、爱情、早恋、自杀等方面的经历和态度。

临时讨论小组（buzz groups）可以将学生课堂讨论的参与效果最大化，即由学生组成小组集思广益，简短讨论一个问题，然后向全班报告小组的答案。开放式问题可以让更多学生有机会在有限的时间里表达自己的想法，把注意力从单个学生移开，鼓励学生之间互相学习。与在全班同学面前交流相比，大多数学生不太担心在讨论小组中交流。关于教师作为主持人角色的最后一个建议，涉及等待时间。在实践中，教师自己回答问题的情况极为常见，原因通常是学生不会立即做出回应。学生很快就会熟悉这种做法而省去自己参与课堂的责任，于是，问题不再成为问题。

我们很多人都听过类似这样的话："好吧，谁来读这一章？有人吗？这是关于什么内容的？第二次世界大战。这场战争的起因什么？是关于权力，不是吗？值得一战吗？我想是的。有人不同意我的看法吗？没有人吗？那这次战争的第一场战役是什么？"大多数学生进入课堂时对参与式课堂的规范和老师提问的这种特点了解不多，我们必须花一些时间改变学生的期望，给他们思考的时间。据估计，多达70%的大学生从未参加过课堂讨论，原因是不是他们已经被教会不要向等待时间不足的老师提问？

教练

讲授心理活动技能（psychomotor skills）要求学生有机会进行练习，直到掌握为止。有时学生会一遍又一遍地重复练习，就像学习开车一样，非常积极，直到学会为止；有时学生又不愿练习，对重复操作感到厌倦。面对这种情况，多样化展示讲授的技能可以帮助提高这类课堂的有效性。例如，正在学习写字母的孩子可能对在横格纸上一遍又一遍地抄写没有兴趣，但仍然对画字母壁画、用手指在布丁上画字母、创造字母人、被给予在黑板或白板上写字的机会等感兴趣。

教师为了有效地指导学生掌握一项技能，必须能够将这项技能进行分解，以便进行纠正性指导。一位学者清楚地记得，多年前的小学体育课上，老师会奖励可以完成动作的学生，惩罚无法完成动作的学生，但从不提供辅导。进入高中后，他惊讶地发现学生不必仅仅是成为一名优秀的棒球运动员，而是可以通过接受击球纠正指导逐渐变得更出色。有些学生仅仅通过积累比赛经验就可以提高棒球技巧，但其他学生只是在重复无效的动作，直到参加比赛，专注于一个方面才逐渐掌握棒球技巧。

技能好的学生，其老师或教练通常擅长单独辅导训练计划中的某个部分：好的高

非言语沟通经典入门：影响人际交往的重要力量

师生之间可以进行有建设性意义的交流

尔夫球教练可能最擅长消除手腕轻微扭曲导致的影响；小提琴老师会注意到手指灵巧程度影响演奏水平并会安排专门的灵巧性练习。当教师能够发现学生无法掌握技能的真正原因时，教师自己已经掌握了一项重要的辅导技能。

管理者

小组项目通常涉及2~6名学生一起完成一项共同的任务，可以最大限度促进学生积极参与课堂互动，有助于培养人际交往和合作技能，通过互相学习来巩固知识。研究表明，当学生有机会用语言表达信息时，记忆会得到加深，尤其是面对同龄人进行表达，记忆效果更好。在小组中工作往往能提高学生的积极性，这在一定程度上是因为他们喜欢与同龄人互动，重视同龄人的积极评价，不想因无法出力而让同学失望。

有些教师对小组活动感到不自在，因为他们无法时刻监控所有学生的情况，也无法控制课堂情况。有些人发现，在小组活动时，学生可能在任务之外花费了过多时间，有一两个小组成员可能会包揽其他人的工作，而且对小组项目中个人的贡献也很难进行评估。当学生以小组为单位工作时，有些教师不知道自己应该做什么，甚至觉得自己放弃了教学的责任。这些教师的担心是有道理的，因为如果教师不是一个好的管理者，小组活动也许并不能起到正向作用。

教师在小组教学中的角色是资源和人员的管理者。作为管理者，教师应该对自己安排的任务做出更加清楚的定义，并就完成任务所需的时间和步骤安排给予指导。有些小组任务需要在一节课内完成，而其他小组任务可能会持续数周甚至数月。在指导后者时，教师可以为小组在长期目标下确定短期目标提供指导。如果教师给学生提供一份资源清单，告诉学生们"做一份关于有效沟通的报告，六周后见"，这基本是一种无效的管理。学生在任务之外消耗时间主要有两个原因，一是他们不知道自己该做什么，二是他们不知道该如何着手去做。

作为管理者，教师应该考虑小组的构成，并就如何组建小组给出确定的方法。学生们在各个项目维持"家庭小组"（home group）是有一定道理的：学生开始了解彼此以及自己的个人优势和局限性，并且随着时间的推移，工作效率也会提升，成为一种相互依存的"小公司"。每次组建小组时都创建新组合理由也很充分：学生可以发展更广泛的社会联系，而且不容易发展出小团体。将有积极性的学生和缺乏积极性的学生混合安排在一起有一定合理性；同样，将有积极性的学生安排在一起工作，将没有积极性的学生安排在一起自己完成任务，也有合理的一面。理想的话，可以发现新的领导者；即使是最坏的情况，通常小组领导者不会感到委屈。分组策略的选择通常与教育者对班级的目标有关。小组成立后，作为管理者的教师应监督工作关系，并在发生冲突破坏小组运行能力时进行干预。

作为资源管理者，教师应该为小组提供完成任务所需的信息和材料。教师应监督小组的进展并跟进研究，在信息检查、成果展示等方面给予建议。明智的管理者通常不会事先进行过度管理,如果一开始就为学生提供所有需要的资源,并提供一个非常具体的模型,在这种情况下的学生从小组讨论中学到的很多东西会很容易遗忘。这样的小组就容易沦为教育者的工作人员,他们研究的就是教师的项目,而不是学生自己的项目。

协调者

资源可以在多种情况下达到补充教学的目的。教师可以创建或购买计算机辅助教学和其他教学程序包,作为主要教学手段或补充工具。电影、录像、录音、教学电视节目、书籍、杂志、报纸、展示、演讲嘉宾、模拟实践、演示文稿等都可以用来补充其他教学手段或作为教学的基石。

大多数情况下,基于资源的教学是补充性的。在传统的教师主导的课堂中,教学资源被用来刺激学生的各种感官,以不同形式呈现信息并增强课文和讲座材料的吸引力。这些资源有时也会被教师用作课堂休息或对学生的奖励。

有效使用教学资源的关键是准确了解某项资源提高教学成效的方式。无论何种类型的资源,教师都应在课堂使用之前,事先进行全面检测并处理相关协调工作,以便可以有效使用。

很少有教学资源可以无须预先设置或后续操作就自动发挥作用实现教学目标。当教师可以驾驭资源而不是被资源所控制时,以资源服务的教学的效果才会最好。教师要在前期进行大量的协调,才能最大限度提高课堂教学效率。这种努力通常是值得的。

采用不同的教学方法会激发不同的学习方式,并可避免教师和学生墨守成规。尽管现有教学目标应该始终作为特定教学阶段里教师角色选择的核心考虑因素,教师的偏好和个人优势仍将对教学决策有所影响。在本节中，我们建议教师可以身兼数职：演讲者、主持人、教练、管理者和协调者。大多数教师都可以胜任全部上述角色，大多数学生都会因每天看到同一种教学方式而心生厌倦。大多数学生最喜欢的教师角色，无论是演讲者、主持人、教练、管理者还是协调者，在非言语行为方面，都应该表现出接纳程度高、表达能力强、乐于支持学生的特点。

操控者、监督者和帮助者

教师通过控制学生对行为和知识的掌握来充当操控者；通过选择学生参与的活动并决定学生和教育者的责任来充当监督者；通过鼓励学生理解并表达情绪和感受来充当帮助者。在这里，我们还要补充一个教师应该充当的角色——表演者。教师必须知道如何以有趣的方式呈现教学材料，以此吸引学生的注意力并加深学生的记忆。

与我们在本书中讨论的任何其他群体相比，教育者最有责任成为有效且有影响力的沟通者，他们可以掌控尚未形成态度和想法的孩子们。如果教师不是有效的情感沟通者，就无法掌控、监督、帮助学生，让他们感到愉快和满意。事实上，不合格的教师可能会导致很多学生辍学。这种现象可能发生在任何年级，他们可以通过交流来决定是否激励学生。

许多学生会疏远学校也就不足为怪。自由社会的任何其他场合都不会要求人们每天超过6小时、每周5天，连续几个月倾听一个人的观点。我们希望教师能引起所有听众的注意并使他们保有兴趣。教师必须确保学生们习得他们需要知道的一切，以便成为对社会有贡献的成年人。这是一件容易的事吗？社会一定是这么认为的，因为在许多地区，我们付给教师的工资比付给环卫工人的还少。不幸的是，课堂上的有效交流可能是社会上最困难的交流任务。令人惊讶的是，很少有教师接受过沟通交流方面的强化培训，大多数教师都只经历过公开演讲入门课程的学习，只有小部分教师接受过非言语交流指导。

非言语交流的作用

正如我们在第 1 章中所述,非言语交流可以起到重复、反驳、替代、补充、强调或调节语言的作用。课堂上的非言语交流尤其如此。在对一万多名教师的调查中,我们发现大多数教师认为非言语行为是比语言更有效的改善师生关系的交流手段。他们之所以有这种感觉,是因为非言语交流可以渗透到课堂环境的方方面面。此外,许多教师发现,相比语言,非言语交流能更有效地帮助他们成为一名出色的演讲者、操控者、管理者、帮助者,让学生们愉快和满意。非言语交流更微妙,实践应用也更频繁。如果学生对教师谈话感到厌倦,那最终可能选择忽略,但教师还可以在日常生活中运用非言语行为与学生交流。

安贝迪(Ambady)和罗森塔尔(Rosenthal)完成了一项具有里程碑意义的研究,题目是"半分钟:从非言语细节和外表吸引力中预测学生对教师的评价"。研究人员进行了三项研究。前两项研究中要求被试根据 10 秒钟无声视频片段对大学教师和高中教师的非言语行为和外表吸引力进行评分。在第三项研究中,研究人员"播放更多视频片段",并在此基础上调查从陌生人对教师的评分是否可以预测出前两项研究中的非言语行为和外表吸引力。研究者将播放片段从 10 秒减少到 5 秒、2 秒。研究结果令人吃惊:

根据长度为 10 秒、5 秒和 2 秒的视频片段进行判断的准确性没有显著差异。此外,两个样本的教师在判断准确率上也没有显著差异……此外,基于 30 秒视频(每位教师 3 个 10 秒视频片段)做出的判断并不比基于 6 秒视频(每位教师 3 个 2 秒视频片段)做出的判断更准确。

安贝迪和罗森塔尔表示，这项研究为人们形成印象的能力提供了有力支撑。事实上，正如非言语文学中一直暗示的那样，印象的形成发生在一段关系的早期。通常，这些最初的印象决定了接下来发生的交流。安贝迪和罗森塔尔得出结论，根据非常简短（不到 30 秒）且无声的视频片段中显示出的非言语行为，我们分别对教师做出以下评价，包容、积极、专心、有能力、自信、主导性、富有同情心、热情、诚实、讨人喜欢、冷静、乐观、专业、支持和热情。被试观察到一些特定的非言语行为，例如对称的手臂动作、皱眉、点头、摇头、用手指点、坐姿、微笑、站立、大幅度的手势、触摸头部、上身、走路姿态和一些不明显的手势。安贝迪和罗森塔尔得出以下结论：

> 评分较高的教师往往在非言语行为方面更加活跃，表达能力更强。他们往往四处走动，触摸自己的上半身，然后微笑。评分较低的教师则更多是保持坐姿、触摸头部、摇头而不是点头。这些结果表明，与低分教师相比，高分教师表现出更强的非言语表达和参与能力。

他们还指出，教师"应该意识到自己的非言语行为可能产生的影响，甚至可能需要接受非言语技能方面的培训"。对此，研究人员也做了谨慎的说明，上述判断仅对教学的情感方面较为准确。

多年来，我们一直强调，教师在课堂上言语行为的主要功能是输出内容以提高学生的认知学习能力，教师在课堂上非言语行为的主要功能是提高学生对学科、教师和课堂的喜爱或兴趣，并使其产生更多了解这一学科的愿望。为实现上述目标，在师生之间建立积极的情感关系是重要的一环。当教师通过有效的非言语行为改善情感关系时，学生可能会更愿意倾听，并且能学到更多知识，进而对学校持有更积极的态度。师生之间有效的课堂交流是对课堂学习产生积极影响的关键。随着师生之间交流的改善，影响程度也随之增加。当教师接受培训，能够在课堂上更有效地展开言语和非言语交流时，师生关系就会得到改善，学生的情感和认知学习也将得到改善，认知学习的能力就会得到提高。

教师的非言语行为可以向学生传达多种含义，教师在说话时如果很少看向某位学生，这表明教师对那个学生不太感兴趣；同样，学生的非言语行为也可以向教师传达多种含义，总是打哈欠的学生可能感到无聊、疲倦，或者两者兼而有之。教师应该回想一下刚刚讲过的内容，再确定学生是否只是感到疲累，还是教师讲课太过无聊以至于让学生想要睡觉。

本章接下来的内容将重点讨论各种类型的非言语行为以及每种行为是如何影响师生关系的。我们主要关注教师的行为及其对师生交流产生的影响。之所以如此是因为学生对教师行为的看法决定了师生交流的有效性。如果学生认为教师在使用强制力，就会以消极的方式做出反应；如果学生觉得教师易于亲近，就会对老师有更多反应。

当学生感觉教师不喜欢自己时，学生很可能也会不喜欢教师。接下来我们将集中讨论教师和学生如何使用非言语行为表达情感和喜好。以下这些案例都可以应用到典型的课堂环境，亲近性的概念对于课堂交流也非常重要。

亲近性

亲近性是指两个人之间在身体或心理上的亲密程度。我们可以根据梅拉比安对亲近性原则的概述很好地理解这一概念。他说："人们会被自己喜欢、评价高或偏好的人和事所吸引，并且会回避或远离不喜欢、给予负面评价和没有偏好的事物。"这种社会心理学观点表明，积极影响会拉近人们之间的距离，而消极影响则会降低亲近性。

虽然亲近性受到对人际交流、组织化沟通和健康传播感兴趣的传播学者的关注，但对于亲近性的研究主要是在大学课堂的背景下展开的。上述研究已经对师生教学交流中的亲近性行为进行了一定的研究。这些研究发现亲近行为与更积极的影响、认知学习的增加、学生对教师更积极的评价有关。这项研究提出了一个与梅拉比安的社会心理学原则相反的沟通原则适当性："沟通者的亲近行为越频繁，其他人就越喜欢和偏爱这样的沟通者，并给予他高度评价；沟通者的亲近行为越少，其他人就越不喜欢这样的沟通者，并给予负面评价，甚至拒绝他。"我们更愿意将此想法称为亲近沟通原则。亲近性有两种主要形式：言语亲近性和非言语亲近性。下面将针对两种形式分别展开讨论。

言语亲近性

人们的言语可能会让我们感知到与对方之间的距离。言语亲近性就是运用言语来增加互动双方之间的亲近性。言语的亲近以及对开放、友谊或同情的有效表达有助于提高亲近性，使用代词我们或我，而不是你或你和我，可以提升高亲近感。例如，在试图向同伴传递言语的亲近感时，可以说"我们可以一起做"，而不是"你应该试试这个"。

在人际关系中增强亲近性最重要的方法之一就是传递出鼓励对方交流的言语信息，诸如"我明白你的意思""跟我多说说""请继续""这是个好主意""这是团队努力的成果"和"让我们多谈谈这个"之类的表述都能提升人与人之间的亲近感。将前面这些说法与"哦，闭嘴""你一定是在开玩笑""不可能，我早就想到了""那真是愚蠢"这些说法做个对比，如果你听到这里面任何一种说法，还会想要继续交流吗？恐怕不会。除非对方很明显是在开玩笑，否则你不会对发表此类言论的人感到亲近。

非言语亲近性

大多数类别的非言语行为都可用于增加或减少非言语的亲近性。接下来我们将逐一介绍。

外形

正如我们所说，一个人的整体外形也是一种交流方式，其所传递的信息因吸引力、身体、气味、头发、着装和饰品的使用而有所不同。

吸引力。我们知道，有魅力的人更讨人喜欢、善于交际、外向、友善、受欢迎、有说服力、成功且快乐。研究清楚地表明，在大多数情况下，相较于相貌平平的人，相貌出众的人更有可能得到好的回应。例如，有吸引力的男性比缺乏吸引力的男性更有可能获得能力要求较高的销售工作，尤其是当资历相同时。甚至有报道称，人们因为过于缺乏吸引力而被拒绝就业。吸引力可能导致以下两个与非言语直接相关的结果。

- 有吸引力之人更讨人喜欢和善于交际，所以他们也被认为更容易接近。如果是得到他人即时快速的回应，很可能会是善意的回应。

- 有吸引力之人反应更快、更善于交际，所以他们可能会有更易亲近的表现。在一生的大部分时间里，都会有人愿意接近他们，通常这仅仅是因为外表的原因。因此，他们学会了与他人近距离相处，这也使他们更具有吸引力，并不是说缺乏吸引力的人就不具有亲近性。许多吸引力不足的人都知道，亲近性是增强吸引力的一种方式。

教师的外形

外形在课堂环境中可以传递出重要的信息。教师的着装会影响学生对教师的看法。在学生看来，穿着非常正式的教师有能力、有组织、有准备，而且知识渊博；穿着随意或非正式（不马虎）的教师则被认为是友好、外向、包容的，为人灵活而且公平。

我们发现，老师穿着非常正式，会让学生觉得教师似乎不会认同他们的需求，也不太可能与他们交流，教师会被视为有能力但不够包容。穿着随意的教师则被认为是开放的、友好的、更易接近的，但可能在能力上不如穿着正式的教师。因此，我们的建议是在前一两周穿着正式一些，直到师生之间建立起信任，再调整着装，穿得更加随意一些，对学生展现出一个开放互动的教师形象。即使着装可能只是反映了教师个人的喜好，但总是穿得很正式的教师可能也会给学生一种暗示，即他不希望与学生有太多互动。无论教师的动机如何，学生的看法才是最重要的。

与富有吸引力的教师相比，缺乏吸引力的教师在课堂上会遇到更多困难。学生对有吸引力的教师更亲近、更容易接受，而对没有吸引力的老师则不太亲近，也不太容易接受。因此，相貌平平的教师必须更努力地提升自己的可信度、与学生的相似性，以及学生对自己的喜爱度。

外胚层教师通常被学生认为是紧张、焦虑，但也许是聪明的；内胚层教师通常被学生认为是迟钝、懒惰、准备不足，在课堂上缺乏活力的；中胚层教师则被认为是可信、可靠、可爱，而且有能力的，但也可能是态度强硬和强势的。

学生的外形

我们已经对教师的着装影响学生对教师的看法进行了讨论，那么学生的着装将会如何影响教师的看法？教师可以根据学生的着装对他们做出非常明确的判断。一个总是穿着很邋遢、不得体、似乎对自己的外表没有任何自豪感的学生很可能被教师认为是懒惰、迟钝而且对学校不太感兴趣的。曾有一位教师告诉我们，一个六年级的学生总是衣冠不整，教师认为他懒惰、迟钝。在这之后的几年，他开始逐渐朝教师评价的方向发展。后来，教师发现他智力高于平均水平，阅读能力也特别强。这名教师开始让这名学生阅读自己感兴趣的内容，并以这种方式接近他，督促他注意自己的学业。到六年级结束时，这个学生已经成为一名出色的 B 等生。学生开始注意自己的外表和穿着，当其他老师注意到他的这些变化时，纷纷表示"有些东西真的改变了他"。

穿着不寻常或怪异的学生也可能会令教师做出负面的评价。教师经常会惩罚或批评不符合校园穿着规范的学生，有时他们会因为学生的着装而提出批评，以至于影响学生的学习和师生之间的交流。20 世纪 60 年代初期，许多学校都有非常严格的着装规定，如不允许女生穿着休闲裤，男生必须留短发。我们听说过这样的情况，一个男孩经常受到教师、同学和校长的批评指责，连高中都没读完，而他最大的错误就是头发长度到了耳朵。他因为扰乱其他学生而被老师和校长停学。类似的案例在全美都有报道，很多学生因为长相而受到指责。今天，尽管外表的因素已经变得次要，与 20 年前相比已经发生了很大的变化，但教师和学校管理者的态度反应却几乎没有变化。

外表整洁、干净、顺从听话的学生通常会受到教师、同学和学校管理者的欢迎，也会比外形邋遢、穿着奇特的学生享受更多自由。例如，按照教师的要求穿着打扮的学生在教师看来更有吸引力，也能够得到更多帮助，教师会花更多时间与这样的学生互动并帮助他们完成作业。

第 13 章　师生之间的非言语关系

令人难过却真实的是，在学校中，长相好看的孩子往往比长相一般的孩子得到更好的待遇，长相丑的孩子在课堂和学校会受到歧视。与缺乏吸引力的孩子相比，吸引力强的孩子与教师交流的次数更多，教师和同龄人都会与有吸引力的孩子进行更积极的互动。不论是数量还是类型，缺乏吸引力的孩子得到的师生互动机会都比不上具有吸引力的孩子。同龄人对缺乏吸引力的孩子的看法也更加消极。

教师通常会在无意识的情况下避开缺乏吸引力的孩子，在与有吸引力的孩子互动时，教师也在向缺乏吸引力的孩子传递拒绝接近的暗示。相较于有吸引力的孩子，长相一般的孩子通常会被老师忽视，回答问题的机会更少，受到鼓励的次数更少，目光接触的次数更少，距离更远，被教师触碰的次数也更少。这些非言语行为传递给孩子的信息是你比其他学生差。长相一般的孩子成绩往往也比其他学生低，这在很大程度上是因为教师对他们采取了不同的非言语行为。他们觉得自己不被喜欢或不如其他学生，最终逃离课堂，学到的知识会更少。我们听到教师们讲述学校中类似情况的故事有数百个之多，我们也听学生说过："琼斯夫人不喜欢我。"当被问及他们是如何做出上述判断时，学生说："我就是知道，她就是这么做的。"或"她就是这么对待我的。"

体型至少在部分层面上决定了他人的看法。外胚层学生很可能被教师认为高度紧张或焦虑，但可能很有能力，他或她可能会被同龄人视为书呆子，而不是明星运动员。内胚层学生可能会被教师认为迟钝、懒惰、不聪明，但非常友善而且有趣，也不会被视为明星运动员。中胚层学生通常会被教师认为是可靠、聪明、有能力，而且管理控制能力强，有吸引力，经常被人认为是好的运动员。

教师或学生的整体外表和吸引力对师生沟通交流有很大影响。一般来说，更有魅力的学生或老师会得到优待，缺乏吸引力的学生或老师必须更加努力工作才能受到欢迎，得到"有能力"的评价。父母应该帮助孩子在学校展现出吸引人的外表特征,许多学生单靠自己无法达到这样的标准,但这一点确实会影响他的成绩。

头发。头发的长度、发型和颜色也可用来提升亲近性。例如,当前可接受的头发长度、发型和颜色的人比不寻常的头发长度、发型和颜色更容易让人接近。就像许多摇滚明星,可能有些人认为他们非常平易近人、容易接近,但另一些人可能觉得他们非常古怪、难以接近。这在很大程度上与头发的长度、发型和颜色有关。

服饰和手工艺品。一个人选择的服饰和手工艺品也可以传递出亲近性,非正式但不邋遢的着装通常可以表现出平易近人的特点。人们常常被非常正式的着装吓到。正装是表示更高地位的一种方式,地位的提升会削弱人的亲近性。在某些情况下,人们希望被视为具有更高地位的,而且不希望表现出亲近性的状态。例如,在求职面试中,面试官就想要明确划分出应聘者与自己的区别,这通常可以通过面试官的着装风格和穿衣品质来实现。

手工艺品是装饰身体的物品,例如珠宝、衣服、眼镜、化妆品、烟斗、公文包、书籍等。在某些情况下,一个人对这些手工艺品的使用可以传递出其亲近性特征。例如,穿着印有"带上我,我很可爱"T恤的人传递出的信息可能与T恤上写着"滚开"的人有所不同。佩戴反光太阳镜的人不允许他人看到自己的眼睛,这也传递出一种不易亲近的信号。

手势和动作

小孩子经常使用手势和动作来解释他们无法通过语言表达的内容。随着年龄的增长,孩子倾向于减少对简单手势的使用,而更多使用复杂的手势。在这样的社会文化中,当我们感到兴奋或需要传递复杂信息时倾向于更多地使用手势。另一方面，当我们感到无聊或传递简单信息时会减少对手势的使用。因此，相较于言语表达，低年级的孩子们可能会在沟通交流中更多地使用手势和动作，但是，当孩子长到 12 岁左右时，他们应该会习得成人的规范并使用更复杂的手势和更多种类的言语信息。

在课堂上，适应性行为（adaptor）可能是学生最常用的手势。对许多孩子来说，教室是一个会产生焦虑氛围的场景。如果仔细观察一个典型的教室，你会看到学生们在咬铅笔和指甲、趴在课桌或笔记本上抠东西、扯头发、拽衣服、敲笔杆。学生的适应性行为过于频繁反映出该课堂的焦虑程度较高或教师比较无聊，学生在感到焦虑或无聊的课堂上其适应性行为会更加频繁。学生的这些行为表现通常会被视为一种不当行为，甚至会受到教师惩罚。教师认为学生不断戳笔尖会破坏课堂秩序，但在受到训斥之前，学生可能根本没有意识到自己做出的行为。

适应性行为在开学的最初几天、临近假期和临近放学的几个时间段更为普遍。学生会在这些时间段中无意识地做出更多适应性行为。新学年开始的几天，教师的适应性行为也会比较频繁，大多数教师在第一次教授新课程时都会感到焦虑。适应性行为较多也反映出教师的紧张和焦虑。

还有一些人（包括学生和教师）在课堂上很少做手势，他们可能会被视为乏味、缺乏活力。教师应该运用多种方式讲解授课，并更多使用言语信息来保持课堂的生动性和趣味性。教师的授课风格应该生动活泼，手势是实现这一目标的方式之一。授课生动活泼的教师能使学生长时间保持兴趣，缺乏生气、无聊的教师则可能让学生在课堂上昏昏欲睡。

身体呈开放姿态的教师向学生传递的信息是，他们包容接纳，容易接近；身体呈收缩或封闭姿态的教师会被视为不容易接近、不善于接纳。相似的身体姿态在学生和教师两方面的感知也相似。与教师交谈时，学生没精打采地坐在座位上，会被认为无聊、粗鲁甚至傲慢。教师希望学生看起来有参与的兴趣，而身体姿势是最好的兴趣指示之一。

学生和教师都会采用适应性手势，但都应该努力减少对这类动作的依赖。教师要有意识地做出努力，使其教学表现更加生动活泼，这将可以改善师生互动，并使课堂环境令人兴奋。

面部表情

与面部表情令人愉悦的学生或教师相比，面部表情闷闷不乐的学生或教师会被视为缺乏活力、不易亲近。面部表情在课堂互动交流中经常被使用，人们不能总是隐藏自己的真实感受，教师可以通过面部表情在无意识的情况下表达对学生的真实感受。较小的孩子对许多面部表情都无法理解，有时会将所有不太积极的表情视为消极表情，皱眉通常与负面表情相关。通常要到12岁左右，孩子们才能掌握和理解面部表情，并学会如何使用，在此之前，他们很难辨别教师面部表情的含义。因此，小孩子可能会在看到教师思考的表情时，将其理解为自己犯了错误。教师在面对低龄孩子时，要非常小心地控制自己的面部表情。

学生的面部表情也会影响教师对他们的反应。学生如果盯着窗外一脸无聊的表情，教师便不太可能点名这个学生回答问题，除非是作为一种惩罚措施，这名学生也不太可能从教师那里得到任何优待。本书作者之一有一个学生在夜校上学时，多次在课上睡觉。全班146名学生，只有这个学生一脸无聊的表情。这让教师感到很困扰，直到有一天，这个学生找到教师为自己在课堂上睡觉和无聊的表情道歉。学生的解释是，自己从上午11点到晚上7点在邮局工作，所以在所有晚间课程中都很难保持清醒。

教师的面部表情也会影响学生对课堂环境的感受。如果学生认为教师说话时表情沉闷、乏味，对教师和授课主题不感兴趣，由此可能造成更多的课堂干扰。教师必须展现出令人愉悦的表情，表现出自己不仅对学科感兴趣，而且对学生感兴趣。令人愉悦的面部表情通常也伴随着积极的头部活动。

以点头的方式回应学生评论的教师会被认为为人友好，关心师生之间的沟通交流，是可以接近的教师。教师很少点头赞许或头部的消极动作多于积极动作，都会很容易扼杀师生间的沟通交流。当学生们意识到教师不会以积极甚至鼓励的方式予以回应，学生们就不会自愿与人交谈。积极的点头动作是激发课堂互动和促进学生给予反馈的一种方式。学生采用类似点头的方式也有助于促进师生互动交流，并帮助教师了解学生是否理解课堂内容。

长期以来，微笑一直与喜欢、归属感和亲近性联系在一起。与不微笑的教师相比，微笑并做出积极面部表情的教师会被认为更容易亲近，也更讨人喜欢。与经常皱眉或少有微笑的教师相比，学生对微笑的教师反应更积极。同样，相较于皱眉或少有微笑的学生，教师对微笑的学生反应也更积极，他们都认为对方愿意交流。因此，师生关系可以因微笑而得到改善。从幼儿园到研究生院的学生，对微笑的教师反应都更加积极。

教师和学生都必须保持令人愉悦的面部表情，这可以改善师生之间的相互印象和交流。面部表情令人愉悦的教师、学生被认为比阴沉或酸溜溜的人更容易接近。

眼神

教师和学生的眼神动作会影响二者之间的互动。学生如果把目光移开，避免与教师进行目光接触，或者在教师点名时低头，就会被认为对教师所讲的内容不感兴趣、害羞或不愿交流，这些都不是非常积极的看法。我们知道人们喜欢在互动沟通时进行眼神交流。眼神交流可能是衡量学生对课堂兴趣最重要的标准之一。不与教师进行眼神交流的学生会被认为对课堂不感兴趣。教师和其他人一样，都希望与自己交谈的人可以与自己有眼神交流，如果学生不与教师进行眼神交流，则会被认为是一种拒绝，既拒绝教学内容，也拒绝教师个人。

有些教师很少与学生进行眼神交流，这给予学生的暗示通常是教师对你不感兴趣，教师不好接近。这样的教师往往非常害羞，或许根本不应该出现在教室里。当学生和教师之间几乎没有眼神交流时，学生不知道该在什么时候说话，什么时候提问，或者如何接近教师，这也是大学校园里常见的针对来自外国的教师的抱怨。学生们抱怨教师在讲课时从不看他们，这种行为可能是教师文化背景的结果。某些国家的文化并不鼓励教师和学生进行直接的眼神交流。

考试时课堂上也会出现异常的眼神行为。教师们常常认为学生眼神飘忽不定是作弊的表现，其实并非总是如此，考试会令大多数学生感到焦虑。教师因为学生在考试期间四处张望而指责其作弊，则需要谨慎行事。在考试答题过程中，学生会有很多共轭侧向眼球运动，我们在第5章中已经对此做了讨论。如果学生持续不断张望别人的试卷，我们可以放心地认定他在作弊，但是如果学生只是向左、向右或向上看时，他很可能只是在思考问题、处理信息。

眼神行为是衡量师生关系的重要指标。与教师进行眼神交流的学生会被认为是对课堂内容感兴趣的好学生，与学生进行眼神交流的教师会被认为个性更活跃、对学生更感兴趣、为人也更容易接近。

声音

为了了解学生们最喜欢或最不喜欢的教师声音有哪些特点，最近我们进行了一项学生调查。绝大多数情况下，学生们认为教师的声音单调是最令人反感的。他们觉得单调的声音代表着无聊、冷漠和不易接近的教师形象。他们还说，如果教师的声音沉闷单调，学生会对教学内容不感兴趣、不喜欢这堂课，能学到的知识也很有限。学生们希望教师的声音生动活泼。

在所有的声音品质中，单调的声音似乎招致教师和学生最负面的批评。两方都表示，声音单调的人很乏味。学生的声音单调，对自己的课堂表现毫无裨益，教师也希望给对课程感兴趣的学生讲授知识。

本书作者之一曾有一位讲授教育哲学的教授。每节课他都以单调的声音"嗡嗡作响"。班里有一百多人，大多数人都在打瞌睡。教育部门可以把这位教师作为一个负面典型向未来的教师们说明怎样才算是高效而令学生喜爱的教师。学生们对这位老师最主要的不满不是他的能力，而是他单调的声音。

所有教室里都应该有一个"这个课堂鼓励笑声"这样的标语。没有人说过学习一定是无聊的，当真正有趣的事情发生时，所有人都会觉得享受，好的教师会和学生一起发笑，他们也会鼓励并允许学生们笑出声来。例如，有一天，本书的一位作者正在演讲，在演讲过程中她向后伸手去拿自己的笔记，却被身后的垃圾桶绊倒。不幸的是，她竟然掉进了垃圾桶，还被卡在了里面。全班都惊呆了，然后大笑起来，她也开怀大笑。最后终于有学生帮助她从垃圾桶里出来。如果她不笑或者因为学生发笑而批评他们，课堂气氛肯定会因此受到影响，笑声也能让学生释放紧张情绪并得到放松。早在 1929 年完成的研究中，巴尔（Barr）对社会科学教师进行研究，发现好的教师会更频繁发笑，也允许学生在课堂上发笑，而差一些的教师则与此相反。从那时到现在，很多事情都发生了变化，但可以肯定的是，笑声在课堂上的作用没有改变，自己开怀大笑并鼓励学生大笑的教师更加容易接近。

空间

从教师或学生如何使用互动对方之间的人际空间可以了解他对互动对方的看法。站在课桌或讲台后面，很少接近学生，也不鼓励学生接近自己的教师，会被学生认为不够友好、不够包容接纳、为人难以接近，这无助于改善师生关系。

教师对以下两种学生的认知与上述情况相似，一种是当教师靠近时会后退的学生，另一种就是不愿意教师出现在自己附近的学生。这些学生甚至可能被教师认为是对学习不感兴趣、对课堂充满敌意。有些人根本不喜欢别人接近自己，也就是触摸回避者。当有人接近时，这类人会避开或后退以避免接触。我们必须谨慎，不要过于苛刻地评判那些远离互动的人，他们的表现可能只是因为自己是个触摸回避者而已。

还有研究表明，在家受到虐待的学生比其他学生在空间方面有更大的需求，他们可能表现得像一个触摸回避者。一些研究还指出，具有破坏性的学生比其他学生有更大的空间需求，他们的破坏性可能源于自己在压力下的封闭感。

对于学生和教师来说，体型大小的差异可能会影响其对空间的感受。例如，小学教师倾向于站在高出学生的位置，即使自己比学生个子矮。因此，我们建议在不吓到学生的情况下与学生靠近的简单方法是让学生在老师坐下时站得更近。老师也可以偶尔坐在或跪在地板上，从而离学生更近。同样，大学和高中的学生通常比自己的教师个子高，学生们就应该尽量避免站在高出教师的位置。教师们不喜欢有学生试图恐吓自己的感觉，高个子学生大概没有意识到这一点。最简单的解决办法是让学生站得离教师远一些，从而减少学生高高在上的感觉，并使双方的沟通更加容易。

总之，空间在课堂环境交流中起到一定的作用。远离学生的教师被认为是不亲近且不关心人的；退缩或远离教师的学生可能会被认为对课堂内容不感兴趣或对老师充满敌意的。但我们还是要超越这些表面看法，深入了解其背后是否还有其他原因。

触摸

不幸的是，在今天的课堂上很少出现用来传递信息的触摸行为。碍于他人可能做出的解读，教师不愿意触摸学生。因为身份地位的差异，除了最低年级，其他学生也不愿与老师发生肢体接触。

研究表明，肢体接触有助于人们更好地成长和适应社会。然而，我们的学校从社会承接下来的是非接触式的理念。如果在大多数从幼儿园到12年级的学童中展开调查，了解他们从教师那里得到的肢体接触有哪些种类、多少数量，大多数人都会说，随着年龄的增长，发生肢体接触的次数越来越少，而且大部分都与训斥有关。有些学生已经不记得上一次教师以肢体接触传递信息是在什么时候。触摸也是一种交流方式，对于建立和维持有效的师生关系十分重要。教师可以利用肢体接触来强化对学生出色表现的认可，也可以一言不发地用肢体接触来代替口头训斥或控制。例如，如果孩子行为不端，教师走上前去拍拍孩子的肩膀，就可以引起孩子的注意，让他意识到自己应该立刻停止不当行为。在教师与学生的关系中，肢体接触应该是一种可以接受的交流方式。触摸学生的胳膊、手、肩膀或上背部应该是可以接受的。这种触摸是一种无声却非常有效的信息传递方式。

在低年级阶段，肢体接触是建立有效师生关系的重要方式。在家庭环境里，大多数小孩子都习惯于各种肢体接触，在学校里也会有同样的期待。小学教师通常被视为父母的代理人，孩子们期待来自教师的触摸，教师采取这样的行为没有错。如果教师完全不触摸孩子，孩子们通常会觉得自己有问题或者觉得自己没有被爱。但是，教师必须注意，不要只对一两个孩子发生较多的肢体接触，即使是小孩子也可以看出这种差异，并且想知道其中原因。触摸是一个非常重要的沟通变量，必须在课堂环境下以公平的方式使用。

年幼的孩子与教师发生肢体接触的某些身体部位不能允许年长的孩子接触。儿童通常在12岁左右习得成人的触摸规范。小孩子在上一年级时，通常还会抱住教师的大腿，教师应该有所准备并接受这种行为。然而，当孩子在七年级或大学时，做出这种肢体接触的行为就极为不寻常了，通常是不可接受的。在高年级，大一些的孩子会要求减少肢体接触，但是，触摸仍应被用作强化信息的工具。教师可以触摸大孩子的背部或肩膀，以表彰他们做得很好。

教师应该记住，有些学生是回避触摸的，被触摸时会感到非常不舒服。遇到触摸回避型学生的教师应该允许孩子独处，不要试图要求其放松。也有教师属于触摸回避型，不想触摸他人或被他人触摸，这样的教师不应该在小学任教。回避触摸的学生或教师可能会被认为是不易接近的，甚至是冷漠的。如果是触摸回避者，可以使用其他非言语行为来拉近与他人的距离，并建立有效的师生关系。

被他人触摸时收缩身体，这样的教师或学生可能被认为是不易接近或回避接触的。教师和学生应了解学校和社会的触摸规范并谨慎遵守这些规范。教师应该将触摸作为一种信息强化方式，而不是惩罚手段。许多课程，如体育、艺术和音乐，都允许发生大量的肢体接触，这些课程的教师更应该将触摸作为一种互动交流的方式。

环境

首先，我们必须承认，有许多教室并不利于师生之间的互动。我们也承认，许多学校的教室单调乏味，而改善这种环境的努力却少之又少。我们在这里讨论的大部分内容都可以适用于各类学校的各类教室。

有吸引力的教室可以让学生和教师保持专注并减轻彼此的对立。许多研究表明，糟糕的环境会使互动参与者在交流过程中产生敌意。回忆一下你曾经任教过的最糟糕的教室，以及这间教室所有丑陋的地方和你在那个环境中的感受。本书作者曾在很多糟糕的环境中上课。在恶劣的环境里，太热或太冷，光线不足，墙面漆成暗黄色、深棕色、工业绿色或战舰灰色，或是环境不整洁，这些都使学生难以保持注意力。达斯·维德[①]（Darth Wader）一定在美国设计了许多教室，都是黑暗而令人生畏的环境，无异于告诉学生们"不要打算在这里享受到任何乐趣。闭嘴，快坐下，好好听讲。"令人遗憾的是，在一个如此发达的国家，许多教室仍处于黑暗时代，教师和学生还必须继续忍受这种情况。许多教师也会自费重新装修教室，让环境更有利于学习和享受学习。

座位。不同类型的教学都有最佳的座位安排。传统的座位布局（见图13-1）对听课、记笔记和讲课都很有帮助。模块化座位布局（见图13-2）最适合小组互动，这种安排允许教师从一个小组移动到另一个小组，为所有人提供帮助。圆形、马蹄形或方形的座位布局（见图13-3）对于鼓励学生和教师之间的课堂讨论特别有效。教师在不同的学习情境中运用不同的座位安排，可以提高学生的听课兴趣和师生互

[①] 电影《星球大战》中的角色，黑暗领主。——译者注

动交流的效率。然而，有些座位布局确实会增加噪音水平，这一点也必须充分考虑。

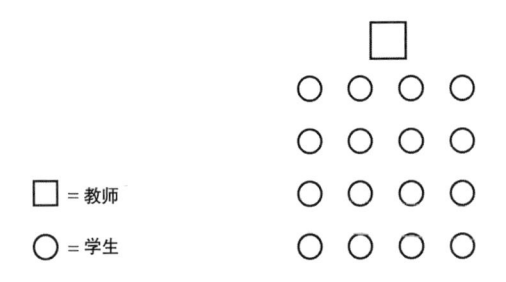

图 13-1　传统座位布局

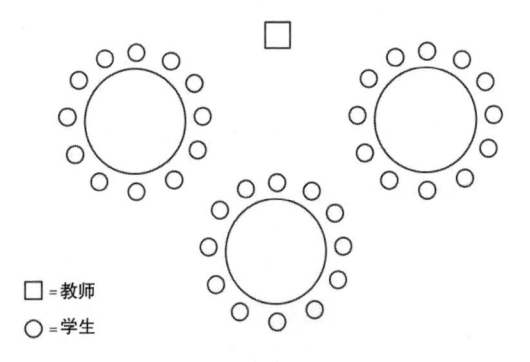

图 13-2　模块化座位布局

图 13-3　圆形、马蹄形或方形座位布局

音乐。音乐可以用来消除学生的无聊情绪，营造舒适的课堂氛围。我们在研究中发现，教师可以将音乐用作出色表现的有效强化、完成任务的奖励以及让学生

放松的方法。小学教师们早就知道音乐在课堂上的力量，并能够利用这一手段让学生感到放松、启发学生对话、奖励学生、激发学生，甚至安抚学生入睡。任何年级的教师都可以偶尔使用音乐来营造更好的课堂环境。例如，如果一位教师想为法国历史这一单元增添一点趣味，就可以播放一段那个时代的法国音乐。

讲话。"只有安静的教室才是好教室。"这是许多学校的座右铭。许多聪明、精力充沛的孩子进入达斯·维德的大厅，被安置在单调的教室并被告知保持安静，最终他们就变成了小达斯·维德。我们应该鼓励任何年龄的学生时常参与课堂讨论和交谈，允许学生发言的教师会让学生感知到他对自己的需求更敏感，而且平易近

不同的座位布局适合不同的教学方式

人。我们并不是说在教室里可以无缘无故地吵闹，但是让学生讲话对他们的成长和发展是必不可少的。教师应该设置一些情境，让学生可以畅所欲言而不会受到批评。小组练习、完成项目和类似的活动都可以使学生在不影响课堂内容的情况下进行讨论。当然，教师不应以此类活动代替教学内容，而应将其作为传授教学内容的一种手段。

无论学生的年龄大小，师生互动都是改善师生之间沟通互动的有效方式，谈话也可以作为对良好表现的奖励。如果学生坐下来听讲并按照要求做笔记，教师就可以布置一个小组练习或开启课堂讨论。允许讲话的时间可以让学生有机会放松并释放紧张情绪，让他们对课堂环境产生更好的感觉。但是，那些不想说话的学生不应该因为不说话而遭到惩罚或被强迫发言。

色彩。在课堂上可以使用颜色来表示温暖或寒冷。回想一下凯查姆的研究以及我们之前对学校吸引力的介绍。学校不应该被漆成深棕色、工业绿色或战舰灰色。年幼的孩子可能更喜欢暖色，例如柔和的蓝色、黄色和粉色。年长的学生可能更喜欢蓝色和蓝绿色等较冷的颜色。彩虹色或荧光红色、黄色、绿色和橙色等鲜艳的颜色不能过度使用，否则可能会使学生过度兴奋。不过，一面色彩鲜艳的墙可能会营造出充满活力的环境气氛。

显然，颜色和装饰会影响学校环境，也会影响学生对学校、教师和整个学习环境的感受。在许多学校，美术教师、工艺美术教师、家长、学校管理者和学生们会聚在一起粉刷学校的内部设施。他们将走廊涂成暖色，然后再涂上几何图案。在过去的10年中，人们发现，这些学校比其他学校的学生对母校的自豪感更强，装饰生动的学校墙面上很少出现涂鸦或污迹。如果墙壁上出现污渍，学生们通常会自发去清理。学生参与绘画和装饰可以让学生们更爱护教室和其他学校空间。

灯光。灯光也可以影响师生之间的关系。光线不足或过于明亮的教室会导致身体和眼睛的疲劳感，甚至会使人出现厌倦和敌意。汤普森对教室的照明给出了如下建议：

> 保持明亮的灯光。当学生必须花费精力才能看清楚时，他们就没有更多精力去理解教师所讲的内容。房间的所有区域应该在亮度上保持平衡。工厂和流水线工人的工作也要得到良好的照明。长期以来，业界都知道眼睛疲劳会严重影响生产计划。为避免明暗差距太大，周围的照明应仅为工作区域亮度的三分之一。视野范围内的任何部分都不应比工作区域更亮。此外，还应避免来自直射光源或反射的眩光。

温度和湿度。想象一下，当教室温度为 90 ℉，湿度为 90% 时，你坐在教室里努力学习的状态。你能做的只有安静坐好，不断擦汗。许多教室在夏天和冬天都太暖和了。夏天里学生感觉太热，因为没有空调，而且湿度很高。冬天里，这些教室又太热太干。这两种课堂环境都会破坏师生之间的学习和交流。当房间太热时，人们会变得烦躁易怒。

最佳教室温度为 66 ℉ 至 72 ℉，这是假设房间既不太干燥也不太潮湿的情况。许多教室无法调节温度，但如果将房间涂成冷色，就会显得凉爽一些。但是，我们知道，当室外 90 ℉，室内 100 ℉ 时，即使是浅蓝色的房间，也不会让人感到凉爽。

在冬季，湿度不应低于 30%，也不得高于 50%。如果湿度超过这个范围，学生生病和缺勤的比率就会增加。研究人员在加拿大萨斯喀彻温省萨斯卡通市的 11 所不同学校调查了 3600 名 1 年级至 8 年级的学生，托德 – 曼西拉斯（Todd-Mancillas）对这项研究的结果进行了总结。

结果表明，与教室湿度在 27% 至 33% 之间的学校相比，教室湿度介于 22% 和 26% 之间的学校学生患病和缺勤率高出近 13%……格林还警告说，湿度不应过高，因为相关研究表明，湿度超过 50% 会增加呼吸道感染的概率。

如果教师无法控制教室的温度，则应改变活动方式，让学生不太注意温度。也就是除了温度之外，教师应该让学生有很多其他事情要做、要思考。在寒冷的月份，如果房间太冷，教师应该让学生四处走走、多说说话；在温暖的月份，如果房间太热，教师可以组织小组讨论和活动，让学生将注意力从温度转移到别处。

家具。教室里的陈设通常可以决定学生对环境的感受。丑陋难看的家具对师生之间的沟通交流无益。诚然，许多学校没有钱购买新的课桌椅、设备和窗帘，但是，更具吸引力的学校通常也能更好地看护学生。教师和学生也可以购买吸引人的装饰品来改善课堂环境。硬性设施可能干扰学生的注意力和学习，例如坚硬的椅子、锋利的桌角，还有不舒适的工作台；软性设施通常能够鼓励学生集中注意力学习，例如符合人体工程学的椅子、更柔软的椅子、移动时向后倾斜的椅子、圆桌和其他看起来舒适的教室家具，这些舒适的软设施可以发出欢迎的信号。充分利用自己所拥有的空间，教师可以与学生相处得更好，这对教师也会带来积极的影响。创造性地使用空间、座位、灯光、色彩、声音、噪音、温度和家具有益于学生和教师之间的沟通和交流。

气味。一个人散发出的气味可以使他人选择靠近或避开。教师应避免在教室里散发出浓烈的气味，气味强烈会影响学生的注意力、学习效率和身体健康。有些学生有过敏症状，不能靠近强烈的气味。即使学生对气味不敏感，教师也应该小心一些。

每个班级总会有学生身上带有些难闻的气味。教师应该学会不回避这样的学生，但仍必须立即与其联系解决问题。与我们一起工作的一位教师讲了这样一个故事：她给学生的父母寄了一张字条，解释说乔伊同学有体味，给课堂造成了一些麻烦。乔伊的妈妈回信说："乔伊不是玫瑰，你不要闻他的味道，你只需要了解他。"有时除了学会忍受之外，任何人对气味都无能为力。也许卫生老师和体育老师可以和学生讨论气味，但其他教师恐怕不可以。所有教师都应注意，不要将有毒气味带入教室，有些植物会散发出气味，部分人闻不到，但另一些人觉得难以忍受，务必不要在教室里种植此类植物。

时间

教师必须充分利用时间。时间可以用来奖励学生的良好行为，控制学生，让课堂变得更有趣，还可以帮助了解他人。教师经常在某个教学单元花费太多时间，但是，大多数成年人的有效听讲时间也仅有约 30 分钟，为什么要期望孩子们能在更长的时间内集中注意力呢？教师必须安排一些活动来满足学生的时间需求。僵化死板的时间表对"猫头鹰"学生有害。你会发现"猫头鹰"们在一天中的晚些时候表现最好，而"麻雀"们在上午表现最好，到了下午"麻雀"的优势就会消失。因此，教师必须了解学生的生物钟。"猫头鹰"在下午学习效果最佳，而"麻雀"的最佳学习时间在上午，教师应该在可能的范围内调节讲课时间和测试时间。严格的时间表使组织严密，但如果不适应学生的差异，这个时间表就不是有效的教学和测试工具。

如果学生在午餐前有休息时间，他们在午餐时间就不会那么兴奋。让孩子们在进餐前发泄情绪可以减少餐厅里出现的问题。学生们吃饱后，就可以准备回教室了。教师还应避免用取消休息时间来惩罚学生，忽视这一警告的教师实际上可能是在惩罚自己。被剥夺休息时间的学生在之后的课堂上可能会带来更大的问题。发生这种情况是因为他们错过了燃烧多余能量的机会，有时休息几分钟能给教师节省很多时间。

教师应留出空闲时间或交流时间。如果学生提前完成项目，可以让他们有时间做自己想做的事，这也有助于教会他们拥有责任感。聪明地利用时间，教师会发现课堂上学生们带来的麻烦更少，学会的更多。教师必须关注和了解学生的时间需求，逢年过节、开春、开学，学生们在这些时间段会更加焦躁不安。教师必须更具创新性和创造力才能吸引他们的注意，利用一些时间更好地了解学生，了解如何更有效地备课。

教师亲近性的结论

在本章中，我们讨论了教师和学生之间可能出现的非言语行为，这些行为会表现出亲近性或非亲近性。显然，易于亲近的教师比难以亲近的教师更受学生们的欢迎，得到学生们更积极的回应。本节将介绍的是里士满及其同事的研究结论。根据这些研究，教师在课堂上的亲近性行为能带来显著优势。

- 增强学生的好感、归属感并对其产生积极影响。易接近的教师比不易接近的教师更受学生喜爱。
- 增强学生对科目的好感。因为教师的亲近行为而有动力学习某科目的学生，可以更好地掌握学习内容，即使激励自己的教师不再任教，学生依旧可以长时间保持学习热情。
- 增强学生的认知学习能力。愿意亲近教师的学生会比其他学生更专注于科目本身，可以掌握更多学习内容，即使遇到挑战也可以正确地回忆出学过的知识。

- 提高学生的积极性。亲近性行为促进学习效果的主要方式似乎是提高学生的积极性。
- 在试图影响或改变学生行为时减小学生的抗拒。易亲近的教师似乎更被学生尊重和喜欢，因此，学生倾向于服从或遵从其意愿。不易亲近的教师更难让学生服从或遵从其意愿。
- 教师被认为是一个更有能力的沟通者，一个愿意倾听和关心学生的人。不易亲近的教师通常被认为是低效甚至不称职的沟通者。
- 教师能够减少或缓解学生对课堂情况的焦虑。一个更易亲近的教师被认为是更关心学生、能积极响应学生需求的教师。学生对整体教学环境的担忧也会因此降低。
- 增加师生交流和互动。部分教师可能认为这方面的影响是消极的，实则不然，如果学生与教师有更多交流，学生就可能得到自己需要的信息。
- 缩小学生和教师之间的地位差异。这并不意味着教师与学生处于同一水平，而只是意味着学生不会被教师更高的地位所吓倒。因此，学生会更愿意提出有关教学内容的问题，教师不用担心自己的权威地位。
- 得到直属上级的更高评价。虽然这似乎很不寻常，但真的很容易理解。学校的管理者都喜欢上课质量好、问题少的教师。易亲近的教师课程质量好，问题也更少。因此，管理者会认为易亲近的教师更加有效。

总之，亲近行为是教师可以运用的最有价值的互动交流工具之一，这些非言语亲近技能可以帮助教师和学生获得更愉快、更高效的课堂体验。表 13-1 为非言语亲近性自我测试。

表 13-1　　　　　　　　非言语亲近性自我测试

提示： 以下陈述是对交谈行为方式的描述。请在每一项左侧空白处注明你认为该陈述与你的相符程度，请使用 5 分制打分：1 = 从不；2 = 很少；3 = 偶尔；4 = 经常；5 = 非常频繁。

____ 1. 我在与他人交谈时，手和胳膊会做一些动作。
____ 2. 我在与他人交谈时，会触碰对方的肩膀或手臂。
____ 3. 我在与他人交谈时，只会用一种语音语调或声音显得无聊。
____ 4. 我在与他人交谈时，不会注视着对方。
____ 5. 我在与他人交谈时，被对方触碰，会远离对方。
____ 6. 我在与他人交谈时，身体姿势很放松。
____ 7. 我在与他人交谈时，会皱眉。
____ 8. 我在与他人交谈时，会避免目光接触。
____ 9. 我在与他人交谈时，身体姿势很紧张。
____ 10. 我在与他人交谈时，会坐或站在离对方很近的位置。
____ 11. 我在与他人交谈时，声音单调或沉闷。
____ 12. 我在与他人交谈时，会使用各种声音表达方式。
____ 13. 我在与他人交谈时，会做手势。
____ 14. 我在与他人交谈时，很活跃。
____ 15. 我在与他人交谈时，面部表情很平淡。
____ 16. 我在与他人交谈时，会靠近对方。
____ 17. 我在与他人交谈时，会直视他们。
____ 18. 我在与他人交谈时，很僵硬。
____ 19. 我在与他人交谈时，会使用多种不同的声音。
____ 20. 我在与他人交谈时，会避免打手势。
____ 21. 我在与他人交谈时，会向对方倾斜身体。
____ 22. 我在与他人交谈时，会与对方保持眼神交流。
____ 23. 我在与他人交谈时，会尽量避免靠近对方坐或站。
____ 24. 我在与他人交谈时，会选择避开对方。
____ 25. 我在与他人交谈时，会微笑。
____ 26. 我在与他人交谈时，会避免触碰对方。

评分程序：
　　第 1 步：初始分数为 78 分，再加上以下题目的分数：1、2、6、10、12、13、14、16、17、19、21、22 和 25。
　　第 2 步：将以下题目的分数相加：3、4、5、7、8、9、11、15、18、20、23、24 和 26。
　　第 3 步：用第 1 步的分数减去第 2 步的分数，就是最后的总分。
　　预期 alpha 可信度：0.87~0.92。

参考值：
　　女性　平均值 = 102.0　标准差 = 10.9　高 ≥ 112　低 ≤ 92
　　男性　平均值 = 93.8　标准差 = 10.8　高 ≥ 104　低 ≤ 83
　　应该注意的是，女性和男性之间自我报告的差异性具有统计学意义和社会意义（也就是说，该测试分数的显著差异可归因于生理性别）。这些差异是"真实存在"（即女性实际上比男性在非言语方面更易亲近）还是社会期望的结果（即女性应该比男性更易亲近）或是实际行为的结果尚不能确定（截至 2002 年 11 月）。

教师亲近性的潜在缺点

亲近性有很多积极的方面，但是，玫瑰身上也会有刺，易亲近的教师可能也会遇到一些个人或专业方面的问题，他们可能会被认为无法控制自己的课堂。其实他们可以控制自己的教室，只是他的同事们无法理解而已。

容易亲近的教师可能会被其他教师认为缺乏能力。亲近性并不意味着"让学生做任何想做的事"，其含义只是"平易近人"，所以容易亲近的教师仍然可以坚定不移地制定和执行标准。

不是每个人都会以同样的方式做到平易近人。选择你最喜欢的行为方式并付诸行动，而不必局限于我们在本章中确定为容易亲近的行为，但你确实需要做出选择。如果你试图采用让自己感觉不舒服的行为，你会显得尴尬和不适，反而不能表现出平易近人。让人感觉虚假的亲近性比没有亲近性更为糟糕。

第 14 章

跨文化关系

Nonverbal Behavior
in Inerpersonal Relations

F 非言语沟通经典入门：影响人际交往的重要力量

大多数人认为，我们所处的世界正在逐渐变小，与过去相比各种文化更加融合。由于现代交通和电子通信系统的发展和进步，世界各地的人们可以更方便地进行远距离通信。来自世界各地的文化相互沟通交流，但往往收效甚微。尽管交通和电子系统迅速发展，但有人会争辩说，这只会导致世界不同民族之间产生更多误解。人类往往跟不上技术进步的脚步。本章将对跨文化沟通的显著特征进行回顾，对非言语行为与跨文化沟通的相关性进行讨论，并考察来自不同文化的非言语信息。

当下，我们与来自其他社会文化背景的人士和来自相同文化背景中的其他亚文化人士的接触机会越来越多，对跨文化沟通中各种适当与不当行为的认知也需要相应提高。以下案例正好可证实这一观点。

第一个案例是关于一位名叫亨利·史密斯（Henry Smith）的美国人。他刚从萨尔瓦多出差回来，并告诉自己的商业伙伴，他懂西班牙语，也会说西班牙语，在萨尔瓦多期间的沟通几乎没有问题。然而，史密斯也给朋友们讲述了在萨尔瓦多的一些经历：他被邀请到一位商人家中，与这位商人的家人们一起参加社交活动。整个晚上，史密斯一直在谈生意上的事，而东道主在这期间显得有些不安，总是迅速将话题从生意转向其他社交方面。几次尝试之后，史密斯终于放弃了，开始享受纯粹的社交环境。他不明白为什么这位主人拒绝在家中谈生意。史密斯告诉他的商业伙伴，这位萨尔瓦多商人显然不知道如何利用家庭社交晚会洽谈生意，真是不太精明。史密斯始终都在挑剔萨尔瓦多的这位商人，而对方却认为史密斯咄咄逼人，而且过于敏感。不幸的是，史密斯的公司失去了这位萨尔瓦多商人的生意，原因就在于他不了解萨尔瓦多的社会文化规范。当地的习俗是可以在办公室或餐厅用餐时讨论业务，但不可以在家里或家人周围谈论业务。在萨尔瓦多商人家中举办的活动只是家庭社交活动，绝不是商务活动。萨尔瓦多人将商业事务与一般社交分开对待，而北美洲人通常是不会将这两者截然分开的。

第二个案例发生在土耳其。皮特·马丁（Pete Martin）受公司派遣，为一家500强公司分支机构的本地员工举办培训研讨会。马丁注意到"吸烟现象无处不在"。他无法接受这样的情况，就告诉研讨会的参与者们不能吸烟。短暂休息后，马丁回到研讨会现场，发现听众们还在吸烟。尽管很不情愿，他还是继续坚持组织研讨会，但在心里，他"认为这里的人们粗鲁而不照顾他人的感受"。在研讨会开始之前，他并不知道在土耳其文化中，吸烟是不被禁止的，而且不存在"无烟区"，人们可以随时随地吸烟。毋庸置疑，这次的研讨会对马丁或参会者来说并不成功。

第三个案例发生在加州的一间教室里。安娜·玛丽亚·摩尔（Anna Maria Moore）正向非洲裔美国孩子费卢克大喊大叫。她喊道："看着我，听我说话！明白了吗？"费卢克开始抬头看向她，然后低头看地板，又转身侧身看向摩尔，无助地站在一旁。在费卢克的文化中，直视上级权威人士（例如教师）是粗鲁、轻率和无礼的行为。学生应该始终低头而不能直视教师，才表示尊重。对摩尔和费卢克来说，这种互动很是艰难。

在以上三个案例中，史密斯、马丁和摩尔对自己的互动对象都不够宽容。然而，事实是他们并不熟悉对方的文化规范，而希望对方以北美洲的一般文化规范来回应自己。与其他文化或亚文化进行互动，需要学习有关跨文化沟通的基本原则。也许非言语信息比言语信息更加重要，因为我们很容易认识到他人的语言与我们不同，而没有意识到的是，他人与我们之间的非言语信息差异甚至比言语的差异还要大。在我们继续讨论这一话题之前，必须对跨文化沟通及其变体做出定义。

跨文化沟通的定义

里奇（Rich）和奥佳华（Ogawa）将跨文化沟通简单定义为"不同文化人士之间的交流"。当沟通交流的一方来自某种文化而另一方来自其他文化时，他们之间的沟通就属于跨文化沟通。克洛普夫（Klopf）和帕克指出，"一方会根据自己的文化背景对信息进行编码，另一方也将会根据自己的文化框架对接收的信息进行解码"。克洛普夫将跨文化沟通定义为"不同文化人员之间的沟通……当来自一种文化的一人（或多人）与来自另一种文化的一人（或多人）交谈时，就会发生这种情况"。他将亚文化定义为"在大而包容的母文化中，对某个可识别单元具备成员意识的人员集合"。

虽然文化总是会对人与人之间的交流产生影响，但沟通双方的文化背景越相似，文化给其沟通交流带来的影响就越小。具有相似文化背景（包括语言、卫生、饮食、仪式、民俗、礼仪、道德、体育、社会经济背景、宗教、学校教育、地理区域和政府治理等）的人们，例如美国人和英裔加拿大人，更容易相互沟通。文化的相似性使沟通变得更加容易。在文化背景存在很大的差异，例如北美洲与亚洲文化之间，就很难顺畅沟通。正如克洛普夫和帕克指出的：

> 由一种文化背景之人编码的信息被另一种文化之人解码，总会存在产生误解的可能性。因此，有必要对跨文化沟通进行研究，以减少或消除可能因文化改变而产生的误解。

为避免混淆，在我们继续下一步之前还要对跨文化沟通的几种变体加以解释。我们将使用克洛普夫和帕克给出的定义。跨文化的（Cross-cultural）沟通、超越文化的（transcultural）沟通通常是可以与文化间的（intercultural）沟通互换使用的专业名词。廷－图米（Ting-Toomey）和科任尼（Korzenny）说："广义上，可以将跨文化人际沟通定义为对两个或多个文化社区之间交流模式的差异性和相似性进行的比较研究。"另有一些名词其侧重点就有所不同。例如，国家间沟通交流是指"国家官方代表之间的交流，通常具有政治性质"，种族间沟通交流是指"身体层面具有可识别种族差异的人们，例如韩国人和高加索人之间的交流"。这种形式的沟通互动可能并不属于跨文化沟通。第三代韩裔美国人和第三代意大利裔美国人之间的交流是跨种族的，但可能不是跨文化的。两者都融入了北美洲文化，可能具有相似的文化价值观。土生土长的韩国人和美国出生的韩国人之间的交流就是跨文化的。民族间沟通交流是"同一种族不同民族的人们"之间的交流。例如，讲英语的加拿大人和讲法语的加拿大人属于相同的主流文化和种族，但他们说不同的语言并且具有不同的目标和观点。亚文化是母文化中的特定人群，他们可能在文化上彼此不同，但具有母文化的许多共同特征。例如，一般北美洲文化就包括得克萨斯人、墨西哥裔美国人、爱尔兰裔美国人、老年人、男同性恋者、女同性恋者、残疾人、比弗利山庄居民、纽约人，等等。很大一部分美国人既认同一般北美洲文化，也认同某一种或多种亚文化。

抛开所有这些定义，跨文化专家认为普遍性对理解跨文化沟通实践才最为重要。霍尔的文化导图呈现了他理解的文化的组成，并特别突出了沟通的作用。他的这份导图包含100项普遍性因素，简要分为以下10类：

- 沟通：发声、运动学、语言；
- 社会：阶级、种姓、政府；
- 工作：正式工作、生活抚养、职业；
- 性别：男性气质与女性气质、生理性别、社会性别；
- 空间：正式与非正式空间、界限；
- 时间：顺序、周期、日历；

| 让自由之声响彻世界！

- 文化适应：养育、非正式学习、教育；
- 休闲：游戏、乐趣；
- 保护：正式和非正式防御、技术防御；
- 物质系统：与环境的接触、运动习惯、技术。

显然，言语和非言语交流行为在所有文化和跨文化中都很普遍。为了实现有效沟通，我们必须理解言语和非言语行为。由于跨文化沟通是持久的、无所不在的，我们必须更加了解并熟悉跨文化沟通，尤其是非言语交流的影响。此外，由于文化是由较小单位或亚文化组成的，我们通常必须先学习较大的文化，再学习亚文化，才能成为有效的跨文化沟通者。

文化特征

托马斯－马多克斯（Thomas-Maddox）和洛厄－哈特（Lowery-Hart）认为，文化具有以下特征。

第一，文化需要学习才能了解。他们指出，在任何文化中，孩子们从很小的时候起就被成年人、同龄人和其他人教导，不断学习态度、信仰、价值观、行为、语言、仪式、歌曲、历史、故事、饮食、爱好等许多概念。

第二，文化是动态的。随着时间的推移，文化很少会保持不变。由于外来者和外部力量的诸多干预，人们即使想要保持文化不变也常常会被迫改变。当人口从一个地理位置迁移到另一个地理位置时，原始文化不会一成不变。想法、态度、信仰等都会融合在一起。托马斯－马多克斯和洛厄哈特指出，伴随这种动态趋势而来的是"某些文化认为这种变化令人兴奋，而另一些文化则因为感到传统和稳定性受到威胁而抵制变化"。

第三，文化无孔不入，无处不在。"我们周围的事物有些可见、有些不可见，它们共同构成了我们的文化"。这些无处不在的东西往往决定了我们使用的语言、穿着的衣服、沐浴的习惯、选择的食物、宗教和信仰、对男女两性的行为，甚至是物质财产。例如，典型的美国人常见的表现是"棒球、热狗、苹果派和雪佛兰"，虽然并非所有美国人都认同这些元素代表了美国文化。

文化基础

大型文化看似彼此之间差异巨大，但也有一些共同基础。其中最重要的就是惧外心理和种族中心主义。惧外心理是对陌生人的恐惧。无论哪种文化，这是大多数人的共同特征。大多数人都害怕自己不了解的东西，至少在我们更加熟悉并认识到几乎不存在危险之前会对它感到恐惧。许多人对与陌生人沟通望而生畏，更避免跨文化的接触，或者在接近对方的文化时表现出惊愕。当人们发现自己被迫要与来自其他文化背景的人沟通时，彼此的非言语反应常常被对方解读为不喜欢和拒绝。

惧外心理在大多数文化中都很普遍，这一事实使一些人认为这种现象可能是人类长期进化的结果。在人类社会早期，对陌生人的恐惧可能是影响人们生存的因素之一。那些感到恐惧的人会采取行动保护自己，而其他人则更有可能成为心怀恶意的陌生人的猎物。因此，今天的人类其祖先可能是那些害怕陌生人的人，而那些没有这种恐惧的人则不太可能有自己的后代。当然，情况是否如此，我们永远无从知晓。无论如何，惧外心理在不同文化的人们当中非常普遍，这也给有效的跨文化沟通造成了巨大的障碍。

请完成表14-1的调查问卷并计算得分。该测试可以对我们所说的种族中心主义进行衡量。种族中心主义一词源自两个希腊词汇："ethnos"在希腊语中指"民族"，"kentron"在希腊语中指"中心"。这两个词结合起来，表示人们将自己的国家（或

表 14-1　　种族中心主义测试

提示：以下 22 句表述与世界各地区的文化相关。请用五分制对每一句表述打分：（5）非常同意；（4）同意；（3）未定；（2）不同意；（1）强烈反对。快速作答，记录你对每道题目的第一反应。请注意，答案没有正确或错误之分。

____ 1. 与我的文化相比，大多数其他文化都很落后。
____ 2. 我的文化应该成为其他文化的榜样。
____ 3. 其他文化背景的人来到我的文化环境中会表现得很奇怪。
____ 4. 其他文化中的生活方式与我所在文化中的生活方式一样有效。
____ 5. 其他文化应该尝试向我的文化趋同。
____ 6. 我对其他文化的价值观和习俗不感兴趣。
____ 7. 我所处文化环境中的人可以从其他文化环境中的人们那里学到很多东西。
____ 8. 在其他文化中，大多数人不知道什么才对自己有益。
____ 9. 我尊重其他文化的价值观和习俗。
____ 10. 其他文化会明智地仰望我们的文化。
____ 11. 如果大多数人像我所在文化中的人们一样生活，他们会更快乐。
____ 12. 我有很多来自不同文化背景的朋友。
____ 13. 在我的文化中，人们几乎拥有世界上最好的生活方式。
____ 14. 其他文化的生活方式不如我所属文化的生活方式有效。
____ 15. 我对其他文化的价值观和习俗很感兴趣。
____ 16. 在对不同人做出判断时，我会运用我的价值观。
____ 17. 我认为与我相似的人是有德行的。
____ 18. 我不与那些与众不同的人合作。
____ 19. 在我所属的文化中，大多数人不知道什么才对自己有益。
____ 20. 我不相信那些与众不同的人。
____ 21. 我不喜欢与来自不同文化背景的人打交道。
____ 22. 我不尊重其他文化的价值观和习俗。

评分程序：
第 1 步：计算第 4、7 和 9 题的总分。
第 2 步：计算第 1、2、5、8、10、11、13、14、18、20、21 和 22 题的总分。
第 3 步：用 18 减去第 1 步的分数。
第 4 步：将第 2 步和第 3 步的分数相加。结果就是你的种族分值。[①]
分数应在 15~75 之间。分数越高意味着种族中心程度越高。

文化）视为宇宙中心。所有人类婴儿都是以自我为中心的，这意味着他们将自己视为宇宙中心，其他所有人都围着自己转。在婴儿早期，周围的成年人试图告诉他们，你是某个群体（家庭、社区等）的一部分，即群体中的其他人也很重要，应该受到

---

① 原书中第 3、6、12、15、16、17、19 题的得分没有参与运算。——译者注

尊重。因此，孩子们就把与自己同一文化群体里的人当作他的宇宙中心。这些人通过学校、社区联系、家庭和同伴互动等，教会孩子如何思考和行动，帮助正在走向成熟的孩子们强化其心中的种族中心主义信念。当然，这些做法都是所处文化认为适合的方式。简而言之，文化教导孩子以种族为中心，将自己的文化视为正确、正常和适当的文化。在这个过程中，孩子们学会以种族为中心，并质疑任何不符合自己文化行为方式的人。

种族中心主义是群体自豪感、爱国主义和文化延续的基础。不幸的是，它也加强了仇外心理、对外来者的不信任、相对于其他文化（社区、国家等）人士的优越心理，以及认为自己的文化正常、正确、适当，其他文化不正常、不正确、不适当的心理认知。这在不经意间（至少通常情况下如此）教导孩子们恐惧、厌恶甚至憎恨那些有不同表现的人们。

请对自己的种族中心主义测试分数做出分析。如果分数在30分或以下，则种族中心主义程度非常低；如果分数在30~45之间，种族中心主义水平与大多数人的典型程度相同；如果分数高于45，则说明种族中心主义程度很高。当然，世界上不存在完美的测试。例如在美国，社会教导人们政治正确（politically correct，PC）。高度以民族、种族为中心是政治不正确的，所以你在回答测试问题时可能一直在犹豫，是否要以一种政治不正确的方式作答。如果这令你感到困惑，那么你已经清楚地看到了这一点。文化教导我们以种族为中心，然后告诉我们，如果我们以种族为中心，那么我们在政治上就是不正确的。然而，其他许多文化并非如此。在许多文化环境中，越是以种族为中心越好，他们认为仇恨外来者在政治上是正确的。

我们的立场是，种族中心主义虽然肯定存在积极因素，但对想要和/或需要进行有效跨文化沟通的人来说是一个主要障碍。非言语行为本身是中性的，然而，不同文化以非常不同的方式解释这些行为,并且在某些情况下使用截然不同的非言语行为。然而,所有文化都认为自己的非言语交流方式是正常的,并且很难弄清楚如何对其他文化中的非言语行为做出解释。本章的其余部分将考察一些案例,以说明处理非言语跨文化沟通有多么困难。

非言语行为

一个人的非言语行为可以将其文化中的信仰、态度和价值观传递给他人。克洛普夫和帕克认为"一个人的非言语行为在跨文化沟通中始终很重要"。非言语信息总是存在的,我们不能忽视其重要性和影响力。因为我们无法了解成千上万种非言语行为的含义,所以我们至少要"意识到其含义可能会因文化而有所不同"。今天,传播学者经常教育人们有效的跨文化传播十分重要。如果两国之间出现严重的非言语误解怎么办?这会导致战争吗?会导致经济制裁吗?

显然,大多数非言语行为都不是泛文化的,即对所有文化都一样。大多数对非言语行为的解读都是基于解读者的文化。特定行为的动机并不普遍,而是因文化而异。我们可以合理地给任何特定行为赋予特定意义,这意义也是由文化所决定的。对非言语行为的学习也因文化差异而有所不同。人们对自己的非言语文化和沟通对方的非言语文化的了解程度,决定了不同文化背景的人们之间的沟通效率。本节接下来的内容将对部分跨文化非言语行为及其可能传递的信息做一介绍。

外形和吸引力

人们通过人的外形和感知到的吸引力对他人做出判断。然而,一种文化认为有吸引力,对另一种文化可能就没有吸引力。这一直是沟通误解的根源。古罗马的黑发文化决定，金发女人要么是皇室成员，要么是妓女。最初，只有妓女才有金发。然后克劳狄乌斯皇帝的第三任妻子梅萨琳娜开始戴金色假发。很快，其他女性也都开始戴金色假发，导致最后几乎不可能将妓女与皇室成员区分开来。

罗马男人把头发剪得很短，而奴隶或野蛮人则留着长发。当长发的欧洲人征服罗马时，他们又认为短发的男人才是奴隶。大约在公元800年查理曼大帝时期，法国贵族留着短发。与此同时，日本人剃掉顶部头发，埃及人甚至剃掉所有的头发。

几个世纪以来，女性似乎比男性更在意自己的外形。在美国，女性在化妆品和相关产品上的花费远远超过男性。世界各地的女性一直试图改变自己的外形以适应其所属的文化。

还有哪些利用自己的身体来吸引他人的做法？改变头部形状？刚果民主共和国的芒贝图女性在幼年时期将头部紧紧包裹，以便将头部拉长。玛雅人在幼儿时期将木板绑在头部的两侧，使头部变平。他们还会将牙齿锉成尖状，然后将贵重的珠宝放入其中。有的缅甸姑娘在脖子上套上数寸粗的环子，以拉长脖子，有的人脖子甚至长达14英寸。在非洲的萨拉斯－金格斯部落，女孩们的嘴唇被木片撑开，有时可以长到14英寸左右，只能吃些流食。在非洲，马赛人用牛粪使头发变硬。美洲原住民部落过去常常在脸上画画以代表各种仪式。在某些部落中这样的行为仍然在继续。

在你尚不能断定诸如此类行为只是发生在哪些遥远的国度之前，也可以看看北美洲的时尚。北美洲文化中一种流行时尚是在身体某处文一个文身，也有些人不想忍受永久文身的痛苦，就使用特殊的身体涂料或粘贴文身。另一种是打耳洞，虽然这在美国一直是女性的时尚，但现在很多男人也开始打耳洞了。还有在肚脐、鼻子、舌头或性器官打洞的做法，这些都是现代年轻人的普遍时尚。在这种文化中，即使是严肃的外科手术,例如隆鼻、整容、隆胸、植发、吸脂等,也成为常见的手段,其目的都是要改善外在形象。

与一些亚洲国家相比,美国文化更容易接受身材高大的女性。这个国家女性的平均身高约为 5 英尺 6 英寸,这在日本可以算是很高大的女性了。日本女性身材娇小,许多中国女性身材也很矮小。一个中等身高的美国女性在任何一个国家看起来都像个巨人,比一般的男人和女人都高。人们理想的体型和身高因文化而异,有些文化更喜欢精力充沛、体格健壮、能做繁重家务的女性。在这样的文化中,厌食症、流浪汉般的女性会被排斥。

简而言之,外貌和吸引力在跨文化沟通中具有很大的影响力。那些看起来不属于同种文化的人将不会有机会被倾听,更无法说服他人,也就无法与他人进行良好的沟通交流。任何身体外形不符合文化规范的人都将难以在该文化中与人沟通交流。当处于其他文化环境中时,我们也应该尽量尊重并遵守所在文化的规范。

手势和动作

阿克斯特尔(Axtell)指出,"手势和肢体语言不仅是强大的沟通工具……不同文化对手势和肢体语言的使用也截然不同"。生活在各种文化环境中的人都会学习自己所属文化的手势和动作(见表 14-2)。莫里森(Morrison)、科纳韦(Conaway)和博登(Borden)在《亲吻、鞠躬或握手:如何在 60 个国家/地区开展业务》(*Kiss, Bow, or Shake Hands: How to Do Business in 60 Countries*)一书中强调了这一观点。该书详细介绍了部分文化中人们说话、行为、谈判和做决定的方式,并且对文化、商业和时间观念等进行分析。在全球化和文化互动日益加剧的世界里,我们有必要了解他人的沟通交流方式(见表 14-3)。例如,北美人用"OK"的手势表示一切都好。几年前,一位美国副总统访问南美洲的一个国家,在下飞机时,下面有人问:

"旅途怎么样？"副总统怕自己声音太小，人群无法听到，就用"OK"的手势做出回应。不想，这个手势在他访问的国家里表示"射鸟"。当地报纸刊登了一张副总统向该国送鸟的照片。不用说，该国人民非常不高兴（他们以示威、扔鸡蛋等做出回应）。

表14-2　　　　　阿克斯特尔提出的手势和身体动作

问候
美国——问好，有力握手，直视眼睛
中东——额手礼（salaam）（抬起右手，先触摸心脏位置，然后触摸额头，最后向上向外打开，轻点头并配合语言，意思是"愿你平安"）
因纽特人——用手拍打对方的头或肩膀
新西兰毛利部落——碰鼻子
部分东非部落——向对方的脚部吐唾沫
南美洲——握手，热情的拍背
再见
美国——挥手告别（举手，掌心向外，手腕保持不动），上臂和手来回摇动
欧洲——手臂抬高，向上伸展，手掌向下，手在手腕处上下摆动
意大利和希腊——手臂伸展，掌心向上，所有手指向自己前后弯曲
召唤
美国——举起一只手（食指举起）大约到头高或稍高，或者手掌完全张开举起，来回挥手以引起注意
大部分欧洲国家和许多拉丁美洲国家——伸出手臂，伸出手，手掌向下，然后用手指做一个抓挠动作
哥伦比亚——轻轻拍手
侮辱性（可能是淫秽的）手势（同等含义）
美国——单手举起中指
阿拉伯——伸出手掌，掌心向下，手指向外张开，中指向下
俄罗斯——用一只手的食指向后弯曲另一只手的中指
南斯拉夫——弯曲手肘，握拳（指关节远离面部）并挥拳一次
北美、拉丁美洲和欧洲部分地区——前臂挺举（右臂在肘部弯曲，左手向下砍入肘关节，同时右手的拳头向上猛拉）

阿克斯特尔指出，手势也可以成为一种有价值的民意调查形式。他表示，根据《人物》（people）杂志，至少有一位美国政客使用这种方式衡量其受欢迎程度："我

看人群向我招手，会数数他们使用了几根手指。"

表 14-3　　　　　　　　问候、手势、礼物和时间

国家	打招呼	手势	礼物	时间
1. 巴西	热情、长时间握手	美式"OK"手势代表粗俗的含义。握拳时拇指位于食指和中指之间表示祝你好运	紫色/黑色意味着哀悼，应予避免。刀意味着断绝关系。第一次参加会议应购买午餐/晚餐	晚饭从19:00-22:00，也可以一直到第二天凌晨2:00
2. 中国	点头、弯腰或握手	不要在说话时使用手势。指点某人时应张开手	请客吃饭。优质钢笔、酒类、白酒	请人吃饭从18:30或19:00开始，一般持续两个小时
3. 丹麦	到达/离开时握手，要坚定而简短	美式"OK"手势代表侮辱的含义。在剧院里，应该背对着舞台进入，而不是背对着观众席	花束、巧克力、美国图鉴	吃饭要准时。期待在餐桌上待很长时间
4. 英国	握手，说"你怎么样？"	说话时双手插在口袋里是不礼貌的。做出"V"手势时手掌应朝外，手掌朝内是侮辱的、粗鲁的	邀请去餐厅吃饭。鲜花、烈酒、香槟、巧克力	午餐时间为12:00-14:00，晚餐时间为19:00到23:00。吃饭要准时
5. 法国	握手。触摸脸颊。无实物亲吻	竖起大拇指表示"OK"。美式"OK"手势表示零。不要在公共场合嚼口香糖	好品味就是一切。书籍、音乐、鲜花、美酒、巧克力	午餐持续两个小时。晚餐在20:00或21:00
6. 德国	坚定的握手。男人可以亲吻女人的手。	正式/保守。微微一笑。很少秀恩爱	质量好但成本不高的物品。钢笔、计算器或进口酒类	没有早餐会。出席午餐或晚餐要准时
7. 印度	要了解每个民族宗教团体的规范。不要在公共场合拥抱、亲吻或触摸。握手或许可以	永远不要摸别人的头。招手时要伸出手，掌心向下，并用手指做召动动作。双臂叉腰会被视为愤怒	鲜花或巧克力等小礼物。不要送鸡蛋花，其与死亡相关	除非正式场合，其他情况可以稍微迟到几分钟
8. 意大利	到达或离开时握手。握手同时可能要用另一只手握对方手臂。女性可能会亲吻或触碰好朋友的脸颊。男性可以互相拥抱并拍打对方的后背	说话时配有手势很好。用指尖抚摸并戳下巴表示对某人嗤之以鼻	商业名片。来自家乡的酒、美食或手工艺品	节奏比较慢。要有耐心和冷静

续前表

国家	打招呼	手势	礼物	时间
9. 日本	非常了解西方的习惯。握手是很好的方式。握手可能很轻。鞠躬是传统的问候方式	美式"OK"标志代表金钱。属于高语境文化。所有手势都具有意义。耸肩和眨眼对日本人来说毫无意义。招手只需手掌朝下即可	送礼的仪式比送礼本身更重要。日本人可能会赠送昂贵的礼物，我们必须接受这些礼物	在社交场合迟到是很普遍的。用餐时间很长，但一般会在23:00之前结束
10. 沙特阿拉伯	等待当地人发起问候。在两个脸颊上亲吻或握手。女性在这里不受欢迎	左手被认为是不干净的，应该用右手做手势，用右手吃饭。不要指指点点，那很不礼貌。时刻脚踩地面，永远不要在阿拉伯人面前露出脚底	热情程度是传奇式的。我们不需要带礼物	进展缓慢，要非常有耐心。会议开始得很慢，决策需要很长时间

　　来自世界不同地区的人们在使用手势方面存在很大的差异。最大的区别在于对标志类手势的使用，大家可能会记得，标志类手势是指具有对应的语言表达方式的手势或动作。不同的文化通过不同的标志传达相同的含义，也有些标志虽然为不同文化所共有，但代表的含义却不同。此外，一种文化使用的标志在另一种文化中可能根本没有对应的版本，反之亦然。

　　手势的使用在不同文化中也有着不同的含义。例如，埃塞俄比亚人向孩子示意保持沉默是用一根手指放在嘴唇上，但在向成年人示意沉默时就会用四根手指，他们认为对成年人只用一根手指是不尊重的表现。在美国，无论是儿童还是成人，都只用一根手指放在嘴唇上即可。"OK"的标志在不同文化中也有完全不同的含义，在日本是指金钱。这个手势也可以用于表示女性生殖器，如果男人试图引诱女人时也会使用该手势。如果对男人做出这一手势，它又表示对对方男子气概的认可。因此，"OK"的标志可以有多种不同的解释，这都取决于文化。可以想象的是，这个标志可能在不同文化之间造成许多沟通的误解。例如，本书的一位作者和朋友一起访问巴西。在前往巴西之前，他们已经尽可能多地了解了在巴西人看来正面和负面的手势。将美国人的"OK"标志转向侧面,这在巴西的含义就与美国人用中指表达的意思相同。这位朋友想要买一双凉鞋,就去逛了当地一家鞋店。店主不会说英语,朋友也不会说葡萄牙语。他挑了一双凉鞋,试穿发现尺寸不合适,于是他用手势表示需要更大的尺寸。店主照做了。关于信用卡的使用,双方来回折腾了一番,最终完成了交易。这位朋友非常开心,对店主做了个"OK"的手势。店主是否对此不高兴,我们不得而知,但如果这位朋友记得他学过的知识,并正确使用巴西手势,这种情况本可以避免。

根据莫斯巴赫(Morsbach)的说法,在日本,向上竖起小手指可以指代女朋友、妻子或情妇,食指快速交叉代表打架,舔一下食指再顺着眉毛划过是暗示某人是骗子的一种方式。莫斯巴赫说,在适当的语境中,这种方式可以被"眉唾"(mayutsuba)代替,这使日本人能够对说谎和欺骗做出暗示,而无须直接说出"骗子"这样的词。

头部的动作经常会带来沟通上的误解。在东欧、非洲和亚洲的部分地区,当地人在不同意时点头,在同意时摇头;在美国,却恰恰相反。几年前,本书的作者之一在给大量学生讲课时就体验了这些行为差异。他讲课时,很多学生都会点头附和。当其他学生点头时,其中一个学生却摇了摇头。这让老师很困惑,下课后,他走近那个一直摇头表示不同意的学生,发现这个学生来自印度的某个地区,当地人用摇头表示同意。所以这名学生其实是认同其他学生的意见,他只是在使用自己文化的肢体语言来表示同意。

在日本,点头可能只表示持续关注,不一定表示同意。你可能会发现,即使日本人完全不同意你的看法,也会出于尊重而点头,直到你说完为止。雅各布森(Jakobson)发现,保加利亚人在表示"不"时,会将头向后仰,然后再转回直立姿势。许多西方人可能会误以为这是"是"的意思。在韩国,左右摇头表示"我不知道";在美国文化中,耸肩表示"我不知道"。

某些含义的表达，除了头部和手，还要使用更多的身体部位。例如，日本人鞠躬，身体的大部分都要动作。向谁鞠躬以及鞠躬的深度可以表示社会等级。当地的规则是女子向男子鞠躬，晚辈向长辈鞠躬。这些规则比人们想象的更复杂，例如，一个人应该多久鞠躬一次、鞠躬多长时间、鞠躬深度如何，这些都是人际关系中必须要考虑的。鞠躬通常是要礼尚往来的。

鞠躬是一种表示问候或尊重的形式。美国人即使在日本只待了几个小时，通常也会学会鞠躬。然而，他们很少能真正学会鞠躬的正确方法。日本人永远不会批评来访日本的客人，他们只是会被试图模仿他们的美国人逗笑。鞠躬时，要注意把头微微向右偏，以免撞到对方的头，美国人常常忘记这一点。鞠躬时，人的眼神要低垂，手掌平放在大腿上。握手作为一种问候方式是从西方传入日本的，国际化程度较高的日本人和美国人经常同时握手和鞠躬。泰国人用"双手合十礼"（wai）互相问候，当地人双手合十（好像在祈祷）并鞠躬，同时说"萨瓦迪"（Sawadee）。年长的泰国人使用该手势更为频繁，它对地位高或低的人都适用，被问候的人地位越高，合十的双手举得也越高。

布劳特（Brault）发现了一个法国人的复杂的沟通手势，用于表示"精致"的意思。法国人将右手的手指捏在一起，指向并举到唇边，然后亲吻手指并举到空中，下巴高高扬起，双眼微闭。布劳特认为，美国人使用这个手势不仅仅用于体现"精致"，而法国人使用这个手势只保留了"非常精美的事物"这个含义。

石井（Ishii）对日本人的姿势进行探讨，并发现低姿态（teishisei）是接受或尊重的标志。谦虚且保持低姿态的人通常会受到信任、喜爱和接受。在公共场合保持低姿态、安静平和、报以微笑，这样做往往被他人视为成功。在美国人或欧洲人进入房间时，日本人不会立即站起来迎接。日本女性被教导在与长者打招呼时应安静平和，保持低姿态。在美国，参加聚会的日本人通常内敛和安静，可能会静静地坐在角落里或与其他日本客人交谈。

克洛普夫和帕克指出，年轻的日本人不再用亚洲式下蹲自我放松，许多老一代人仍然这样做。年轻的日本男性会双腿交叉坐在椅子上。在科威特，更西化的男性会与其他男性握手问候。一些科威特男人还会与西方女性握手，但大多数不会，他们根本不习惯与西方女性交往。科威特男性之间更传统的问候方式是这样的："男性握住对方的右手，将左手放在对方的右肩上，然后在对方的脸颊上互相亲吻。"想象一下，当美国男性收到传统的科威特问候时，会有多不自在。在沙特阿拉伯打招呼或吃饭时，即使是左撇子，也只能用右手，因为左手负责卫生清洁事务，不可以用于进食或与他人打招呼。

在罗马尼亚，问候、见面、离开和致谢，握手无时无刻不在。无论罗马尼亚人白天与他人见面多少次，总会握手。男性会等女性伸出手后再握手，更传统的罗马尼亚男性偶尔还会亲吻女性的手。

从这些介绍可以清楚地看出，手势和身体动作在不同文化中有不同的含义。同样清楚的是，只有了解两种文化的非言语行为，才能进行成功的跨文化沟通。

面部表情与眼神

在任何文化中，面部表情都可以传递情感、个性和一些明显的人口特征，例如年龄、种族、国籍和性别。研究表明，在西欧、南美洲，甚至新几内亚的部分地区，人类的基本情绪都是通过相同的面部表情进行传递的。埃克曼研究发现，全世界的人们都能正确识别悲伤、快乐、愤怒、惊讶、厌恶、兴趣、轻蔑和恐惧等主要情绪。伊泽德（Izard）发现，在新几内亚的原始文化中，成人和儿童都能辨别出大多数情绪，但他们会混淆恐惧与惊讶。埃克曼发现，世界各地的人们都能很好地编码并解码基本面部表情。他还表示，美国、英国、德国、西班牙、法国、希腊、瑞士和日本的解码将相同的面部表情解释为相同的情绪，而且这些文化在判断情绪强度方面也相当准确。

但是，这并不意味着面部表情就是泛文化的。尽管许多文化都能识别出主要的面部表情，但必须记住，每种文化都会有基于环境的特定文化差异。例如，北美洲地区允许女性比伊朗或日本的女性更具表现力。日本文化习惯于掩饰情绪。我们都听过"高深莫测的日本人"这句话，他们可能不会有很多面部表情，但却可以识别这些表情。与许多东方文化背景的孩子相比，北美洲的儿童更善于表达和质疑。埃克曼认为"面部表情的组合可能比表达主要情绪的面部表情存在更大的文化差异"。

根据克洛普夫和帕克的说法，韩国人在结识新朋友时通常会有固定而僵硬的面部表情，但是，他们非常热情，乐于结交朋友。在公共场合，韩国人表现得冷漠而疏远，但私下却很热情。

克洛普夫和帕克还研究了日本人的微笑。他们认为"日本人的微笑并不总是像美国人那样自然地表达愉快和友善"。日本人的微笑是日本文化的一个适应维度，他们认为微笑是一种礼仪，即使看起来不合适也会报以微笑。克洛普夫还引用了历史上的一个事件：

> 日本驻美大使向美国官员宣布即将袭击珍珠港时面带微笑，导致数百万看过现场照片或在报纸上读到相关信息的美国人彻底误解。大使微笑的时候是在展现日本的风俗习惯。在日本，孩子们被教导即使在悲伤的情况下也要微笑，这是一种社会责任。文化仪式需要的不是悲伤，而是微笑。虽然大使本人反对这次袭击，也不喜欢这个被迫传递的消息，但日本的习俗要求他微笑。

那个笑容被全世界很多人误解，也激励美国军队为战争付出更多努力。日本大使微笑的照片被张贴在军火厂、军营和美国轰炸机的驾驶舱内，用以激励美国最终赢得战争的胜利。

艾布尔-艾贝斯费尔特发现不同文化的社交问候语也存在一些相似之处，例如欧洲人、南美印第安人、萨摩亚人和南非丛林人在与远方的朋友打招呼时，都会"抖动眉毛"。抖眉就是眉毛轻轻上下移动，同时将眉毛保持在最高位置约六分之一秒。这在美国人的问候行为中看起来很奇怪，因为在感到惊讶或质疑某事时，美国人才会多次挑动眉毛。

眼神在不同文化中有多种形式。美国文化教导我们不要盯着别人看，在大多数情况下，这是不礼貌的，这也说明人们认为眼神非常重要。我们已经学会在必要时使用分散注视的眼神。当我们在购物中心里，并不真的想要与人有任何目光接触时，我们会使用分散注视。当我们不想面对某人或学生在教室里面对老师时，我们也会采用相同的策略。分散注视也可以是有意看向空中，但是，在许多文化中注视都很常见，尤其是注视陌生人或迷人的女性。在这些国家旅行的美国人会感到不舒服，并且经常感觉那里的人非常不礼貌。

在美国文化中，眼神交流是男性和女性求爱行为的重要组成部分。眼神聚焦身体是第一步，眼神相互交流是第二步。如果女性没有与男性进行眼神交流，她实际上是在告诉对方"走开"。如果男性不能识别这种缺乏眼神交流的暗示，女性就会在第三步告诉男性走开。也有人不遵循非言语暗示，男性可能会继续盯着看，女性可能会在不恰当的时候做出反应。

在日本文化中，求爱的男女很少对视。日本男性会一边说着浪漫的话语，一边看向别处。日本女性通常表现得非常害羞，不会进行太多眼神交流。在日本文化中，眼神的沟通很重要，但与美国文化的方式不同。美国人非常重视直接的眼神交流，如果有人不看我们的眼睛，我们会感到不开心，就好像他对我们所说的话毫不在乎，我们甚至可能认为对方在试图欺骗我们。

日本人没有直视他人的习惯，太多的目光接触会让日本人感到不安和不舒服。因此，日本人和美国人经常会因为非言语行为的差异而产生误解。日本人在与对方交谈时经常低头或看向其他地方，这让美国人感到不安。然而，在日本文化中，在会议或大会上低头或闭上眼睛意味着专注或表示同意，而不是拒绝或不同意。美国人却经常将低头或闭眼误解为不同意、不感兴趣或是拒绝。

在尼日利亚文化中，与上级进行长时间目光接触被认为是不尊重的。克洛普夫和帕克举过一个案例，一个在尼日利亚的美国和平队志愿者一直告诉自己的班级要看向他，以至于他与学生和家长之间出现了很多问题。后来他终于了解到，在尼日利亚，学生看老师是不尊重的行为。作为一个美国人，他需要也希望他的学生与教师有眼神交流，而尼日利亚学生觉得与教师长时间目光接触很不尊重，所以会低下头。

波多黎各儿童还被教导不要与成年人有眼神交流，这是服从和尊重的表现。在亚洲文化中，为了表示尊重，一个人不会直视对方的眼睛。此外，亚洲男性不会盯着女性看，反之亦然。只有在街头谋生的女性会盯着男性看。然而在法国，男性注视女性并对其身体做出评价是很常见的。

显然，面部表情和眼神交流在不同文化中传递的含义也不同。我们当然需要学习和了解这些不同的含义，这样才能更充分地理解来自其他文化的人们，以免在沟通交流时冒犯对方。

声音

人类声音的所有方面都能作为信息沟通和交流。我们的声音变化、速度、音量、停顿，甚至沉默都是一种沟通。重要的不仅是我们如何说话，还有我们是否说话。

美国文化普遍尊重健谈的表现。一个人讲话越多，对他的评价就越积极。阿米什人将禁止说话作为一种惩罚，即使用沉默来惩罚别人的不当行为。相比之下，日本文化崇尚安静。日本是一个沉默的民族，尤其是在听自己尊敬的人说话时，更是一声不吭。有时，即使日本人觉得你错了，也不会反对。当然，沉默不应被视为没有交流。沉默可以有多种作用，比如拉开人际距离、尊重他人、惩罚他人、避免尴尬。

在许多文化中，吃饭时发出愉悦的声音是被允许的。韩国人和一些德国人在餐桌上打嗝的现象并不少见，这表示他们很享受这顿饭。美国人和英国人则认为这种行为粗鲁、不可容忍。韩国人认为在餐桌上擤鼻涕是恰当的，但在许多其他文化中这种行为会被认为是粗俗的。日本人在与他人交谈时吸气发出嘶嘶声是尊重，并给对方思考的时间，这对西方人来说却难以接受。另一方面，西方人使用许多填充停顿和未填充停顿，还会发出"啊"和"嗯哼"的声音，这也让日本人感到为难。德国人和俄罗斯人有非常强烈的示范性声调，这对美国人和亚洲人等同于告诉对方："我是对的，别反对我。"这会给人留下粗鲁和傲慢的印象。

因此，跨文化沟通很困难的原因不难理解。除语言之外，声音行为也存在很大差异。

空间

空间也可以传递信息，我们使用空间和领域的方式可以展现自己的文化风俗。有时，我们的文化决定了我们使用空间的方式。南美人、希腊人、阿拉伯人和意大利人在互动时比北美洲人离得更近，例如，阿拉伯人喜欢在谈话时能够"呼吸彼此的气息"。舒特发现哥斯达黎加人在交流时比巴拿马人或哥伦比亚人更亲近。他还发现，德国男性在互动时更喜欢保持较远的距离，而意大利男性更喜欢近距离交流。琼斯发现纽约市的华人与波多黎各人和意大利人的互动距离更远。一般而言，亚洲人、巴基斯坦人、美洲原住民、北美洲人和北欧人在交谈时比南欧人、阿拉伯人和南美洲人更喜欢保持较远的距离。

人们的空间偏好也受到文化的影响。除文化规范外，经济背景和人口密度等因素也会影响空间使用习惯。例如，在日本文化中，即使有额外的卧室，一家人睡在一间卧室的情况并不少见。日本很多地区人口稠密，但这似乎并不是一家人睡在一个房间里的原因。日本的家庭规范决定了亲密的家庭关系，因此日本人经常睡在一间卧室里以促进家庭成员之间的亲密感。当然，更大的家庭会共享更多的房间。

不同文化对空间的使用可以传达不同的含义。例如，与希望你站得近的人距离太远可能会被视为冷漠，与他人站得太近又可能会被认为急躁或好斗。克洛普夫和帕克清晰地阐明了这一点：

> 南美洲人会不自觉地靠近北美洲人，而后者则是后退。每个人都试图按照自己的认知确定"正确"距离。在这样的过程中，每个人都会发出非言语信息。南美洲人开始相信北美洲人是喜欢较远距离的，甚至是彻头彻尾的不友好。在这种极端情况下，空间成为一个强大的非言语沟通因素，而言语信息往往会变得黯然失色，几乎无关紧要。

触摸

与空间和其他非言语行为一样，触摸也会因文化而有所不同。在每一种文化中，触摸都是一种沟通形式。有人说，触摸很可能是美国文化中最亲密的交流方式，这主要是因为我们对触摸的位置和对象有选择性。美国文化被认为是一种非触摸的文化，但无论如何，触摸都可以传递爱、关怀、温暖、愤怒、快乐、悲伤等各种情绪状态。本节将对各种形式的触摸及其在各种文化中的含义进行介绍。

弗兰克（Frank）指出，"每种文化都是在婴儿和儿童早期触觉体验的基础上，或简单或复杂地建立和设计形成一系列的成人行为模式，其中就包括触觉替代和象征性满足"。例如，我们会教自己的孩子别人会怎样表达"不要触摸"的意思，某些触摸有怎样的含义，以及如何回应他人的触摸。弗兰克建议"不仅要了解人与人之间触觉交流的文化模式，还要用更多的时间和空间去感受"，这是因为文化中的触摸行为实在是复杂多样。他还列举了几个这样的感人行为：握手、摘下手套、跳舞、揉鼻子或摸额头、紧握手臂、肩膀和腰部、拥抱膝盖、接吻、放在手上、打耳光和打屁股。

世界上的每一种文化中都有求爱行为，求爱的仪式也因文化而异。如前所述，男性通常是美国文化中的追求者，而女性通常是被追求者。男性和女性之间接触的类型、数量和持续时间决定了求爱的程度。如果女性对男性搂腰的手臂没有反应，男性应该意识到，至少到目前阶段，自己已经走到头了。美国女性比男性更容易触碰。在爱尔兰，一对夫妇可能要等相识相当长时间后才能牵手；马来西亚禁止未婚穆斯林夫妇拥抱或有类似的亲密接触，如果被抓到，他们将面临巨额罚款；日本人不容忍公开示爱。根据社会地位或阶级，一些国家的女性仍然会有女伴。在大多数亚洲文化中，成年人使用或接受异性接触并不普遍。亲吻、牵手、拍拍和拥抱等触摸形式仅能出现在私人场合中，因此，在亚洲文化中，男女之间在公共场合很少有接触。西科莱斯特（Sechrest）研究大学校园里的异性恋学生情侣，发现亚裔异性伴侣的接触比白人情侣少。

其他文化中存在同性之间的触摸。然而，除了一些极为不寻常的情况外，美国文化几乎禁止男性触摸男性。当美国男子篮球队在1984年奥运会上获得金牌时，男人们互相拥抱、亲吻和拍拍。但是如果我们看到两个男人在美国大街上拥抱、亲吻和轻拍，很多人会认为他们是同性恋。在韩国，男性和女性经常与同性牵手、挽臂或贴近并排走路。靠近意味着友谊，而不是性兴趣，触摸才意味着两性之间的感情，这在韩国文化中仅在私人场所可以接受。在日本，男女走在街上互相触碰的情况也不少见，年轻女性甚至手挽手走路，男孩们在街上有相互的身体接触和推挤。意大利裔美国人比英裔美国人的身体触碰更加频繁。非洲、阿拉伯和东南亚男性通常会以牵手作为友谊的象征。在欧洲女性中握手十分常见。

触摸在家庭中扮演着重要的角色。在一项经典调查中，韦尔奇询问2200名7~11岁的儿童，问他们如果行为良好会获得什么样的奖励，几乎三分之二的孩子说自己被拥抱过，并表示很喜欢。卡莱娜（Kaleina）指出，在美国，宠物比人类更容易受到爱抚。他认为，与宠物的触摸比与家人的接触更多。在美国文化中，我们的触摸行为从婴儿早期开始减少。与我们文化中的任何其他群体相比，老年人之间的触摸较少。研究表明，美国母亲与婴儿的声音接触多于肢体接触。然而，日本母亲与婴儿的肢体接触多于声音接触。与盎格鲁亚文化相比，美国的犹太和意大利亚文化可能会给孩子更多的肢体接触。事实上，盎格鲁亚文化鼓励母亲让孩子独处或在一定年龄后避免触摸行为，尤其是男孩。盎格鲁文化中的女孩比男孩从父母那里得到的抚摸更多。

与亚洲文化相比，美国人、德国人和英国人更容易对陌生人的意外触碰感到冒犯，这是因为每种文化的空间规范不同。许多亚洲国家空间有限，因此会忽略或至少不会被意外触碰所冒犯。然而，美国人、德国人和英国人习惯于要求并享有更多空间，所以他们经常会被陌生人的意外触碰所冒犯。

一般来说，我们可以根据肢体接触习惯对文化进行分类。北美高加索人、德国人、英国人和亚洲人通常是非接触型的。日本人表现出的肢体接触比任何其他文化都要少。南欧人、犹太人、意大利人、希腊裔美国人、阿拉伯人和波多黎各人通常更注重肢体接触。这种差异通常会造成沟通上的误解，两个肢体接触习惯不同的人沟通，就可能会产生误解。克洛普夫和帕克认为，"对一个群体来说'正常'的东西对另一个群体就不一定是'正常'的"，结果，可能会发生严重的误解。"英裔美国人可能被认为是内向和疏远的……意大利裔美国人或希腊裔美国人可能被认为过于自信和咄咄逼人"。在意大利的部分地区，男人捏漂亮女人臀部的现象并不少见，而美国女性并不认为这种行为是一种恭维。很明显，我们需要理解并接受其他文化的触摸规范，每当我们违反文化的触摸规范，我们很有可能会严重冒犯来自另一种文化的人。

环境

人们总是被环境所包围。环境中的气味、香味、颜色、灯光、座位和人工制品都会影响我们彼此之间的沟通互动。跨文化沟通也是如此，当人进入一种新的文化环境时，环境会对人的观念产生冲击。想象一下，在公共场所与其他男性、女性和孩子一起洗澡的感受。这在日本部分地区很常见，对于许多日本人来说，公共浴室始终是一种可以接受的生活方式，直到现在仍是这样。而在其他某些文化中，人们几乎一个月才洗一次澡。我们再来看看另一种情况，想象一下来自另一种文化背景的人们对拉斯维加斯会有怎样的印象。有些可能认为这是个奢靡、轻浮和粗鲁的地方，有些则觉得这里是世界上最奇妙的地方，这些都取决于不同文化的价值观。

本书的一位作者最近访问韩国，被那里的大蒜气味吓了一跳。他发现大蒜是韩国泡菜的主要成分之一。他在那里待了一个星期，到周末时已经适应了这种气味，这种气味可能随着他和他的行李一路回到家里。

北美洲的酒店和为海外美国人提供服务的酒店都配有空调。很多其他国家/地区没有美国那样的中央空调和暖气，但是各个国家都知道，要让美国游客满意就必须配备空调和暖气。即使在英国和法国等国家，人们的家中也常常没有集中供暖或空调，许多酒店安装中央供暖和空调只是为了接待美国游客。

在菲律宾，许多上流社会的公民拥有完备而精致的浴室，但由于没有现代化的污水处理系统而无法使用。为了符合美国的标准，他们会在家里装有不能使用的浴室。他们喜欢向美国人展示自己的浴室，但只是为了展示。

当访问另一个国家时，必须尽快找出哪些行为是当地文化可以接受的，哪些行为是不可以接受的，如果违反某种社会文化的环境暗示就很容易冒犯处于其中的个人。有关环境影响的更多信息，请阅读信息丰富的《风水》(Feng Shui) 杂志。

气味

我们在环境部分简要介绍了气味的作用。气味在不同文化中传递的信息也不同。与其他任何文化相比，北美洲文化更在乎气味。许多文化可以接受我们不能容忍的体味，如意大利人不会掩盖自己的体味。许多欧洲女性不刮腿毛或腋毛，并认为北美洲女性这样的做法很奇怪。有些国家也没有像美国人这样的保持清洁的洗浴设施，很多其他国家的文化并不像北美洲人那样重视气味。他们洗海绵浴或只是尽量不弄脏身体，因此，他们身上的气味可能比美国人更重一些。当处于其他国家的文化环境时，我们必须小心不要因为太在意个人卫生习惯而冒犯别人。我们应该继续与他们沟通并接受他们的方式，毕竟我们的生活方式和气味对他们来说是陌生的。

时间

时间可以传递信息并影响我们与他人的沟通。即使在美国文化中，我们也会根据他人对时间的使用来做出评判。在美国，南方人比北方人更随性，这造成了大量的负面刻板印象。北方人认为南方人迟钝、懒惰、愚蠢，但非常友善；南方人认为北方人爱出风头、咄咄逼人，而且速度太快。与大多数北美洲人相比，夏威夷人和墨西哥裔美国人不太在意时间，也不太遵守时间表。如果这种相对较小的差异会产生负面看法，想象一下，其他文化的时间规范之间又会产生怎样的误解。

许多拉丁美洲人和阿拉伯人更喜欢同时进行多个商务会议或活动（如果是计算机完成，我们称之为多任务处理），他们会同时安排好几个会议。这对相信一次只能做一件事的美国人来说是一种侮辱。这种对时间的误解会导致人的负面看法。阿拉伯认和拉丁美洲人可能认为美国人太过苛求而且自私，美国人则可能认为拉丁美洲人和阿拉伯人对要讨论的事情不重视、不关心。

在谈话中，美国人比日本人语速更快、停顿更少、说话更多，无声停顿和插入评论更频繁、更快；日本人则更频繁地使用沉默。对日本人来说，沉默可以用来表示尊重，或者是正在思考；对美国人来说，谈话必须是快节奏的。日本人则希望妥善和周到地管理谈话时间。石井对日本商人和女秘书进行关于沉默和口才的调查。调查显示，76%的人认为沉默的人比善辩的人更容易获得成功，65%的秘书会选择沉默的男性结婚，认为自己能言善辩的人中有36%宁愿被视为沉默寡言的人，只有22%的沉默寡言者希望在未来变得更善言辞。

美国人对时间非常重视，其程度可能更甚于瑞士人、英国人和德国人。美国人强调时间安排和分段管理，时钟就是控制器。美国人、瑞士人和德国人都讨厌等待，喜欢准时的人，会根据守时程度对人做出判断。在美国文化中，我们实际上希望人们可以提早到达，而不只是准时，更不能迟到。拉丁美洲人通常都会迟到，事实上，对他们来说迟到或比预定时间晚一点开始是一种尊重的表现。如果一个拉丁美洲人在特定时间举办派对，那么活动要到很晚才会开始。日本人来访前会事先打电话。根据克洛普夫和帕克的说法，日本人"可能不会在特定时间到达，而是在一天中的任何时间到达"。

霍尔指出了高语境和低语境文化的重要性。他写道："高语境沟通的特点是依靠接收方预先熟悉的信息，在沟通过程中只传递很少的信息"。尽管本书的一位作者几十年前就读过霍尔的这篇文章，但大部分内容已经忘记了。当这位作者被邀请到曼谷的一所大学授课时，正应验了这篇文章所讲的观点。美国属于低语境文化，泰国属于高语境文化。首先，这位作者认为就授课事项双方会有书面合同约定，但实际上没有。泰国大学的所有人都知道这一点，只有这位作者不知道。他反复尝试确定班级何时开课、课程时长、何时可以获得班级名册以及在何处提交成绩等。这些程序基本都发生了，只是没有一个确切的时间安排。顺便说一下，他从未收到过班级名册，但是课程连续8天全天进行，这位作者认为泰方的这种安排几乎是随机的。最终，这位作者完成了课程的教授，学生获得了成绩，教授得到了报酬。当来自低语境文化的人进入高语境文化时，他需要变得更加悠闲和灵活应变。许多美国人的行事方式过于结构化和程序化，以至于无法适应不同的情况和变化。但是，学会适应是非常必要的。

显然，在与来自其他文化背景的人接触时，永远不能把自己的时间观念视为理所当然。自己文化中对待时间的方式在其他文化环境中可能正是严重违反礼仪的行为。如果有可能，在与对方正式沟通互动之前，一定要弄清楚对方文化是如何看待和安排时间的。如果其对待时间的方式在你看来毫无逻辑，请不要感到惊讶，一定尽你所能去适应。

追求的目标

在当今世界，我们所有人都可能会与来自其他文化环境的人接触。许多受过教育的美国人从事的工作就需要广泛的跨文化接触。从本章内容可以清楚地看到，当我们与来自另一种文化的人互动时，学会控制非言语行为并非易事。除非我们意识到非言语行为对我们的未来至关重要，否则我们很难下决心投入很多精力去学习它。在过去，很多人确实对此投入的时间很少。

本书的一位作者在欧洲旅行时注意到阿姆斯特丹洗手间墙上的一些涂鸦：

会说三种语言 = 三语种

会说两种语言 = 双语种

会说一种语言 = 美国人

除美式英语外，这位作者缺乏其他任何语言技能，这在旅行的早期给他留下了深刻的印象。认识到涂鸦暗示的真相消除了涂鸦带来的幽默。很少有美国人是真正的双语者，双文化背景的人要更少。大多数人对其他文化中的非言语交流知之甚少。

了解一种语言并不意味着就理解这种文化。例如，许多文化都使用西班牙语，但这些文化之间存在很大差异。一种文化的非言语行为对于理解其语言同样重要。许多人认为，对于可能需要频繁旅行的美国人来说，研究各种文化的非言语行为与学习外语一样有价值。一个人不可能掌握世界上所有的语言，人们必须认清这样一个事实。人们不能接受的是粗鲁无礼的行为，即当一个人不熟悉特定文化的非言语规范时发生的非言语社交失误。认识到这一点，越来越多的商业组织正在为必须代表公司出国的员工制订非言语行为的培训计划。

当今世界的人大致分为三种类型：单一文化、双文化或多元文化、无文化。地球上绝大多数人属于第一类，他们是单一文化的产物，对任何其他文化的了解或欣赏很少或根本不了解。第二类人是一种文化的产物，但已经学会适应一种或多种其他文化的方式。这样的人可以从一种文化转向另一种文化，并被所处的文化所接受。他们不仅掌握语言，而且掌握不止一种文化的非言语行为。我们大多都羡慕这样的人，也希望自己能像他们一样，但很少有人愿意努力学习实现这一愿望。

第三类人通常看起来与第二类人没有很大区别，但实际上二者完全不同。这些人是没有文化的，我们的意思是他们不是任何特定文化的产物。这种人最好的例子就是出生在一种文化中并在其中生活多年，之后移居到另一种文化又在其中生活了多年。许多移民都属于这一类人，有时他们的孩子也属于这一类。他们可以穿行于两种文化，但从未被任何一种文化完全接受，因为他们无法在转换中完全适应特定文化的言语和非言语行为，而由此成为混血（hybrid）。这类人从不真正属于任何一种文化，只与类似的混血人有共同的归属。许多在世界各地流动的美国军人家庭的孩子就感觉自己属于这一类。

因为我们中的许多人注定要留在单一文化世界中，拥有双文化或多文化不是一个现实的目标，而且我们显然不想放弃自己的文化而成为无文化者，所以我们需要认真考虑怎样的沟通目标才有助于我们与同样单一文化背景的人们沟通互动。研究学者们建议我们可以学习一些技能，这将有助于我们提高文化和多样性意识。

- 避免偏见，避免说教和做出价值判断，多多倾听。
- 接受差异和歧义，认识和理解差异。
- 表示尊重，用言语和非言语形式表达积极的关注和兴趣。

- 个性化备注，认识到自己的价值观（说"我认为"或"我相信"）。
- 同理心，尝试像他人一样思考，或分享他人的感受和情绪。
- 轮换，尝试进行一些对话轮换。不要试图控制谈话；互相分享和学习。
- 要有耐心，完全了解他人并让他们了解你需要时间。
- 减少种族中心主义，表现出较少的种族中心主义倾向。
- 意识到多样性和多样化的沟通方式将持续存在，我们应该学习和适应它。

在另一种文化环境中旅行或生活一段时间，可能是培养这种技能的最佳方式，但我们也可以在自己生活的环境里找到来自其他文化背景的人，花些时间和精力尝试与他们沟通互动，从而提高自己的技能。请记住，大多数来自其他文化背景的人与我们一样，对学习和适应陌生文化都会感兴趣。这种相互学习可以发生在世界的任何一个地方。

Authorized translation from the English language edition,entitled Nonverbal Behavior in Interpersonal Relations, 7e by McCroskey/Richmond/Hickson, published by Pearson Education, Inc, Copyright © 2012, 2008, 2004 by Peanson Education, Inc.

All rights reserved. No part of this book may be reproduced or transmitted in any form or by any means, electronic or mechanical, including photocopying, recording or by any information storage retrieval system, without permission from Pearson Education, Inc.

This translation of Nonverbal Behavior in Interpersonal Relations, 7e is published by arrangement with Pearson Education Limited.

CHINESE SIMPLIFIED language edition published by CHINA RENMIN UNIVERSITY PRESS CO., LTD. Copyright © 2024.

This edition is manufactured in the People's Republic of China, and is authorized for sale and distribution in the People's Republic of China exclusively (except Taiwan, Hong Kong SAR and Macau SAR).

本书中文简体字版由培生集团授权中国人民大学出版社在中华人民共和国境内（不包括台湾地区、香港特别行政区和澳门特别行政区）出版发行。未经出版者书面许可，不得以任何形式复制或抄袭本书的任何部分。

本书封底贴有 Pearson Education（培生集团）激光防伪标签。

无标签者不得销售。

版权所有，侵权必究。

北京阅想时代文化发展有限责任公司为中国人民大学出版社有限公司下属的商业新知事业部，致力于经管类优秀出版物（外版书为主）的策划及出版，主要涉及经济管理、金融、投资理财、心理学、成功励志、生活等出版领域，下设"阅想·商业""阅想·财富""阅想·新知""阅想·心理""阅想·生活"以及"阅想·人文"等多条产品线，致力于为国内商业人士提供涵盖先进、前沿的管理理念和思想的专业类图书和趋势类图书，同时也为满足商业人士的内心诉求，打造一系列提倡心理和生活健康的心理学图书和生活管理类图书。

《高效思考：成功思维训练法》

- 打破思维的壁垒，让你的每一次决策更加准确、有效。
- 对大脑进行科学训练，让你成为高智商人士。
- 借助分析性思考、提问式思考、综合思考、平行思考、创造性思考、水平思考等模式，使你的思维变得更具创造性，让你学会用强大的新方式思考和解决问题，同时带给你无限的创新机会。

《向下沟通：让决策执行到位的高效对话》

- 领导力大师沃伦·本尼斯作序推荐。
- 帮助领导者走出权力的"沼泽"，与下属建立高效沟通机制的管理必读书。

《写作即思考：在写作中训练你的思维能力》

- "读写能力"已经成为雇主最为看重的素质型技能之一，这一基本素质正在深刻影响这着人们的职场发展。
- 本书提供了一个很好的可能性，用写作的方法帮我们快速提升自己的思维能力，包括评估自己和他人的想法，阐述创意，提供解决问题的方法，还有确定行动的优先级。

《职场性格图鉴：如何在职场关系中游刃有余》

- 吴晓波、秦朔联袂推荐。
- 了解职场终生相，培养敏锐的人际观察力。

《妙趣横生的认知心理学》

- 这是一本通俗易懂且知识点较全面的认知心理学入门读物，作者深入浅出地剖析了人类认知加工的注意力、情绪力、记忆力和思考力，理论介绍和实操方法完美结合，为读者提升学习和工作效率提供了认知心理学的核心路径。
- 中国科学院心理研究所所长傅小兰、北京大学心理与认知科学学院教授苏彦捷、复旦大学心理学系教授张学新、北京大学心理与认知科学学院副教授陈立翰、中国指挥与控制学会认知专委会常委林思恩联合推荐。